孟子与早期经学研究

魏忠强◎著

燕山大学出版社
·秦皇岛·

图书在版编目（CIP）数据

孟子与早期经学研究 / 魏忠强著. — 秦皇岛：燕山大学出版社，2020.9（2026.1重印）

ISBN 978-7-5761-0001-3

Ⅰ.①孟… Ⅱ.①魏… Ⅲ.①孟轲（约前372-前289）－哲学思想－关系－经学－研究 Ⅳ.①B222.55 ②Z126.272.6

中国版本图书馆CIP数据核字（2020）第153609号

孟子与早期经学研究
魏忠强 著

出 版 人：	陈　玉
责任编辑：	柯亚莉
封面设计：	吴　波
出版发行：	燕山大学出版社 YANSHAN UNIVERSITY PRESS
地　　址：	河北省秦皇岛市河北大街西段 438 号
邮政编码：	066004
电　　话：	0335-8387555
印　　刷：	廊坊市印艺阁数字科技有限公司
经　　销：	全国新华书店

开　本：	710mm×1000mm　1/16	印　张：14.5	字　数：220千字
版　次：	2020年9月第1版	印　次：2026年1月第3次印刷
书　号：	ISBN 978-7-5761-0001-3
定　价：	56.00元

版权所有　侵权必究
如发生印刷、装订质量问题，读者可与出版社联系调换
联系电话：0335-8387718

目 录

绪 言 / 1
　第一节　选题背景 / 1
　第二节　研究综述 / 3

第一章　孟子"通五经"辨说 / 12
　第一节　孟子的通达精神 / 12
　　一、孟子与两汉"通儒"概念的流变 / 14
　　二、早期儒家通权达变思想溯源 / 17
　　三、孟子的通达精神试析 / 21
　第二节　五经、六经与六艺之辨 / 26

第二章　孟子与《诗》 / 34
　第一节　《孟子》引《诗》 / 37
　第二节　孟子的诗学观 / 57
　第三节　以史论《诗》与以礼论《诗》 / 62
　第四节　孟子与诗学相关的弟子考 / 72
　　一、关于高子是否是孟子弟子的争论 / 72

二、孟仲子与诗学 / 75

三、高子与诗学 / 77

第三章 孟子与《书》/ 81

第一节 《孟子》引《书》/ 82

第二节 孟子的书学观初探 / 89

第三节 孟子引《书》与近年出土文献引《书》之比较 / 94

第四节 孟子以史论《书》/ 101

第四章 孟子与"礼""乐" / 110

第一节 《孟子》与"礼" / 112

第二节 孟子所论"礼"制 / 120

一、孟子对井田制的设想 / 122

二、孟子言井田属于礼制范畴 / 125

三、孟子言井田的原因 / 131

第三节 孟子重于礼义 / 137

第四节 孟子与"乐" / 139

一、孟子论"乐" / 140

二、孟子论"乐"与《乐记》成书问题 / 144

第五章 孟子与《春秋》/ 150

第一节 孟子论《春秋》/ 151

第二节 孟子的《春秋》观对公羊学的影响 / 154

一、复仇思想 / 155

二、素王思想 / 159

三、通变思想 / 162

第六章 孟子与《易》/ 165

第一节 子思《中庸》与《易》的关系 / 166

第二节 孟子何以不言《易》 / 169
    一、早期儒家的六经系统 / 169
    二、孟子奉行"五经"系统 / 171
    三、孟子不言《易》的原因 / 173
第三节 焦循《孟子正义》中的易学观平议 / 176
    一、焦循之"贯通"精神 / 177
    二、焦循对孟子论"道"的理解 / 179
    三、焦循对孟子论"经、权"的理解 / 182
    四、焦循对孟子"性善"论的理解 / 185
    五、对焦循以《易》释孟体系的检讨 / 188

余论：以经、史、子之辩为视角 / 194

附录：孔、孟所论"圣人"异同考 / 201

参考书目 / 212

后　记 / 223

绪　言

本书研究孟子通经问题，主要围绕孟子其人其书与六经关系，进而反观早期儒学的发展大势。对这一问题的探讨属于经学的研究范畴，更属于思想史的研究范畴。这涉及如何理解"经学"的大问题。

所谓孟子"通经"，其中"经"即六经或称六艺，主要限定在作为先王政典之六经经孔子删修整理之后至汉武确立经学为官学这一时期。所谓"通"，指孟子通经并非如汉儒在章句训诂层面的通，而是指通释经义、精义贯通之"通"，即孟子思想与六经经义互为抉发之"通"。

第一节　选题背景

历史上，研究孟学者不乏其人，然而论述孟子通经问题者少有，系统论述者更少。此为研究状况。

六经在孔子删修整理之后，为儒家所世代尊奉。孟子为先秦大儒，宗法孔子，有论者称孔子之后，无出于孟子之上者。赵岐《孟子题辞》云："孟子通五经，尤长于《诗》《书》。"苏轼谓"孟子深于《诗》，而长于《春秋》"，类似议论尚多，在此从略。学者多称"是故有六经不可以无《孟子》也"。孟子在儒学发展史乃至整个传统文化体系中的重要地位自不待言,但由于历史资料的缺乏以及孟学内涵丰富而曲折,后人对孟子生平事迹及其思想尚且多有争论与歧解,就孟子通经等问题的研究就更为困难。此为孟子通经问题尽管如此重要,然而前人对其研究又很欠缺的原因之一。

谈经学传承,必言荀子之功,这已成为古今学人所习惯之思维。然其中不乏人云亦云之论,其实际怎样、深层如何,精审者少、泛论者多,以此言评之应不为过。至于孟子通经,已有渐渐淡出学人视野之势。汉代以来,幸而尚有不少学人曾关注并论述过孟子通经的相关问题,如上所引之赵岐、苏轼以及司马迁、朱长文、程颐、王应麟、郝敬等等,然而他们的论述又多是语焉不详,甚为可惜。

近年来,出土文献研究如火如荼,尤其是关于出土文献与思孟学派等相关问题的研究有了极大进步。其中多有涉及六经之处,更多的是间接地为孟子通经问题研究提供了基础与可能性,无形中将这一问题突显出来。与古人相比,我们相对而言多了一条在新资料方面的优势。于笔者而言,又有近年来前辈学者所做研究的宝贵成果可资借鉴、学习。故而,笔者选择孟子与早期经学研究作为选题,以期对此问题做一点推进工作。此为笔者选题的依据与理由。

不少人以为研究经学就是研究经书,实际上更要研究经义。在孔子、孟子、荀子那里,毫无疑问经书是工具,是载体,更重要的是其中蕴含的"大道",是其中深深的治世理念。论孟子通经,一方面是指孟子对六经的发展,另一方面六经对孟子思想的形成、发展的影响也至关重要,需要用力。前人所做孟子研究及所取得的成绩固然可敬可佩,然而又不得不说,前人所做多直接论述、阐发孟子思想如何如何,如关注孟子思想形成的外在条件及思想特质等,或许对孟子思想渊源与发展等内在理路方面的相关问题有所轻忽,尤其对六经之于孟子思想的意义以及二者之间的互动关系关注不够。本选题所欲致力之处,既有对先秦时期的"六艺"传统、孟子对"六艺之文"的态度与立场等问题的探讨,又有六经对孟子思想的影响、孟子思想与六经之义在深层如何互动互发,以及从孟子通经看六经对战国时期儒学发展的影响等方面的问题。此为本选题的意义之所在。

赵岐《孟子题辞》云:"孟子通五经,尤长于《诗》《书》。"孟子是否通经似乎不成问题,其问题在于孟子如何"通"经,是在何种意义上的通经。笔者认为,孟子通经的"通"不同于汉代章句之儒通训诂明经义之"通",而是通在对六经的阐释上,是在精熟于六艺之文基础上的孟子思想与六经经义相互阐发之"通"。孟子通经即精通"六经"的内在意蕴,其中包括作为"文献"的六经本身,更包括六经之精义,即作为"思想"载体的六经。孟子对经书融会贯通,在经书中深刻领会"王道",只有如此,才形成了他的仁政、德治的思想学说。本选题要致力于孟子与"经"的关系,更要致力于孟子的确深刻领会了"经"的内在精神,并在自己的思想中应用与实践。孟子"通经"给笔者的启示是:我们要学习中华优秀传统文化,就要真正对经书做到"通",不能仅作"章句小儒"。但也要避免两个极端:一是只做"章句小儒",二是片面发挥经义。孔子所谓"六经之教",即含有经书与经义、经义与治道诸方面,孟子亦然!此为本选题探讨问题的路径与大致方向。

第二节 研究综述

对孟学作整体论述者,杨泽波《孟子评传》从孟子的生平到思想,再论述孟子思想的影响,是一部较为全面评论孟子的论著。董洪利《孟子研究》上编就孟子生平事迹、思想学说进行论述,下编就《孟子》成书及历代孟子研究状况进行论述。杨国荣《孟子的哲学思想》也是一部简略的孟子评传,除此之外尚有许多,这里仅简列此三者。

论孟子通经,必当关注先秦之六经的概貌。先秦时期,六经早已形成。许多经学史论著就此问题皆有涉及,限于篇幅及问题的相关性大小,兹不详列。近人就六经之性质、六经与孔子或言儒家的关系等问题著文做纲领性论述者略举如下。周予同《"六经"与孔子的关系问题》一文,列出"五经"皆孔子所作与"六经"与孔子无关两种极端相对的说法,从"六经"的性质入手分析,认为"六经"绝非成于一时一地一人之手,孔子时有对"先王陈迹"删削的不同版本,孔子以其为教本流传下来便成了儒家"经典",并认为孔子整理"六经"有其标准,列"子不语怪、力、乱、神""攻乎异端,斯害也已""述而不作"三条。金景芳《孔子与六经》一文认为六经亦称六艺,是孔子当时为了教学所编订的教科书。诗、书、礼、乐本是春秋时人共同学习的科目,今日被称为经的《诗》《书》《礼》《乐》则是经孔子编选的四种教科书。金景芳认为,孔子对《诗》《书》所作的加工是"论次",对《礼》《乐》是"修起",对《易》是作《易传》,对《春秋》则是另成新著。就孔子作《易传》,金老认为先秦古书所谓"作"不同于后世,不必亲自撰写方称为作,《易传》十篇或有弟子记录,或有前人旧说,亦或有后人窜乱,然从主题思想来说《易传》属于孔子。就孔子作《春秋》,金老认为"《春秋》以道义""《春秋》以道名义",并举出孔子作《春秋》的八条原则略作分析。廖名春《"六经"次序探源》认为,"以《诗》为首"的"六经"次序与"用《易》居前"的"六经"次序的形成,实与孔子晚年前后经学思想的变化密切相关。他结合帛书《要》篇的相关资料,认为孔子晚年以前轻视《周易》,所以殿《易》于《诗》《书》《礼》《乐》之后,晚年以后重《易》,所以冠《易》于《诗》《书》《礼》《乐》之前。总之,在廖名春看来,孔子与六经有着密切关系,直接影响了六经次序。另外,廖名春《论六经并称的时代兼及疑古说的方法论问题》一文,通过分析《论语》《庄子》《礼记》《史记》和帛书易传、郭店楚简的记载,证明六经的形成,源于孔子;早在先秦时期,《周易》就已与《诗》《书》《礼》《乐》《春秋》并列,进入儒家群经之中,说孔子乃至先秦儒家与《周易》无关,否定先秦有《诗》《书》《礼》《乐》《易》《春秋》六经并列的事实,是完全错误的。其立意特色在于,结合传世文献与出土文献,对六经某个相关问题进行论述,新颖独特。近年来以这一路径研究者尚有许多,将之列于此仅为一例。吕思勉《先秦学术概论》、柳诒徵《中国文化史》对此亦有简略论述。

对孟子与《诗》《书》《礼》《乐》《易》《春秋》六经相关问题进行论述者,略述如下:

陈澧《东塾读书记》有"孟子"一节,陈澧将《孟子》引《诗》《书》的章节尽列出,言"说《春秋》者虽不多,其云孔子作《春秋》。《春秋》,天子之事也。此明《春秋》之所以作也"。又说"《春秋》无义战,亦《春秋》之大义,故孟子亦恶战"。陈氏论《孟子》说《礼》,分为有明言《礼》者、有不明言者、有与人论《礼》者,分别列出。此外,陈氏又对《孟子》引孔子之言及称述曾子之处进行分析。这在一定程度上也醒示笔者,孟子称引孔子、曾子之处不少,与孟子对六经的态度与立场相比有何差异,或亦不可忽视。崔述《崔东壁遗书》收《孟子事实录》两卷,对孟子的生平诸事及思想相关问题进行考论,分为"在邹""适梁""游齐""由宋归邹、之滕、至鲁"诸部分,又附录孟子性善、读孟子余说及杂记等内容。崔氏认为孟子没有亲受业于子思一事，为无常师者，恐不仅得之于一人之学。就孟子师承的看法较为新颖，可作一说。金德建《司马迁所见书考》一书多有相关论述，比如"《孟子》《王制》所述制度相通之证"，"论孟子'序《诗》《书》，述仲尼之意'"，"《韩诗内外传》的流传及其渊源"，"子思作《中庸》推测"，"孟子与万章之徒作书七篇的推测"，等等。其中"《孟子》《王制》所述制度相通之证"，金氏列举三十四条二者所述制度相通之证，并且认为《王制》晚出，采据《孟子》无疑。理由一，《王制》多称"古者"，如云"古者公田借而不税""古者以周尺八尺为步"等，知所称述多稽考古说。理由二，郑康成《答临硕难礼》云"孟子当赧王之际，《王制》之作，复在其后"。（《礼记·王制正义》引）金氏认为，旧说《王制》作于文帝博士，益可征信。《汉书·刘歆传》、赵岐《孟子题辞》皆云文帝广游学路，《论语》《孝经》《孟子》《尔雅》皆置博士。故而《王制》作于文帝博士，遂多采《孟子》所述之制度。林汉仕《孟子探微》一书有"孟子引《诗》《书》"一篇，实涉及孟子引论《诗》《书》《礼》《春秋》相关内部，并将孟子引《诗》《书》内容与现本相比较，具有资料价值。同样，郭伟川《先秦六经与中国主体文化》一书中"从《孟子》《荀子》论战国之六经"一节，罗列《孟子》引五经资料丰富，不足在于分析过于简略，亦具有资料价值。

  姜广辉曾作《孟子在经学发生史上的地位》，作为《中国经学思想史》书中的一章，对孟子的经学地位进行分疏。孟子之时并无后世所谓经学，但孟子以圣人和《诗》《书》作为信仰的对象。此文认为孟子长于《诗》《书》，通于礼，并说孟子之时"礼"大部尚未成书，当时所谓"习礼"可能是靠口授或示范来传习。也指出孟子论及《春秋》与乐，只是只字未提及《易》。然而姜广辉仍以经学家常言的"五经"指《乐》经亡佚之后的五经，认为赵岐赞孟子"通五经"指的是孟子通《诗》《书》《礼》《易》《春秋》五经。姜认为孟子也是通《易》的，但对孟子论及"乐"之处避而不谈。若说《乐》经在汉世亡佚，从而东汉时的赵岐以习惯性称谓"五经"来赞孟子贯通经义，或可理解。然而这种以后世人的主观认识来上推至孟子，或终是有可商榷之处。孟子之时论及"乐"之处不少，笔者认为孟子亦通于"乐"，但对《易》只字不提。因而，对孟子通"五经"是指哪五经，笔者认为尚待进一步论析。

  此外，论孟子与六经的关系的论文，如孙开泰《孟子与五经》长文，分两期发表，逐条分析《孟子》一书中引《诗》《书》、论《礼》《乐》《春秋》的资料。其文章就

《孟子》文本中与五经相关的资料收集不可谓不全,然不足在于仅拘泥于《孟子》文本,而且没有涉及孟子与《易》的相关问题,资料虽详,然所论亦有待深入。尤其是近十几年来出土文献及思孟学派相关问题研究的推进,就"孟子与六经"问题而言更待深入。钟肇鹏《孟子与经学》一文从孟子论《诗》《书》《礼》《乐》《春秋》五部分罗列资料并梳理,最后得出三个结论:一言孟子时期《诗》与现在的《诗经》基本相同,而《书》篇目要比现在的《尚书》多,理由是孟子引《诗》均见于今本《诗经》,而引《书》则大多不见于《尚书》二十八篇,另孟子时期《礼》没成书,《乐》无书,且《乐记》也未形成;二言孟子未论《易》,则《诗》《书》《礼》《易》《春秋》五经的概念和体系尚未形成;三言孟子引五经是为了论证其王道、仁义思想。笔者认为,此文于今天看来,资料意义尚有,然所论亦待深入。

　　就孟子与六经之一单独著文者,分别略述于下。近人之中对孟子与《诗》进行相关论述者,笔者以为视角较为新颖的如张丰乾《论子思学派之〈诗〉学》,通过分析《缁衣》《五行》《中庸》《表记》《坊记》等属子思一系的作品中引《诗》论《诗》进而认为子思一派"诗学"可以成立,又认为子思学派是七十子之后儒家诗学的集中代表。该文同时梳理了子思学派引《诗》之范围和原诗的主题,并初步归纳了子思学派引《诗》的体例。笔者认为,论子思诗学的视角有助于反观孟子诗学,且可将二者相较,对孟子诗学的探讨有启发意义。郭绍虞的《中国文学批评史》在"荀子论诗乐"一节中,认为孟子论《诗》重在求其义,荀子言《诗》重在尽其用。所以孟子论《诗》不及"乐",而荀子则以重礼的关系处处牵涉"乐"的问题。这一将孟、荀相比较的方法,亦或可取。洪湛侯《诗经学史》曾关注孟子引《诗》的特点,认为《孟子》中重复征引同样诗句的例子不多。少数重复征引,所引之诗,大都有所取义,如《孟子·公孙丑》引《大雅·文王》"永言配命,自求多福",《离娄篇》亦重复引此二句,都是用为立说依据方才征引。他认为孟子引《诗》论《诗》有所取义,同一诗句,或许义也可能不同。葛志毅《荀子学辨》一文中论荀子之经学思想:荀子讥讽专以诵习经书为业的儒者为"诵数之儒",认为义为本,术为末,如《儒效》谓大儒"统礼义",以礼义总摄六经之道。笔者认为,此可参照理解孟子,荀子之时以及之前孟子时,儒者习经学者已有诵习者与通其义者之别。该文中引汪中《荀卿子通论》认为《韩诗》为荀子之别子,葛对此申辨《韩诗》必非传荀子者,认为杂取各家引《诗》以证事之言,继承了《论》、孟、荀以来的传统,可备一体,但不可强说其学出某家。笔者认为,《韩诗外传》与孟子之渊源尚待考辨。夏传才《诗经研究史概要》有"孟子说《诗》与荀子传《诗》"一章、袁长江《先秦两汉诗经研究论稿》中有"孟子与《诗》"一节,强调知人论世,以意逆志,并无太多新意。袁认为孟子之世杨、墨之学风行,孟子为巩固儒学地位,创造性解释《诗》。笔者认为此言距墨而解《诗》,或多有以己意发挥之处。刘立志《孟子与两汉〈诗〉学》一文认为,孟子是孔子之后儒家传经的一大功臣,他的诗学思想对汉代诗学有深远影响。孟子的某些观点为汉儒所继承或发挥,四家诗皆与其有一定的渊源关系,而孟子的诗论则初步限定了汉代《诗经》学体系的框架,奠定了汉儒说《诗》的规范,至此"仁义"理念成为诗学的焦点与亮点。笔者认为此言得其大体。尤为值得一提的是,该文引《汉书·儒林传》辕固与黄生争论于景帝前,黄生以汤武非受命,乃杀也,辕固以为大谬不然,认为汤武是天下归心,不得已而立,是受命。从而刘文认为,辕固持论与孟子之意相通。《梁惠王下》记齐宣王问汤放桀,武王伐纣,可否视为臣弑君,孟子答曰:"闻诛一夫纣矣,未闻弑君也"。蒙文通即认为辕固能守孟子之统,"辕生传齐诗,其论即诗义也"。

陈桐生《〈孔子诗论〉研究》一书认为战国诗学分为南北两派,北方以孟子诗学为代表,其特点是主张以史说《诗》、知人论世和以意逆志;南楚诗学以《孔子诗论》为代表,在说《诗》方法、分类概括题旨、建立说《诗》理论模式方面见长。笔者认为,这一视角可取,暂勿论其分法。近两年内,陈桐生又有《礼化诗学——诗教理论的生成轨迹》一书,从以礼论诗的角度来论诗教问题。20世纪90年代,陈成国曾作《论以礼说〈诗〉》一文,收于其《诗经刍议》一书,即已从以礼论《诗》的角度来探讨诗学相关的问题,其后类似的相关文章刊出不少。如廖名春《上博〈诗论〉简"以礼说〈诗〉"初探》一文,即是从以礼说《诗》的角度来论上博简《诗论》篇相关问题,指出以礼说《诗》至迟亦可上溯到春秋战国时代,并非始于郑笺或毛《传》。笔者认为,以礼说《诗》并非只是以《诗》是否可以显示与礼制相关的内容作为界定,而应当从更深层来界定,即寓政教于《诗》、将《诗》政治化、视《诗》为一种教化工具等相关因素。

此外,陈桐生发表有两篇文章——《孟子是西汉今文经学的先驱》和《论孟子对西汉今文经学的特殊贡献》,归纳孟子对西汉今文经学的贡献为:孟子关于孔子作《春秋》说奠定了经学独尊的理论基础,孟子的某些观点有助于今文经学走向体系化,孟子改造现实的精神直接为汉代经学家所继承,孟子的许多学术观点为西汉今文经学所吸取。从而认为孟子对西汉今文经学的贡献决不在荀子之下。然而其观点认为孟子影响汉代今文经学至深,于《诗》是指齐、鲁、韩三家。上引刘立志《孟子与两汉〈诗〉学》一文又从孟子与毛诗的关系分析,认为也是渊源极深。毛诗学派吸收了不少孟子的解诗观点,欧阳修曾云:"今考毛诗诸序与孟子说《诗》多合,故吾于诗常以序为证也"①,又云:"孟子去《诗》世近,而最善言《诗》,推其所说诗义与今序意多同"②。新加坡华人林徐典《孟子文学思想评价》一文③,认为孟子利用诗歌推行仁政和儒家教化,把诗歌作为政教的工具,文学的社会本质与作用具有功利主义;写作上"以立意为宗",注重谋篇与设喻的手段;修养上强调"知言""养气";文学鉴赏和批评方面讲究"以意逆志"和"知人论世"。

近代学者论孟子精通于《书》者,并不多见,略举如下。陈梦家《尚书通论》在论孟子引《书》部分,罗列二十条,其后分析孟子时对《书》的改进有三点:一述《书》本事如"葛伯仇饷""洚水警余""丕显哉文王谟",实为《书序》的滥觞;二诠释书义,如释"徯我后"为"奚为后我",释洚水为洪水,实为最早的传注;三批评《书》的信否,如论《武成》。陈氏推测孟子时《尚书》已编成课本,孔子雅言《诗》《书》,孟子用《书》传授弟子。杨海文《孟子与〈诗〉〈书〉的相互权威性》一文,认为《孟子》与《诗》《书》之间有一种相互权威性,主要表现为孟子重建了"《诗》云子曰"范式。力图在儒家的学统与道统之中,来审视《诗》《书》文化大传统,来建构儒学与《诗》《书》的相互权威性,这是孟子重建"《诗》云子曰"范式的实质。笔者认为上引陈梦家言《孟子》述《书》本事,为《书序》滥觞,以今日出土文献大量面世的新形势来看,所言并不确切,因为郭店简《成之闻之》中就已有不少论《书》之言,并有相对统一的范式。

---

① 欧阳修:《诗本义》,《四部丛刊》三编,卷十四《序问》。
② 欧阳修:《诗本义》,卷一《麟之趾》。
③ 林徐典此文作于 1987 年。见于董洪利、方麟选编:《孟子二十讲》,北京:华夏出版社,2008 年版,第 365～392 页。

近人对孟子与《春秋》进行论述者略举如下。皮锡瑞《经学通论》"《春秋》通论"部分第一条,论孟子之言与公羊合,朱子之注深得孟子之旨。吕绍纲《孟子论〈春秋〉》一文认为孟子最了解《春秋》,汉代公羊家一些关于《春秋》的基本观点肯定是吸取了孟子的成果。吕绍纲认为,《孟子》关于《春秋》的两段论述解决了三个问题:肯定孔子作《春秋》、正确回答了孔子作《春秋》的政治用意、指出《春秋》重义别于一般史书重事这一区别。金景芳《学易四种》附《春秋释要》中[①],金老言:读《春秋》竟,比缉简札所记为《春秋释要》,凡六目,曰名义,曰宗旨,曰原始,曰笔削,曰大义,曰微言,都九千言。另外就大义、微言分析细致。吕绍纲《孟子论〈春秋〉》一文实应发源于金老此文。蒋庆《公羊学引论》在"公羊学的传承"一节,论孟子与公羊学的关系,认为孟子传公羊《春秋》当新王之微言、传公羊张三世之微言、传公羊托事明义之旨、传公羊尊王大义、传公羊民贵君轻大义、传公羊君臣大义、传公羊改制微言。蒋认为《公羊传》是孔子自传,公羊口说是孔子亲说,故而发掘《孟子》中他认为是传公羊学微言大义之处,自成一体,亦言之成理。然而危险之处在于,如果持论的基础一旦不稳,此一体系亦恐不复存。晁岳佩《孟子〈春秋〉说分析》一文,认为《孟子》中关于《春秋》的三节文字,是春秋学史的源头。其内容大致包括:一、"《春秋》作"的时代背景;二、孔子作《春秋》;三、《春秋》之义;四、孔子作《春秋》的意义。孟子认为,孔子作《春秋》旨在反映世道衰微,与三王盛世形成强烈对比,为重建王道政治奠定了基础。孟子对《春秋》的认识,充分体现着他理想中的王道的破坏与重建的政治理论。其中所论,与上述金、吕之文相较,大体不出其范围。杨向奎《绎史斋学术文集》收《〈公羊传〉中的历史学说》一文认为《公羊》和荀子属于一派,是儒家而接近于法家。该文从多方面论述,亦可反观孟子与公羊学的关系。比如《公羊》桓公十一年传许祭仲以知权。祭仲为了保存郑国,能够自贬损以行权,因而《公羊》称赞道:"古之人有权者,祭仲之权是也。权者何?权者反于经,然后有善者也。……杀人以自生,亡人以自存,君子不为也。"笔者认为,此处《公羊》之论经权,与孟子之经权的关系,以及孟子言"反经"可相比照。

学者论孟子通于"礼"者,如蒙文通《儒学五论》中有《儒家政治思想之发展》

[①] 金景芳:《学易四种》,长春:吉林文史出版社,1987年版,第225~242页。

一文:言孟子论井田之说先后难谐,考之《周官》乃知其意符孟子,认为孟子之意,固与《周官》同,周固助彻并行。对于别助彻为殷周的问题,考大司徒之职,认为周既克殷,周人居国中,而放逐殷人于野。周世用彻法,殷则世用助法,殷丧其国家,退居于野,尚仍其助法焉,入周而不改,此所以虽周亦助等等,详论孟子论制度之法。何异孙《十一经问对》卷二论孟子①,论"问分田制禄之法请野则九一而助国中则十一使自赋者何","问八家皆私百亩同养公田、公事毕然后敢治私事,如此则是用助法矣如彻何","问粟米力役之征如何","问何以见得不兼征","问百亩之田内十亩为庐舍,而五亩之宅集注以为二亩半是田二亩半是宅者何"等等诸问题,皆涉及孟子论礼制,亦可备一说。崔述《崔东壁遗书》之《王政三大典考》卷三"三代经界通考"②,所论甚详。《考古续说》卷一"三代经制通考"③,论"夏之贡法仍尧舜之旧","三代学制仅见《孟子》"等,皆就《孟子》中所论井田、庠校等制度而发。崔述《崔东壁遗书》之《孟子事实录》二卷论"取民有制"一条④,《滕文公上》三章"是故贤君必恭俭礼下,取于民有制",崔氏认为"取民有制"一句是一章的纲领。就"夏后氏五十而贡,殷人七十而助,周人百亩而彻,其实皆什一也。彻者,彻也;助者,藉也"一句,崔氏认为这是言乡遂取民之制也。认为什一,则取之得其正矣;无论贡、助、彻皆可行也。俞樾《群经平议》言《孟子》,其中考"五亩之宅"⑤,亦可参考。金景芳《论井田制度》一书,认为《孟子·滕文公上》"请野九一而助,国中什一使自赋",是一种军制,与《齐语》《周礼》二书的说法完全一致⑥。就孟子所论井田制,各有所析。吴慧《井田制考索》一书对孟子在井田制方面的论述进行评价,总结为:八家同井,公田在中;经界必正,井地必均;一夫所耕,三代各异;劳力有余,土地再辟;国野分制,国无井田。笔者认为,孟子所论井田制相关内容,实为孟子礼制思想在现实层面的应对体现。

---

① 何异孙:《十一经问对》,见纳兰性德编:《通志堂经解》第十六册,扬州:广陵书社,2007年版,第645页。
② 崔述:《崔东壁遗书》,上海:上海古籍出版社,1988年版,第512~521页。
③ 崔述:《崔东壁遗书》,第449~450页。
④ 崔述:《崔东壁遗书》,第425页。
⑤ 俞樾:《群经平议》,见《春在堂全书》卷三十二、三十三,清光绪本。
⑥ 金景芳:《论井田制度》,济南:齐鲁书社,1982年版,第15页。

鉴于子思、孟子之渊源关系,现就近人对思孟学派与《易》有所论及者略述如下。高亨《周易大传今注》附录一,认为儒家子思一派亦长于《易》学,故《表记》《坊记》《缁衣》引《易》之处独多。金德建《先秦诸子杂考》关于《易传》与《中庸》思想相通,共举出十二条证据,多属可信。刘大钧以为子思与易关系密切。李学勤《周易溯源》在探讨《易传》的年代时设"《易传》与《子思子》"一节,先从子思与《中庸》的关系论述,进而对《子思子》中《缁衣》《表记》《坊记》《中庸》引《易传》之处分别论述,认为《子思子》四篇与《易传》思想是相通的。同时李学勤也指出《子思子》主要是记录传述孔子引《易》的言论,其本身对《易》学则少有阐发。继承子思之学的孟子,更未见论《易》。李先生认为,思孟一派虽有闻于孔门《易》说,却不能认为传《易》。陈居渊《论焦循〈孟子正义〉的易学诠释》一文,从易学的角度,考察、发掘焦循阐述《孟子》思想的易学内涵,认为孟子崇尚之先王之道是以易学中的通神变化之道,即"时"的观念作为其思想基础的,并借此对孟子的经权思想作了易学的发挥,指出其具有调适和顺化先王之道的双重特征。焦循认为孟子性善论也烙有易学"感而遂通之性"的印痕。笔者认为,焦循诠解孟子性善之说,其实是有悖于孟子思想之处的,一则是有待于通过后天之学来感通达到的性善,一则是言人生来具有之性善。李明辉也曾对焦循释孟的问题撰文探讨,可见其《焦循对孟子心性论的诠释及其方法论问题》一文。[①] 李明辉的探讨更侧重于从经典诠释的角度,而且对焦循《孟子正义》释孟这一问题只是作为探讨的一部分或者说是一个切入点。此所列文献,只是就某些问题而言的,并且在这一范围内又是取有限的文献而论的,因而其中或有不足之处亦是难免。此大体为本课题范围内相关问题的研究状况。

本书力图在吸收前人研究成果的基础上,也结合近年来相关的出土文献研究,将孟子与六经经义在思想深层的契合与互发之处试作深入探讨,并就其中相关问题对先秦儒学史及经学发展史的反观与影响进行论析,以期对相关问题的研究能起到一定的推动作用。

---

① 见李明辉编:《中国经典诠释传统(二):儒学篇》,上海:华东师范大学出版社,2008年版,第147~175页。

第一章

孟子"通五经"辩说

探讨孟子通经问题,笔者首先对孟子所具有通达精神进行一个较为系统的分疏。孟子通经之"通"是指贯通经义之通,而孟子所谓贯通之"通"与其通达的精神气象是相契合的。因而,笔者探讨孟子之通达精神,属于孟子何以能"通"经的范畴。在一定程度上可以说孟子通达的精神气象,是他得以实现贯通经义的思想基础。本章第二部分对"五经""六经""六艺"之称进行探讨。据笔者研究,孟子之于"五经"之说,当是指不含《易》的五经,而并非像后世所常说的《乐》经亡佚之后的"五经"。这属于孟子通经之"经"在何种范围内的问题。

第一节 孟子的通达精神

孟子的通达精神,即通权达变的思想气象。孟子的这一精神气象可以说是上承孔子、下启汉世,直接影响到经学史中"通儒"概念的形成。赵岐赞孟子"通五经",其中所说的"通"是否就是这个意思呢?能"通五经"是汉儒赵岐对孟子的评价,然而"通"字对于孟子思想本身又作何解?对于孟子的通达精神而言,后人多是仅从孟子论"经权"之处来论说,除此之外并无过多涉及。

学界就孟子思想研究而言,多关注于孟子心、性、仁义等实体性思想概念的

第一章 孟子"通五经"辩说

研究,对表功能性的思想概念如经、权、通、变、神、化等关注相对要少一些。甚至有人认为此类表功能性的概念难以作为一个哲学概念来探究,这是很片面的认识。

在中国思想史研究中,我们不难发现,至少有两类性质不同的思想概念。一类是有实体性内涵的,如心、性、天、命、情、志、理、气等;一类是其本身即可表功能性、动态性意义的,如经、权、通、变、神、化等。也许还有部分思想概念不能纯粹地归入其中任何一方,如"圣"。"圣"本身作为儒家思想中理想人格的最高标准,有其实体性的思想内涵,同时还蕴含有"希贤希圣""成圣"的要求。"希贤希圣""成圣"曾经是古代中国士大夫阶层终身持守的修身达性的终极目标,现在也仍然是中国知识分子不能割舍的幽思与情怀。

心、性、天、命等实体性的思想概念固然重要,但不足以涵盖表功能性的一类概念。尽管孟子也曾有四"心"、四端之说,认为恻隐之心、羞恶之心、辞让之心、是非之心分别是仁、义、礼、知四德之端,似乎表明"心"也并不是静态的概念。后世许多学者也指出,"心""性"是一活的概念,其本身即是一个向外扩充或可培养的过程。然而,这不足以抹平两类概念的差异。比如,心有孟子所谓"四"心;性有善性、恶性;天有自然之天、道德之天;情有七情之说等等。这一类概念是实体性的,处于被表述、被修饰的位置。而表功能性的概念中,如通有通经、通天、通"道"之通;变有"用夏变夷"(《孟子·滕文公上》)之变,亦有"齐一变,至于鲁;鲁一变,至于道"(《论语·雍也》)之变等等。这一类概念本身即可表功能性、动态性的意义,处于修饰、表述其他概念的位置。我们仍可以一如从前地说,"心""性"是一可扩充可培养的过程,然而假若没有了另一类表功能的概念作推动的话,这一认识的成立是难以想象的。这无疑是两类具有不同气质的思想概念。而对表功能的一类概念的探讨,将有助于深化对实体性的思想概念的理解与认识。笔者就孟子通达精神进行探讨,即在此范畴内,亦将对孟子思想的整体研究有所帮助。

赵岐赞孟子"通五经",所说的"通"似乎是仅从经学方面而言的,关涉汉儒所常言的"通儒"概念。在赵岐看来,孟子通经是在何种意义上的"通",是否指兼通多经的意思呢?孟子在"通"经问题上具体是怎样,汉代之"通儒"概念与孟子之

13

间又有何关联?

一、孟子与两汉"通儒"概念的流变

就"通儒"概念而言,学界有不同认识。有论者认为,所谓"通儒"是"能够以相对自由的精神、开放的心灵、清明的眼光来对待圣经贤说"①。也有人认为通儒即兼通多经,把通儒之经学称为"通学",并强调"多通""兼通"多经与"专一经"相对。② 其实两种认识虽有不同,但并非截然相反,只是一个较关注于兼通经典训诂的角度,另一个较关注于通达、清明的精神之境而不拘泥于章句、训诂。

那么,赵岐所说的孟子"通五经"之"通",是否如后世所概括的那样,又更侧重于哪层意思呢?

严格来说,作为社会生活的大经大法的经学是汉武帝时立五经博士于学官之后才真正形成的。然而在此之前,无论是经学的典籍,还是经学思想,都已发展很盛。可以上溯到孔子,集三代文化之大成,从文献意义来说,孔子概括了后来所谓"六经"的全部范畴。至孟子发展了《诗》《书》、礼、乐的意义,特别是提出孔子作《春秋》之义可谓影响深远。于经学史而言,孟子之功甚巨,远非仅如后世宋明之儒所推崇的孟子的心性论那样单一化。马宗霍称:"盖深于经学,孟荀所同。"③徐复观亦认为:"孟子发展了《诗》《书》之教,而荀子则发展了礼、乐之教。"④不论他们这一说法的具体表述恰当与否,就孟子"通"经这一问题却是皆有明见。然孟子在经学史上一直未得到足够重视,此亦如马宗霍所言,"然孟子虽醇乎醇,而身没之后,大道遂绌,徒党旋尽,传经之功,宜莫能与荀卿比隆矣"⑤。

若要理清赵岐赞孟子"通五经"所言之"通"更重在哪层意思,须明白这关涉汉代"通儒"概念的产生与流变问题。"通儒"之名于西汉时已出现,至东汉时使

---

① 于迎春:《以"通儒""通人"为体现的汉代经术新变》,《中州学刊》,1996 年第 4 期,第 123~128 页。

② 王葆玹:《今古文经学新论》,北京:中国社会科学出版社,1997 年版,第 114~119 页。

③ 马宗霍:《中国经学史》,上海:上海书店影印,1984 年版,第 26 页。

④ 徐复观:《中国经学史的基础》,收于《徐复观论经学史二种》,上海:上海书店出版社,2005 年版,第 32 页。

⑤ 马宗霍:《中国经学史》,第 26 页。

用才更为频繁,这又关乎两汉学风之转变的问题。首先来看两汉"通儒"概念的出现及概况。《后汉书·卓茂传》中,卓茂"习《诗》《礼》及历算,究极师法,称为通儒"①。《后汉书·杜林传》记载,杜林"博洽多闻,时称通儒"②。此条对"通儒"的注中引应劭《风俗通》云:"儒者,区也。言其区别古今,居则玩圣哲之词,动则行典籍之道,稽先王之制,立当时之事,此通儒也。若能纳而不能出,能言而不能行,讲诵而已,无能往来,此俗儒也。"③贾逵同样被称为通儒,"逵所著经传义诂及论难百余万言,又作诗、颂、诔、书、连珠、酒令凡九篇,学者宗之,后世称为通儒"④。注中引应劭《风俗通义》云:"授先王之制,立当时之事,纲纪国体,原本要化,此通儒也。"⑤此外,班彪班固父子、马融、郑兴郑众父子、刘丕、董钧等人亦被称为通儒,引述从略。由此可见,博学多闻、博通古今是通儒的一个表现特点。另外,从上引应劭《风俗通义》两则材料亦可推知,时人对通儒还有行动力方面的要求,即要求通古以适今,能抓住国事治道之根本。那么,"通儒"概念本身是否有一个流变的过程呢?这关乎两汉学风转变的问题,简言之,由前汉至后汉,社会越来越重于通变思想。经学于汉世在发展中的弊端越来越明显,是使社会崇尚通变之风的原因之一。早在东汉初期,班固就曾对前汉学术作过如下评论,他说:"古之学者耕且养,三年而通一艺,存其大体,玩经文而已,是故用日少而畜德多,三十而五经立也。后世经传既已乖离,博学者又不思多闻阙疑之义,而务碎义逃难,便辞巧说,破坏形体;说五字之文,至于二三万言。后进弥以驰逐,故幼童而守一艺,白首而后能言;安其所习,毁所不见,终以自蔽。此学者之大患也。"⑥汉代经学在经过一段时期发展之后,经师儒生过于宗守家法、师法,一片死气,亦影响到社会生活,致使积于贫弱。故而当时之社会、学术皆逐渐崇尚通变之风。我们可以推知,"通儒"概念本身也是有一个流变过程的,由注重于训诂、章句意义上的兼通,到更加注重于精神气质上的通达、通变。当然,训诂与章句

---

① 范晔:《后汉书》,北京:中华书局,1965年版,第869页。
② 范晔:《后汉书》,第935页。
③ 范晔:《后汉书》,第935页。
④ 范晔:《后汉书》,第1240页。
⑤ 范晔:《后汉书》,第1240页。
⑥ 班固:《汉书》,北京:中华书局,1962年版,第1723页。

又有许多不同,注重家法、师法从而不敢相违半句的更多的是章句之学,而通训诂、明大义之所谓训诂,则是需要与章句之学有所分疏而言的。

与"通儒"相对的,有"俗儒""鄙儒"之称。徐幹《中论·治学》记载:"鄙儒之博学也,务于物名,详于器械,矜于诂训,摘其章句,而不能统其大义之所极,以获先王之心。此无异乎女史诵《诗》,内竖传令也。故使学者劳思虑而不知道,费日月而无成功。"①俗儒、鄙儒与通儒之别亦在于能不能"统其大义"、识其大体。通儒应是"区别古今""原本要化",知事之宜、国之体的儒者。而鄙儒指的是,虽也可博学,能精明于名物、章句,然终破碎大道、不能通明大义的那些儒生。

此外,值得一提的是汉代还有"通人""纯儒"之称。有汉一代,"纯儒"之称,仅郑玄一人当之,别无他人。关于"通人"之称,王充《论衡·别通》云:"通人胸中怀百家之言,……通人积文十箧以上,圣人之言,贤者之语,上自黄帝,下至秦、汉,治国肥家之术,刺世讥俗之言备矣。"②王充此言,将通人视为能通百家之言,以博涉为贵,而不是专儒一家。通儒是指儒者而言,通人似不专限于儒家而言,二者相似处皆在于"通"。刘勰《文心雕龙·论说》称"若秦延君之注《尧典》,十余万字;朱普之解《尚书》,三十万言。通人恶烦,羞学章句"③,亦可见通人欲通于诂训大义,而不拘泥于章句之学。

东汉时"通儒""通人"之称渐多,这也是与社会及学术渐渐转入崇尚通变的风气相关的。我们通过《颜氏家训》中这则材料也可窥得这一时期的概貌,《颜氏家训·勉学篇》云:"汉时贤俊,皆以一经弘圣人之道,上明天时,下该人事,用此致卿相者多矣。末俗已来不复尔,空守章句,但诵师言,施之世务,殆无一可。故士大夫子弟,皆以博涉为贵,不肯专儒。"④似乎可看出,汉时之士人始由专一经渐渐变成兼通多经,再一变而至于不专守儒家之言,开始崇尚博涉的风气了。

赵岐赞孟子"通五经"即是在这样一个学术大环境中来说的。至东汉时,学术的普遍风气已经渐渐转为把那些独守家法师法、拘于一隅、但为章句之学的儒

---

① 徐幹:《中论》,王云五主编:《丛书集成初编》,长沙:商务印书馆,1939版,第2页。
② 王充:《论衡》,上海:上海人民出版社,1974年版,第206页。
③ 杨明照校注拾遗:《文心雕龙校注》,北京:中华书局,1959年版,第131页。
④ 王利器:《颜氏家训集解》,北京:中华书局,1993年版,第176~177页。

生称为俗儒、鄙儒,而将那些能通训诂大义、羞为章句、能识大体、明时事者,赞为通儒、纯儒。通儒概念亦不仅仅是经学史上的一个概念问题而已,还涉及汉人对"儒"之本质的体认、对"大道"内涵的理解。孟子"通"经问题也是这一范畴内的问题,在赵岐看来,正因为孟子"通"经能通于经籍之大义、明乎其微旨,而不拘于经文章句训诂之破碎,故而赞之"通五经"。

有人或疑之,孟子时并无汉代意义上的经学,不能以汉人的观念来圈定孟子。诚然,孟子并没有直接谈到"通儒"概念,然而孟子之于汉代"通儒"之称,关键还在于其通权达变思想对后世的影响。

二、早期儒家通权达变思想溯源

汉代学风渐转为崇尚通权达变的风格,一方面应直接归因于汉儒群体或个体的努力,然而亦难免是受到先圣前贤之通达的精神气象的影响,是汉儒对前贤通达精神的继承与发展。

后世学人言通权达变者,亦多溯源于先秦时期之《论语》《易传》《孟子》《荀子》,然而论《孟子》中通权达变观的又只是关注于"经权"问题。此外,近年来出土文献中涉及早期儒家通权达变思想之处也少有人关注。笔者结合郭店楚简《穷达以时》《六德》篇中的相关论述来看早期儒家通达精神的概貌。

首先还是要回顾前人对《论语》《易传》《孟子》《荀子》中通权达变思想的论述。就《论语》《孟子》来说,前人多只是关注于论"权""经权"问题。《论语·子罕》篇孔子论"权"一章,孔子说:"可与共学,未可与适道;可与适道,未可与立;可与立,未可与权。"这应当说是儒家典籍里首次论"权"的记载。孟子更是发展了孔子论"权"思想,提出"经权"问题。① 其他关注孟子通权达变之处,也大多仅是围绕"经权"问题而言的。

《易·系辞》则多次将"通变""变通"连用。比如,"极数知来之谓占,通变之谓事,阴阳不测之谓神","广大配天地,变通配四时,阴阳之义配日月,易简之善配至德","变通者,趣时者也","黄帝尧舜氏作,通其变,使民不倦,神而化之,使

---

① 参见杨泽波:《孟子经权思想探微》,《学术论坛》,1997年第6期,第51~56页。亦见于杨泽波:《孟子评传》,南京:南京大学出版社,1998年版,第199~217页。

民宜之,易穷则变,变则通,通则久","天地变化,圣人效之","通其变,遂成天下之文",皆出自《系辞》。其中"变通配四时","变通"有变化之义,"通"或谓化。上述之"变""变通""通变",一个层面是指自然天地、物理世界的一种变化,另一层意思是指人之主体的一种通变、会通能力。诚如论者称,《易·系辞》中论"通变"之处虽多,但并未联系于"古今",从而不具有历史意义。《易·系辞》虽也论述到"圣人有以见天下之动,而观其会通,以行其典礼","黄帝尧舜氏作,通其变"等前世圣王之功绩,笔者认为这与司马迁明确论"究天人之际,通古今之变"的通变观似明显还有一段距离。

《荀子》中论通权达变之处也有不少。有学者甚至认为荀子的通变思想在早期儒家中更多、更为重要,直接影响汉代所言"通儒"概念。① 我认为荀子论通变之处虽不少,但也需谨慎分疏其所言之"通""通变"思想的含义。

荀子言"权"之处,已区分为正面、负面两层意思,正面指与"衡"相关之"权",亦是对孔子、孟子论"权"思想的发挥;负面指与"谋""利"相连而有权谋、权力、弄权之意,此关注于"权"的负面意思也并无大的思想价值。如《荀子·天论》"权谋倾覆幽险而尽亡",即权、谋相连之例。

笔者认为荀子言"通"之处涉及三层意义:通达、通类、通变之通。通达之通,即与"穷"相对之"通",侧重于际遇之发达、通达之义。通类之通,其意义似更多地在名、实关系层面上而言。唯其通变之通关涉于早期儒家之通权达变思想,或对汉世亦有所影响。有学者论及荀子言"通"之处,并未详加分疏于此三层意义之"通",而皆归于荀子之通权达变思想范围,这是需要注意的问题。

比如,《荀子·劝学》言"伦类不通,仁义不一,不足谓善学。……君子贵其全也",《不苟》"知则明通而类","儒效""知通统类,……可谓大儒矣"等,此其言通类之通也,不可一味归于荀子通变思想之列。

论通达之通者,如《荀子·儒效》记载荀子说:"其穷也俗儒笑之;其通也英杰化之,嵬琐逃之,邪说畏之,众人愧之。通则一天下,穷则独立贵名,天不能死,地不能埋,桀跖之世不能污,非大儒莫之能立,仲尼、子弓是也。"这里所说的"通"是与"穷"

---

① 参见陈昭瑛:《"通"与"儒":荀子的通变观与经典诠释问题》,收于李明辉编:《儒家经典诠释方法》,第137～151页。

相对的,是在人生际遇是否发达、通达的层面而言。荀子这里把俗儒与大儒相对,把通与穷相对,这与汉代所言"通儒"在意义上是有很大差别的,不可将之轻易归于荀子通变思想范围。汉人将俗儒与通儒相对,荀子将俗儒与大儒相对,然而荀子这里所说的大儒更多是在功业或志向上达到通达之境而言的。大儒的通达尚在重于功业、人生际遇而言,并不像汉儒时所称"通儒"是在经学上或对待经典上之通明精神而言。此外,《荀子·修身》言"宜于时通,利以处穷,……事乱君而通,不如事穷君而顺焉。……士君子不为贫穷怠乎道",此处之"通"也是相对于"穷"而言的,意思是在通达、富贵上取的,并不是在义理上、精神上的"通"。同篇中的"老老而壮者归焉,不穷穷而通者积焉,行乎冥冥而施乎无报,而贤不肖一焉",这里"通"同样是相对于"穷"的一个概念。这还不同于《易·系辞》"穷则变,变则通,通则久"的通有通变之义。穷、穷困相应,通、通达相应。再如,《荀子·议兵》言"四海之内若一家,通达之属莫不从服,夫是之谓人师",《荀子·宥坐》言孔子厄于陈蔡时,与子路言,孔子说:君子之学,非为通也,为穷而不困,忧而意不衰也,知祸福终始而心不惑也。这都是与"穷"相对的通达之通。《荀子》中记孔子之言,虽为孔子所言,亦可视为与荀子之义相近。上述这些材料,所说的"通"更加明确地指富贵通达的意思,定不是指"通五经""通儒"之通的意义。笔者论孟子的通达精神,不是在富贵这一层面而言的,而是在义理、精神层面的贯通。

汉代有"通儒"之称,荀子虽无此说法,然有"通士"之称。如《荀子·不苟》"物至而应,事起而辨,若是则可谓通士矣",这是言通变之通。此外,《荀子·大略》"君子处仁以义,然后仁也;行义以礼,然后义也;制礼反本成末,然后礼也。三者皆通,然后道也"、《荀子·正名》"道行而志通"等,此所言通指通于道、通于志,或已在通变思想之列。

近年来,出土文献大量问世,学界对此或质疑或推崇,然而无论如何,出土文献中蕴含有丰富的、重要的思想资源是不容忽视的。就此通达精神而言,笔者认为郭店楚简《穷达以时》《六德》篇亦有相关论述并未被重视,在此值得一提。

郭店楚简《穷达以时》篇体现通达精神亦极明显。该篇内容从一个角度来看是体现早期儒家之时遇观念①，另一角度看亦是体现早期儒家通权达变思想的一个典型论述。《穷达以时》全篇论述天与人的关系②，论述了舜、吕望、管夷吾、百里奚、孙叔、伍子胥等人在各种际遇面前如何安身立命的问题。这确实涉及时与遇的问题，同时也是通权达变之最终考验，考验人在天、命面前如何应对自身与环境中的各种问题。前面提到荀子的通达观，同样是相对于"穷"而言，但两者是不同的。荀子是单纯指向人生际遇通达、穷困的境遇，而此篇则更多地涉及如何应对的问题。正如此篇云"穷达以时，德行一也""君子敦于反己"等，正是以人自身之德行为立足点，以应对人生各种际遇中如何安身立命的问题。此外，《穷达以时》篇开始即言"有天有人，天人有分。察天人之分，而知所行矣"，其中"察天人之分"思想类似于司马迁"究天人之际"③。笔者认为，此类思想在一定程度上或可看作是对司马迁的通变观产生过直接启发与影响的。孟子思想中同样有对司马迁通变观产生更大影响的丰富精神资源。

另外，郭店楚简《六德》篇："三者通，言行皆通。三者不通，非言行也。三者皆通，然后是也。"④李零认为，三指夫、父、君，即所谓"三纲"。笔者认为以"三者"为夫、父、君三纲之说或有不妥。《六德》言"圣生仁，智率信，义使忠"，观《六德》篇作者之意，三者应指圣、智、义三德，由此三德统另三德，是为六德。《六德》篇中所言"三德""六德"关注点在于"通"，即在于通于圣、智、义三德之义，而非通晓于三纲之说。《六德》篇亦体现了早期儒家思想言"通"之义，通则指通于德义的层面。

上述皆为早期儒家通权达变思想的发展脉络与体现。前面也已提到，论孟子通达精神者除了就"经权"问题论述外，少有更为系统的探讨。那么，孟子的通达精神究竟体现在哪里？赵岐论孟子"通五经"难道只是以汉儒的观念来圈定孟

---

① 可参见杨朝明：《从〈穷达以时〉看孔子的"时遇"思想》，刘大钧主编：《儒学释蕴》，上海：上海古籍出版社，2007年版。亦见于杨朝明：《出土文献与儒家学术研究》，台北：台湾书房，2007年版，第143~156页。

② "天人"关系问题，可参见梁涛：《竹简〈穷达以时〉与早期儒家天人观》，《哲学研究》，2003年第4期，第65~70页。

③ 班固：《汉书》，第2735页。

④ 李零：《郭店楚简校读记》，北京：中国人民大学出版社，2007年版，第172页。

子思想吗？孟子的通权达变思想在深层对汉代"通儒"概念及尚通变的风气产生怎样的影响等问题，皆需要澄清。

三、孟子的通达精神试析

后人对孟子的评价如何，取决于后世对相关问题的理解。正如赵岐赞孟子"通五经"，取决于赵岐本人对"通"的认识，这就关涉孟子的通达精神问题。而事实上孟子的通达精神如何体现、又怎样影响到汉儒之通变观及"通儒"概念，同时也涉及孟子是否"通"经及以怎样的方法与精神气质"通"经等问题，要理清这些还需从孟子思想内部入手，对其通达精神作一系统探讨。笔者试从下列几个方面来探讨这一问题。

1．"经""权"之辨

首先还是不能避开孟子对经权问题的论述，以及《孟子》中对"通"的直接表述。《孟子·离娄上》孟子曰："男女授受不亲，礼也；嫂溺援之以手，权也。"以此，孟子提出行权的问题。然而，孟子亦主张反经，言"君子反经而已矣"（《孟子·尽心下》）。这便是孟子所论"经权"问题。后世对孟子所言"反经"有两种理解，即反归于经、反背于经两层意思。大体而言，汉儒多取反背于经一义，而宋儒则持反归于经之义。甚至程颐想把权与经等同视之，他说："汉儒以反经合道为权，故有权变权术之论，皆非也。权只是经也。自汉以下，无人识权字。"①朱熹认同程子非议汉儒之言，但也指出经与权还是须有所分辨。在这里要为汉、宋儒对这一问题的分歧寻找一原因的话，笔者认为汉儒之见是与两汉世风渐渐崇尚通变有关，而宋儒尚义理，则不可任意开"权变"之门，使得免于遁入禅学之路，更为了守门户而不至于陷入空疏。所以，才出现汉儒多言反背于经、宋儒多言反归于经的情况。

然而，孟子自身言经权是出于何义呢？孟子还提出"执中""权""执一"三个概念。在《孟子·尽心上》中，孟子曰："杨子取为我，拔一毛而利天下，不为也。墨子兼爱，摩顶放踵利天下，为之。子莫执中，执中为近之，执中无权，犹执一也。"孟子认为像杨朱、墨翟的行为皆为偏执于一端的极端行为，是为执一。执中

---

① 朱熹：《四书章句集注》，北京：中华书局，1983年版，第116页。

与执一相对,但孟子也强调"权",认为如果没有对理论、原则的变通、调适,所谓执中也如同执一。可见,孟子是很赞同行"权"的。而孟子主张"反经",也定不能抹去反背于经之义,并且反背于经、行权通变的意思在孟子的经权思想中占很大比重。

孟子既然更多地主张行"权",那么行"权"的方法与标准是怎样？从《孟子·尽心上》两章内容可见其大概,如孟子与弟子公孙丑论伊尹放太甲之事,孟子说:"有伊尹之志,则可;无伊尹之志,则篡也。"此可看作是孟子主张行权之法的要求之一,即要有圣人之志方可,并非一味追求权变。在另一章中,孟子与弟子桃应讨论舜当如何应对瞽瞍杀人的情况,孟子言"窃负而逃"亦可认为是行权的标准之一,唯义之所在。

《孟子》中直接言"通"之处或可关注下面两章,《滕文公上》孟子曰:"或劳心,或劳力;劳心者治人,劳力者治于人;治于人者食人,治人者食于人:天下之通义也。"《滕文公下》孟子曰:"子不通功易事,以羡补不足,则农有余粟,女有余布;子如通之,则梓匠轮舆皆得食于子。于此有人焉,入则孝,出则悌,守先王之道,以待后之学者,而不得食于子。子何尊梓匠轮舆而轻为仁义者哉？"天下之通义,指天下所常行之道。通功易事,事成则为功,似是就行事层面能做到通达之境而言,此为小人之功,之外尚有君子之功,所通则当指先王之道而言了。历来对此处"通"字关注不多,此亦体现出孟子通达的精神面貌。论孟子的通达精神,并非仅关注于孟子论述"经权""通"等字眼,还在于孟子思想深层的关联与通达。

2. "古""今"之辨

《礼记·经解》中记孔子说:"入其国,其教可知也。其为人也温柔敦厚,《诗》教也;疏通知远,《书》教也;广博易良,《乐》教也;洁静精微,《易》教也;恭俭庄敬,《礼》教也;属辞比事,《春秋》教也。……疏通知远而不诬,则深于《书》者也。"孔子提及疏通知远者在于《书》教。《书》载上古三代之王事,疏通知远即是指通于古今之道而言。

孟子虽然并未像司马迁那样明确提出"通古今之变",然而孟子论及"古""今"的地方有许多。以古今为视角体现了孟子的通达观,可视为通于古、今之变的思想体现,并直接影响到司马迁。如《公孙丑下》孟子说"古之君子,过则改之;

今之君子,过则顺之。古之君子,其过也,如日月之食,民皆见之;及其更也,民皆仰之。今之君子,岂徒顺之,又从为之辞"。孟子论"今之乐犹古之乐也"(《孟子·梁惠王下》),孟子视古乐、今乐之通处在于与民同乐,所以他引导齐宣王从"与人乐""与众乐"角度来思考,推出"与民同乐"的道理,亦可视为孟子通达的表现之一。《告子上》孟子言"古之人修其天爵,而人爵从之。今之人修其天爵,以要人爵"。《告子下》孟子言"今之所谓良臣,古之所谓民贼也"。《尽心下》孟子言"古之为关也,将以御暴。今之为关也,将以为暴"。尽管孟子所言是以古来批评今,落脚在古今差异上,然而皆可看作是孟子通视古今的一种思想表现,其间亦无不彰显着孟子在精神气质上的通达之象。

3. "先""后"之辨

孟子思想中关于"先""后"之辨以及待后世之王的观念,也可体现其通达、清明的精神气质,也是体现孟子通达精神不可忽视的一部分。孟子对"先圣"与"后圣"的论述,可见于《离娄下》首章"地之相去也,千有余里;世之相后也,千有余岁。得志行乎中国,若合符节。先圣后圣,其揆一也"。先圣、后圣之志意可不拘于千里之地、千岁之世的阻隔,而着意要表达的是圣王之道其义相通。此孟子言"先圣后圣",超越于时空,尤可体现孟子之通达精神的一面。与此相关的还有孟子待后世圣王的观念。《公孙丑下》孟子说"五百年必有王者兴",《滕文公上》孟子说"有王者起,必来取法,为王者师",这都体现了孟子对世之圣王的认识。孟子认为,自尧舜以至于汤,自汤以至于文武,每隔五百年必有圣王出现。而圣王之道是不会消亡的,一旦行得圣王之法,则可成王者之业。即使一时未必成就王者之业,努力实行圣王之道,也可待后世之王来取法。这些论述表现了孟子对社会发展的通达认识,先圣、后圣之间的通贯之处就在于圣王之道。

孟子论"古今"之辨、"先后"之别,在一定程度上可认为是直接影响到司马迁"通古今之变"观念的提出。司马迁同样有"俟后圣"之说,述先人之言时亦有五百岁而有圣人出之意。这是体现孟子通达精神对后世通变观产生影响的一个方面。

4. "时"与"变"

早期儒家中,并非只是孟子言"时""变",《论语》《易传》论"时""变"思想也很明显。然而,孟子所言"时""变"之处甚多,这作为其通达精神的重要体现也是不可忽视的。《万章下》孟子赞孔子为"圣之时者",孟子言"此一时彼一时"(《孟子·公孙丑下》),《公孙丑上》孟子言"事半古之人,功必倍之,惟此时为然"等,孟子论"时"之处尚有许多,可见他对"时"观念的重视,也体现出孟子之通达气象。

《尽心下》孟子说"牺牲既成,粢盛既洁,祭祀以时,然而旱干水溢,则变置社稷",这则材料中孟子将"时"与"变"一起论述。《滕文公上》孟子言"吾闻用夏变夷者,未闻变于夷者也。……亦为不善变矣"。孟子提出"变置社稷""用夏变夷"的观点,关涉今文经学中"革命"学说及"夷夏"之辨等问题。我们都知道孟子是"民本主义"者,重视人民的利益,曾说"民为贵,社稷次之,君为轻"(《孟子·尽心下》),主张民贵君轻。如果发生君主严重违反了人民利益和意志的情形时,孟子毅然主张"诛放",以应对这一状况。比如对于汤放桀、武王伐纣的看法,孟子认为这是"诛一夫",而非弑君。在孟子看来,背反了人民的利益就丧失了天命,汉儒进而依此推衍出"易姓而王"的观念。包括孟子论"用夏变夷",也是涉及天命、正统观的问题。孟子言"时"与"变"之处,是其通达精神的重要体现之一。这也是孟子思想中高出于世俗之见,不局限于时代的一面,正因于此才使得孟子对后世产生更为深远的影响。

5."神"与"化"

孟子也很重视"神""化"之说,可以下面两章为例。

> 孟子曰:"夫君子所过者化,所存者神,上下与天地同流,岂曰小补之哉?"(《孟子·尽心上》)

> 可欲之谓善,有诸己之谓信,充实之谓美,充实而有光辉之谓大,大而化之之谓圣,圣而不可知之之谓神。(《孟子·尽心下》)

这两章中论"神"皆是指神妙莫测之义。第二则材料中,"善、信、美、大、圣、神"六种不同之境,并非如杨泽波先生所认为的是六个不同层次的理想人格。[①]"圣"可作为儒家理想人格之最高境界,然而"神"并非"圣"之上又设一理想人格。"神"是作为神妙不测而言,是"圣"达到一定程度之后,能够根据时势而调整行为的神妙莫测的境界。孟子对"神"的论述也可以说是其通权达变思想的最高境界之

---

① 杨泽波:《孟子评传》,第263页。

体现。

6. "博约"

孟子曰:"博学而详说之,将以反说约也。"(《孟子·离娄下》)孟子言博约,同样是孟子通达精神之体现。汉儒言"通儒"是在经学上说,而孟子"博约"之论亦可谓深有感于经学。反"约",当指通其义理而言。正如朱熹以"融会贯通"[①]解孟子此言,可谓得之。孟子言博约,是其得以贯通经义的基础,在一定程度上也可以说是心得。

7. "同道"

《离娄下》孟子曰:"禹、稷、颜回同道。"朱熹注为:"圣贤之道,进则救民,退则修己,其心一而已矣。"[②]孟子视禹、稷、颜回为同道,则"同"在修己与安人之道义上,其心一也。即使有平世、乱世之分,但孟子能通视其心之同。能看到世的变与异,也能看到不同个体的人在心与道层面上的常与同,一定程度上说亦是"通古今之变"思想的体现。同在《离娄下》孟子再次说:"曾子、子思同道。……曾子、子思易地则皆然。"孟子也以"同道"二字来评判曾子、子思的德行。此外,同篇中孟子还曾提到:"何以异于人哉?尧舜与人同耳。"此即孟子同中看异、异中看同之"通见",有同、有异、有变、有常,这是孟子通达精神的又一体现。

8. 天人、心性之辨

孟子对天人关系、心性之辨的论述,体现出孟子合内外、一天人的思想品质,也是孟子通权达变思想的一部分,体现其通达精神。《尽心上》孟子曰:"尽其心者,知其性也。知其性,则知天矣。存其心,养其性,所以事天也。夭寿不贰,修身以俟之,所以立命也。"从这一章言"尽心""知性""知天"的逻辑关联来看,孟子对天、人关系的论述,落脚在于人之心、性上。故而,存心、养性,所以事天。孟子之于心性之辨的论述,则又最终归结到"心"上。孟子虽以性善为说,然而也是言心之处多,而言性之处少。孟子的四端之说、良知良能之论,也无非是从本心而论,以言其本。"心"可以说是孟子思想的逻辑起点,所论天人关系、心性之辨无不关涉"心"。明其本心,以反其放心;由存心,而至于尽心。此外,孟子言"义内"

---

① 朱熹:《四书章句集注》,北京:中华书局,1983年版,第292页。
② 朱熹:《四书章句集注》,第299页。

等,也无不是由心论起。人与人,其心同也。孟子正是以"心"为其思想的逻辑起点,贯通于天人、性命之论,此也是其通达精神的体现。

以上仅是从有限几个方面探讨孟子通达精神的体现与面貌。总之,孟子的通达精神不仅体现在孟子对"经权"问题的关注上,还体现在孟子对古今之辨、"先圣后圣"之见、天人心性之分及时、变、神、化等思想概念的论述上,展现了其思想深层的通达气象。孟子之通达精神密切关联到经学史中"通儒"概念的提出,并且直接影响到后世的通变观的形成。赵岐赞孟子"通五经"正是对孟子的贯通精神及其通权达变思想的准确把握,同时反映出两汉崇尚通变之风的转变及"通儒"概念的流变状况。"通儒"看似仅为经学范围内的一个概念,实则牵涉早期儒家对经典、经义的理解与立场问题。"通"不只含有兼通多经之义,而且关乎义理及思想深层的通达之境,亦涉及对儒之本质的认识问题。孟子的通达精神,是其贯通经义的思想基础。

第二节 五经、六经与六艺之辨

长期以来,人们对"五经""六经""六艺"之称多混同言之,难有清晰的界定。就孟子通经问题研究,尤其是就赵岐赞孟子"通五经"而言,就不能单纯只是分疏"五经""六艺"的内涵等问题,而是需要紧密结合孟子与"经"的关系再对"五经""六经""六艺"之称的问题作一个具体分疏。

赵岐言孟子"通五经",所说的"五经"是指哪五经?这里的"五经"与传统中"六经""六艺"的说法有何区分?孟子是六经兼顾还是只重"五经",所奉行的是六经系统还是五经系统?我们探讨孟子通经问题,不能不对上述疑问作一探讨,也不能不对"五经""六经"与"六艺"这三个说法进行细细分疏。

一般来说,"六经"指《诗》《书》《礼》《乐》《易》《春秋》六部经典;"六艺"指礼、乐、射、御、书、数六种技能。然而,"六经""六艺"之间却又出现异名同实、异实同名的情况。人们却少有关注"六经""六艺"两种说法混同并称的情况,更少有探讨深层原因的。《史记·太史公自序》云:"夫儒者以六艺为法。六艺经传以千万

第一章 孟子"通五经"辨说

数,累世不能通其学,当年不能究其礼,故曰'博而寡要,劳而少功'。"①又说:"周室既衰,诸侯恣行。仲尼悼礼废乐崩,追修经术,以达王道,匡乱世反之于正,见其文辞,为天下制仪法,垂六艺之统纪于后世。"②前者为司马谈之言,后者为其子司马迁之言,皆可视为汉人论"六艺""六经"混同的一个例子。司马谈所说"以六艺为法""六艺经传",此可见他所说的"六艺"实亦指《诗》《书》《礼》《乐》《易》《春秋》六者,因为涉及所谓"六艺"经传,当指经籍之书而言。司马迁言"追修经术","见其文辞","垂六艺之统纪",亦可见这里所言"六艺"也是指经籍,因为涉及经术、文辞问题。而在《汉书·艺文志》中评说儒家"游文于六经之中,留意于仁义之际,祖述尧舜,宪章文武,宗师仲尼,以重其言,于道最为高"③,其中有"六经"之说,也当是指《诗》《书》《礼》《乐》《易》《春秋》六部经典,此明言其相对于"文"而言。《汉书·儒林传》说:"古之儒者,博学乎六艺之文。六艺者,王教之典籍,先圣所以明天道,正人伦,致至治之成法也。"④这里的六艺也是指《诗》《书》《礼》《乐》《易》《春秋》六部典籍。对于汉人来说,同是指《诗》《书》《礼》《乐》《易》《春秋》六部经典,却有"六艺""六经"两个说法,异名而同实。

此外,"六艺"之称还有另一说法也是大家所熟知的,即礼、乐、射、御、书、数。"六艺"之说源于《周礼》,分别见于《周礼·地官》的《大司徒》和《保氏》两篇。如《大司徒》记载:"以乡三物教万民而宾兴之:一曰六德,知、仁、圣、义、忠、和;二曰六行,孝、友、睦、姻、任、恤;三曰六艺,礼、乐、射、御、书、数。"⑤《保氏》中的记载是:"保氏掌谏王恶。而养国子以道,乃教之六艺:一曰五礼,二曰六乐,三曰五射,四曰五驭,五曰六书,六曰九数。"⑥《周礼》的作者及成书问题,历来聚讼不已,笔者在此不过多牵涉这一问题。有的说《周礼》为周公所作,记载了周代官制体系的情况;有的说成书于春秋战国时期;甚者也有人说《周礼》为刘歆伪作。依钱穆先生《周官著作时代考》之见,认同何休所言"《周官》乃六国阴谋之书"的说法,

---

① 司马迁:《史记》,北京:中华书局,1959年版,第3290页。
② 司马迁:《史记》,第3310页。
③ 班固:《汉书》,第1728页。
④ 班固:《汉书》,第3589页。
⑤ 李学勤编:《周礼正义》,北京:北京大学出版社,1999年版,第266页。
⑥ 李学勤编:《周礼正义》,第352页。

认为《周官》成书于战国时期。①笔者的看法是,无论《周官》是否为周公所作,其成书至迟也在战国时或战国之前,因为魏文侯时就已有《周礼》某篇之言。如《汉书·艺文志》云:"六国之君,魏文侯最为好古,孝文时得其乐人窦公,献其书,乃《周官·大宗伯》之《大司乐》章也。"②此可见,魏文侯所处战国时期甚至更早时期《周礼》已经成书。那么《周礼》中两处对"六艺"的记载体现了战国时人或许更早的战国之前人们的认识。"六艺"之名相同,然而所指却有两种说法,这又出现同名异实的情况。

汉代虽然多有将"六经""六艺"混同而言的情况,但与此同时还有"五经"的说法,这也是众所周知的。正如章太炎所说:"六经今存五经,《乐经》汉时已亡。"③不少人认为,汉代由于《乐经》的亡佚,故而形成所谓"五经"之说。乍看起来,所谓"五经"只是六经缺失了《乐经》而已,似乎就这么简单。然而这只是"五经"说法的一个方面,"五经"之称并不这么简单。

对于"六经"之称的来历问题,章太炎也曾有论及。他认为"六经"之名定于孔子,其立论的理由是:"《诗》《书》《礼》《乐》,乃周代通行之课本。至于《春秋》,国史秘密,非可公布,《易》为卜筮之书,事异恒常,非当务之急,故均不以教人。自孔子赞《周易》、修《春秋》,然后《易》与《春秋》同列六经。"④他认为《诗》《书》《礼》《乐》是周代所通行的教育课本,自不必多说。只是在孔子之前,《春秋》属于国史秘密不可轻易公布,《周易》属于占卜吉凶之书不是当务之所急用的,所以都没有用来教育子弟。到了孔子时,《易》《春秋》经过了孔子的整理,才开始与《诗》《书》《礼》《乐》同列为"六经"。章太炎接着说:"六经今存五经,《乐经》汉时已亡。"这是章太炎所认为的"五经"之说的原委。若说"六经"之名定于孔子,"六经"系统应当广泛被早期儒家所接受。但是,笔者发现早期儒家中并非都有明显认可"六经"的痕迹,比如至少从《孟子》文本来看孟子对《易》似乎没有太大兴趣,并无论及《周易》之文。我们翻检《孟子》文本即可发现,孟子引论《诗》《书》居多,

---

① 钱穆:《两汉经学今古文平议》,北京:商务印书馆,2005年版,第322页。
② 班固:《汉书》,第1712页。
③ 章太炎:《国学讲演录》,上海:华东师范大学出版社,1995年版,第47页。
④ 章太炎:《国学讲演录》,第47页。

第一章 孟子"通五经"辨说

也多有论"礼""乐"、《春秋》之处,独不言《易》。那么单就汉人赵岐赞孟子"通五经"而言,所说"五经"到底是指不包括《易》还是不包括《乐》的"五经"呢？早期儒家内部是否存在对"六经"认可的分歧呢？而韩非所言"孟氏之儒",他们是否都不言《易》呢？子思之儒是否言《易》呢？我们今天所熟知的"思孟"之说,而在《韩非子·显学》中为何将"子思之儒""孟氏之儒"分别来说,笔者推测,原因之一或是由于子思之儒、孟氏之儒对《易》有着不同的态度与立场。据学者研究,子思之儒与《易》有一定关联。① 而在笔者看来,以孟子为代表的孟氏之儒却并不言《易》。因而也可以说,孟子所通之"经"当是指不含《易》的"五经",而不是后世所言《乐》经亡佚的"五经"。就孟子何以不言《易》等相关问题,笔者在"孟子与《易》"部分有进一步论述。

就孟子通经问题而言,其中涉及孟子与"五经"或"六经"的关系问题,因而笔者在此就"五经"及"六经""六艺"这种异名同实、同名异实的问题略作分疏、探讨。② 然而上述多为汉人或近世之人对"六经""六艺""五经"的看法,那么"六经""六艺"之说在先秦典籍中出现的情况又是怎样呢？先不论有无"六经""六艺"的明确说法,单就《诗》《书》《礼》《乐》《易》《春秋》并称的情况有如下：

1.《庄子·天下》篇：

《诗》以道志,《书》以道事,《礼》以道行,《乐》以道和,《易》以道阴阳,《春秋》以道名分。③

2.《庄子·天运》篇：

孔子谓老聃曰："丘治《诗》《书》《礼》《乐》《易》《春秋》六经,自以为

---

① 可参见金德建、李学勤等人的相关研究,如金德建《先秦诸子杂考》《司马迁所见书考》、李学勤《周易溯源》等著述。笔者在下文"孟子与《易》"章也有进一步论述。

② 此外,近年来就相关问题有所涉及者,如王葆玹：《今古文经学新论》,北京：中国社会科学出版社,1997年版,第52～57页,有一节论"六艺和五经"。蒋国保：《汉儒称"六经"为"六艺"考》,收于刘大钧主编：《儒学释蕴》,上海：上海古籍出版社,2007年版,第188～202页。连劭名：《"六经"考》,同收于刘大钧主编：《儒学释蕴》,第203～216页。王博《荀子的经典之学》其中一部分亦涉及"五经"问题,收于《哲学门》总第十八辑,北京大学出版社2009年版,第51～70页。

③ 王先谦：《庄子集解》,北京：中华书局,1987年版,第288页。

久矣,孰知其故矣。"①

以上两条为《庄子》中的资料显示出六经并称的情况。然而《荀子》中相关六经的记载,并不是明确的"六经"并称。如:

3.《荀子·儒效》篇:

故《诗》《书》《礼》《乐》之道归是矣。《诗》言是,其志也;《书》言是,其事也;《礼》言是,其行也;《乐》言是,其和也;《春秋》言是,其微也。②

4.《荀子·大略》篇:

《易》之《咸》,见夫妇。夫妇之道,不可不正也,君臣父子之本也。咸,感也,以高下下,以男下女,柔上而刚下。③

第三条资料中,荀子所言只是以《诗》《书》《礼》《乐》《春秋》五者并言,似乎也并未将《易》与五者同列。上引第四条中,即《荀子·大略》篇独又涉及《易》。从中看出荀子只是以《诗》《书》《礼》《乐》《春秋》五经同言,并未将《易》与其他"五经"并列,似乎也可以说并未完全认同六经系统。从《孟子》文本中也可看出,孟子同样如此,称引《诗》《书》最多,有论"礼""乐"的内容,也有涉及《春秋》的重要言论,但是并没有任何涉及《易》的部分。相比荀子,孟子并没有将《诗》《书》《礼》《乐》《春秋》五者并称;荀子有单独论《易》引《易》的地方,而孟子并无任何明显涉及《易》之处。再以孟子、荀子与庄子相比,《庄子》中似乎更认可《易》之为经的地位,明确将《诗》《书》《礼》《乐》《易》《春秋》并列同称。当然《荀子》《庄子》之书并非全是荀子、庄子二人分别所作,有的篇章可能是其后学的作品,相比《孟子》一书来说最终成书时间都要晚一些。然而,从上引几条资料亦可看出,传统说法是孔子删定六经,创立儒家的六经系统,作为都极其推崇孔子的孟子、荀子而言应当很认可,但就《孟子》《荀子》文本而言,似乎只是认可《诗》《书》《礼》《乐》《春秋》"五经"系统,而非"六经"系统,其中尤以孟子更为明显。相比之下,《庄子》则更加明确地记载有"六经"这一称谓,似乎表明庄子及其后学对这一称谓的认可。

在《礼记·经解》中也有类似语句,说:"孔子曰:'入其国,其教可知也。其为

---

① 王先谦:《庄子集解》,第130页。
② 王先谦:《荀子集解》,北京:中华书局,1988年版,第133页。
③ 王先谦:《荀子集解》,第495页。

人也,温柔敦厚,《诗》教也;疏通知远,《书》教也;广博易良,《乐》教也;洁静精微,《易》教也;恭俭庄敬,《礼》教也;属辞比事,《春秋》教也。"①这里所论及的六经,主要在于申明其教化功用,六经各有其不同的教化职能。《史记·儒林列传序》说:"汉兴,然后诸儒始得修其经艺,讲习大射乡饮之礼。"这里所说的"经艺"是把经、艺二字合说的一个例子,当是指经与艺两个方面。王葆玹认为这是指"经书和以经书为依据的学术专长"②,这一说法有一定道理。六经、六艺如果分别开来,六经当是指《诗》《书》《礼》《乐》《易》《春秋》六部经典,六艺当是指礼、乐、射、御、书、数六种技艺。只是到了汉代,经学立于学官,儒生以经为业之后,六经、六艺也便混同来说了。在先秦时期,经有六经,艺有六艺,这一说法并没有什么问题。只是经过秦火一劫,"《诗》《书》、百家语"及六国史书皆在焚毁之列,儒家诸经典首当其冲受到打压焚毁,唯有"医药、卜筮、种树之书"不禁。《易》虽已被引入儒家经典系统,然《易》尚存有卜筮的职能作为外衣,因而在社会上看来尚属于卜筮之书,并没有遭到焚毁与打压。经秦火之后,在其他诸经籍受到打压、焚毁的情况下,这一情形更加速了《易》作为儒家思想承载载体的过程。尤其是汉武之后儒学成为官方独尊的社会学说时,其他思想学说无形中也依附于儒学而存在。因而,汉代言六经将《诗》《书》《礼》《乐》《易》《春秋》合称。只是汉代时,《乐》经亡佚,故而形成另一格局的"五经"之说。虽无《乐》经,然而"乐"之艺尚且存在,故而六艺之名仍然贯用。而先秦时期的早期儒家,如孟子、荀子等人,时而有"五经"之称,本是指不含有《易》之"五经",此与汉人时常说的《乐》经亡佚之后的"五经"是不同的。这是需要注意的一点,不得不分明。

《荀子》中出现《诗》《书》《礼》《乐》,并无《易》与之相连。有学者认为,《诗》《书》《礼》《乐》四者并称只是出于言说的方便,或习惯说法,其中包含了《易》《春秋》二经,荀子时也有"六经"或"六艺"的概念在。也有论者认为,荀子提及《诗》《书》《礼》《乐》时无《易》,在别处有论《易》之处,暗含的信息是荀子虽已将《易》视为经,然并未直接与《诗》《书》《礼》《乐》并列。笔者认为,荀子时或比孟子更注重《易》经,但仍未达到与《诗》《书》《礼》《乐》并列的地步,只是处于将要并列、还未

---

① 杨天宇:《礼记译注》,上海:上海古籍出版社,2004年版,第650页。
② 王葆玹:《今古文经学新论》,第55页。

并列的时候。近来,有许多学者将传世文献与出土文献相结合进行研究,尤其是郭店简、马王堆帛书易传等,以论孔子与《易》之关系,笔者亦认同此说。众所周知,孔子有晚而喜《易》之说,进而多有论者称六经并称在孔子之时已出现,此说也不为过。然而,笔者认为孔子后学或并未完全认可孔子所定之"六经"系统。①从《孟子》文本呈现的孟子并不言《易》,到荀子时偶言及《易》,这一变化过程体现出孔子后学渐渐将《易》经更为广泛、深入地儒家化的努力。换言之,孟子时不言《易》,荀子将言《易》,然又不与《诗》《书》《礼》《乐》并列,可以看作是将《易》儒学化的过程的一种进步。与此同时,《庄子》中《诗》《书》《礼》《乐》《春秋》《易》并列,单从对《易》经的重视程度来看,庄子等道家更为注重《易》,或可以说《易》与道家的紧密程度与儒家相比更为接近。只是在儒家思想的发展过程中,在孔子首创包含《易》的"六经"系统之后,早期儒家们另有一个将《易》经更广泛、更深入地儒学化的过程,从而在更宽阔的范围内完成六经体系的构建。

近年来出土文献中也有涉及"六经"之称者,如郭店简《性自命出》第15、16简,有相关内容说:"时、箸、豊、乐,其司出皆生于人。时,又为为之也。箸,又为言之也。豊、乐,又为举之也。"②据学者释读后,此文字为:"诗、书、礼、乐,其始出皆生于人。诗,有为为之也。书,有为言之也。礼、乐,有为举之也。"其文义并不难解,将《诗》《书》《礼》《乐》四者并列,而并不涉及《春秋》《易》。而在郭店简《六德》篇第二十三至二十五简中,经释读后文字为:"故夫夫,妇妇,父父,子子,君君,臣臣,六者各行其职而谗谄无由作也。观诸诗、书则亦在矣,观诸礼、乐则亦在矣,观诸易、春秋则亦在矣。"③这里则将《诗》《书》《礼》《乐》《易》《春秋》六者并称。此外,在郭店简《语丛一》中也有六经并称之言,只是竹简部分残缺,仍可看出是言六经,在此不再列出。郭店简的入土年代与孟子所处时代相近,亦为战国中期,其中篇章成书年代或为更早,因而郭店简中相关内容亦可体现战国中期或

---

① 就孔子与《易》的关系等相关问题发论者,古已有之。单就近世而言,众多学者及文章有所涉及,如周予同、金景芳、李学勤、廖名春、杨朝明、梁涛等。文中言孔子后学并未完全认同于孔子所论之"六经"系统,也只是笔者就孟子不言《易》这一问题从一个方面对此进行的推测性的反思。笔者在下文"孟子与《易》"部分也有进一步的论述。
② 荆门市博物馆:《郭店楚墓竹简》,北京:文物出版社,1998年版,第179页。
③ 荆门市博物馆:《郭店楚墓竹简》,第188页。

第一章 孟子"通五经"辨说

更早时期部分地区之人对六经的看法。《诗》《书》《礼》《乐》四者并称更为直接,但也有与《易》《春秋》并列之处。就"六经""五经"之称,郭店简中尚不见"五经"之说,一般是将《易》与《春秋》同列。此为楚地与孟子所处鲁地或中原其他地方的儒者对《易》有不同立场的一个体现。至少孟子、荀子在一定程度上对《易》经是区别对待的。

总而言之,"六经"指《诗》《书》《礼》《乐》《易》《春秋》六部经典;"六艺"指礼、乐、射、御、书、数六种技能。而汉世始有"六经""六艺"混称的现象,两者之间出现异名同实或异实同名的情况。而在孟子之于"五经"之说,当是指不含《易》的五经系统,而非如后世所常言的《乐》经亡佚之后的"五经"。

第二章

孟子与《诗》

在论述孟子与《诗》的关系之前,我们需要回顾几个问题,以便对孟子与《诗》进行更直接、深入的探讨。

今本《诗经》各篇,最早的产生于西周初期,最晚的则在东周春秋中期。我们今天所看到的《诗经》,是由儒家经师一代代传授保存下来的。一般认为,孔子删《诗》仅存三百零五篇,并把它与《书》《礼》《乐》《易》《春秋》并列,作为传授弟子的教本,是以后世称之为六经。就孔子删《诗》的说法,历来有许多争论。在《论语·子罕》篇,孔子说:"吾自卫返鲁,然后乐正,《雅》《颂》各得其所。"孔子也只是说他在六十九岁从卫国返回鲁国之后,对乐与《诗》进行了订正与编修的工作。此外,先秦典籍中似并无其他关于孔子自述删修过《诗》的记载。

关于孔子与《诗》的关系问题,是笔者需要在此略作回顾的问题之一。因为这一问题涉及《诗》在早期儒家中如何定位,也是对探讨孟子引《诗》论《诗》的铺垫。司马迁在《史记·孔子世家》中对此问题曾作论述,说:

　　古者《诗》三千余篇,及至孔子,去其重,取可施于礼义,上采契、后稷,中述殷周之盛,至幽厉之缺,始于衽席,故曰:"《关雎》之乱以为《风》始,《鹿鸣》为《小雅》始,《文王》为《大雅》始,《清庙》为《颂》始。"三百五篇孔子皆弦歌之,以求合《韶》《武》《雅》《颂》之音。礼乐自此可得而述,

第二章 孟子与《诗》

以备王道,成六艺。①

司马迁认为孔子将古《诗》三千余篇进行删修,留下可以施于礼义、便于教化的三百又五篇,即形成今天我们所看到的《诗经》文本。这是肯定孔子删《诗》说的有力代表。然而,孔颖达在《毛诗正义·诗谱序疏》中对司马迁的说法提出质疑。他说:"是《诗》三百者,孔子定之。如《史记》之言,则孔子之前,诗篇多矣。案《书传》所引之诗,见在者多,亡逸者少,则孔子所录,不容十分去九。马迁言古诗三千余篇,未可信也。"②孔颖达只是对司马迁"古诗三千余篇"的说法提出质疑,并未直接反对孔子删《诗》说,是以他开始便说"是《诗》三百者,孔子定之",以表明立场。然而,孔颖达的质疑在一定程度上却为后世持"孔子没有删《诗》"的观点的出现埋下伏笔。

据研究,有人曾统计后世持"孔子没有删《诗》"说的理由大体有以下几点:其一,先秦各种史籍的引诗,大多仍见于今本《诗经》,司马迁说古诗三千余篇,为孔子删去十分之九,是不可信的。其二,《诗经》中有大批"淫诗",并不符合礼义的标准。这类诗没有删掉,可见并没有孔子按礼义标准删诗一说。其三,《左传》襄公二十九年,记吴公子季札在鲁国观周乐,演奏十五《国风》和《雅》《颂》部分,其编次与今本《诗经》基本相同。孔子当时年仅八岁,可见孔子以前已经有与今本《诗经》的编次、篇数大体相同的传本。其四,《诗》在当时已广泛流传和应用,郊祀、朝会、燕享,列国大夫赋诗,孔子当时并无尊崇的地位,以一人之见而删改,这是行不通的。其五,孔子自己只是说正"乐",而没有说删诗。同样,主张孔子删诗说的理由大体有如下几点:其一,古诗岂止三千。古国一千八百,一国陈一诗也有一千八百篇。可见古诗本就很多,只是没有采录。其二,汉去古未远,司马迁见到的材料自然比后来人要多,《史记》中的说法可信。其三,对照书传所引的诗,在《诗经》中有全篇未录的,有录而章句不同的。所谓删诗不一定全篇删去,或篇删其章,章删其句,句删其字。其四,书传所引《诗经》中未录的诗,确有与今本中已录的诗有重复者,所以司马迁说孔子"去其重"之说是可信的。③

---

① 司马迁:《史记》,第 1936~1937 页。
② 李学勤编:《毛诗正义》,北京:北京大学出版社,1999 年版,第 8 页。
③ 参见夏传才:《〈诗经〉研究史概要》,郑州:中州书画出版社,1982 年版,第 36~38 页。

笔者个人认为,孔子删诗之说是不成问题的,至少孔子是以《诗》作为教授学生的教材之一,定是经过一番删修之后才拿来教授弟子的。六经是经过孔子的整理,甚至编修制作,才得以形成儒家化的六经系统。六经中《诗》《书》《礼》《乐》本是春秋时士人所共同学习的内容,经过孔子修订之后,将之作为教育弟子的教材。正如《史记·孔子世家》中记载:"孔子以《诗》《书》《礼》《乐》教,弟子盖三千焉,身通六艺者七十有二人。"①孔颖达之前的人没有对此问题怀疑过,只是宋代始兴疑古之风,对孔子删诗说才渐渐提出大胆的怀疑。至于近人质疑孔子删诗说者,或纯为破旧说立新说,或出于所谓大胆质疑、科学论证的考虑,而对经籍大加贬斥。对此,金景芳有一句评论说:"今人对《诗》《书》二经,由于多年批孔,多废旧说不讲,或以自出新义相夸,其实多是自欺欺人之作,不足称数。"②此言甚是。

关于《诗》、乐分离的问题,是笔者需要略作回顾的第二个问题。因为这一问题涉及早期儒家对《诗》、乐的态度,具体在这里就是孟子对《诗》、乐的态度问题。孟子引《诗》已大多并无与"乐"紧密相关的迹象了。

上引《论语·子罕》篇孔子说"吾自卫返鲁,然后乐正,《雅》《颂》各得其所",其中孔子提到"乐"和《雅》《颂》之说,这其实已涉及《诗》、乐关系的问题。《史记·孔子世家》记载:"三百五篇孔子皆弦歌之,以求合《韶》《武》《雅》《颂》之音。"此亦可见《诗》与乐的关系问题,《诗》在一定时期是皆可入于乐的。又如《墨子·公孟篇》云:"诵诗三百,弦诗三百,歌诗三百,舞诗三百。"③依此可见三百篇皆可诗、歌、弦、舞,《诗》与乐有着密切的关联。然而在春秋时期实又有一个《诗》、乐分离的过程,所以孔子才有删诗、订乐的区分。《大戴礼记·投壶》篇有相关记载反映这一现象,说:"凡雅二十六篇。其八篇可歌,歌《鹿鸣》《狸首》《鹊巢》《采蘩》《采蘋》《伐檀》《白驹》《驺虞》;八篇废,不可歌;七篇《商》《齐》,可歌也;三篇间歌。"④其中所谓"可歌",当是指其声、律尚存,而"不可歌"者当是指仅存其词,而

---

① 司马迁:《史记》,第1938页。
② 金景芳:《孔子与六经》,《孔子研究》,1986年第1期,第15~25页。
③ 孙诒让:《墨子间诂》,北京:中华书局,2001年版,第456页。
④ 王聘珍:《大戴礼记解诂》,北京:中华书局,1983年版,第244页。

其声律已经不得其传了。这也正是《诗》、乐分离的体现之一。亦如王国维在《汉以后所传周乐考》一文中所说:"此诗、乐二家,春秋之季,已自分途。诗家习其义,出于古师儒。孔子所云言诗诵诗学诗者,皆就其义言之。其流为齐、鲁、韩、毛四家。乐家传其声,出于古太师氏。子贡所问于师乙者,专以其声言之。其流为制氏诸家。"① 诗、乐二家于春秋时期分途,从而形成其后诗家、乐家各有所守而不能相通的情况。也就是说,诗、乐分离之后,诗家所传之《诗》重其义,乐家亦传《诗》,所不同的是重其声。② 六艺中的《诗》之于早期儒家来说,当以诵其文而重其义来修习之,而至于乐,又当是六艺中另一艺。所以,我们探讨孟子与《诗》的关系问题,亦在此诵其文重其义的范畴之内。

下面首先来看孟子引《诗》问题,从中亦可看出孟子对《诗》的称引与孔子时期也有所不同了。如《论语》中孔子"自卫返鲁,然后乐正,《雅》《颂》各得其所"之言,仍有将乐、"诗"相合来说的情况,而在《孟子》中已经极少出现了。

第一节 《孟子》引《诗》

我们说孟子之时《诗》与乐已基本分离,诗是诗,乐是乐。而早期儒家习《诗》又多是诵其辞、重其义,孟子也多是根据诗的词句来论述,并且将之视为先王之道的载体及其呈现。《孟子》文本中涉及孟子引《诗》之处很多,笔者既然以孟子引《诗》论《诗》作为探讨对象,就不可避免地对《孟子》文本中孟子与《诗》的相关记载逐条分疏论析。这一工作看似简易、枯燥,然而亦是进一步探讨的基础,其重要性也是显而易见的。因而,这一基础性的分疏也占有一定的篇幅。

《孟子》中所载孟子引《诗》之处有如下篇次:

1.《孟子·梁惠王上》第二章:孟子见梁惠王,……孟子对曰:"贤者而后乐此,不贤者虽有此,不乐也。《诗》云:'经始灵台,经之营之,庶民攻之,不日成之。

---

① 王国维:《观堂集林》,北京:中华书局,1959年版,第121页。
② 有学者受此启发,沿这一方向对《诗》《乐》一体时的春秋以前时期做进一步研究,如马银琴《周代礼乐制度下诗歌的传授系统》等文,从周代存在师儒传《诗》与太师传《诗》两个传授系统这一视角深入探讨,不失为一个好话题。马银琴此文见于蒋寅、张伯伟主编《中国诗学》第九辑,人民文学出版社2004年版,第119~137页。

经始勿亟,庶民子来。王在灵囿,麀鹿攸伏,麀鹿濯濯,白鸟鹤鹤。王在灵沼,于牣鱼跃。'文王以民力为台为沼。而民欢乐之,谓其台曰灵台,谓其沼曰灵沼,乐其有麋鹿鱼鳖。古之人与民偕乐,故能乐也。"

所引"经始灵台,经之营之"见于《诗·大雅·灵台》,为《大雅·灵台》的前两章,各六句。仅从文字上看,《孟子》所引与《毛诗》并无大的差异,只是所引"鹤鹤"与《诗》不同,《诗》为"翯翯"。赵岐对此注曰:"言文王始经营规度此台,众民并来治作之,而不与之相期日限,自来成之也。言文王不督促使之,众民自来趣之,若子来为父使也。言文王在此囿中,麀鹿怀任,安其所而伏,不惊动也。兽肥饱则濯濯,鸟肥饱则鹤鹤而泽好。文王在池沼,鱼乃跳跃喜乐,言其德及鸟兽鳖也。"①孟子引《诗》意在说明文王能够"以民力为台为沼"以及"与民偕乐",以期对梁惠王起到感召或警示的作用。孟子此处引诗,正是用了《诗》的原意。孟子引此《诗》本是要借重于《诗》的权威性来论证自己的观点,而后世反以孟子解《诗》之言来证《诗》。如朱熹《诗集传》对《大雅·灵台》一诗的疏解说:"虽文王心恐烦民,戒令勿亟,而民心乐之,如子趣父事,不召自来也。孟子曰:'文王以民力为台为沼,而民欢乐之。谓其台曰灵台,谓其沼曰灵沼。'此之谓也。"②从《孟子》中孟子引《诗》来看,体现了经与子的关系。而从孟子到宋代这一千三四百年的时间里,作为子书的《孟子》已经完成了从子到经的位置转变,后世解经过程中从而反过来又以《孟子》来证《诗》。这是一个有趣的并且也是个值得探讨的问题。

2.《孟子·梁惠王上》第七章:王说曰:"《诗》云:'他人有心,予忖度之。'夫子之谓也。夫我乃行之,反而求之,不得吾心。夫子言之,于我心有戚戚焉。"……孟子曰:"老吾老,以及人之老;幼吾幼,以及人之幼。天下可运于掌。《诗》云:'刑于寡妻,至于兄弟,以御于家邦。'言举斯心加诸彼而已。"

"他人有心,予忖度之"为齐宣王引《诗》,见于《诗·小雅·巧言》,文字与《毛诗》无异。赵岐注云:"王喜悦,因称是《诗》以嗟叹孟子忖度知己心,戚戚然心有动也。"③然而焦循正义中引《诗·小序》云:"《巧言》,刺幽王也。大夫伤于谗,故

---

① 焦循:《孟子正义》,北京:中华书局,1987年版,第45~47页。
② 朱熹:《诗集传》,南京:凤凰出版社,2007年版,第218页。
③ 焦循:《孟子正义》,第84页。

作是诗也。"引郑笺云:"因己能忖度诱人之心。"①知齐宣王引《诗》中的这两句仅为断章取义,并不顾及在《诗》中原义是怎样。其二,"刑于寡妻,至于兄弟,以御于家邦"为孟子引《诗》,见于《诗·大雅·思齐》,文字与《毛诗》无异。赵岐注曰:"言文王正己適妻,则八妾从,以及兄弟。享天下国家之福,但举己心加于人耳。"②郑玄对此笺注云:"文王以礼法接待其妻,至于宗族。以此又能为政治于家邦也。"③可见,孟子引此《诗》句的用义与《诗》原义相近,故而于引诗句之后加上自己的注解"言举斯心加诸彼而已"。孟子对《诗》句意思的把握,反过来又被朱熹用来证《诗》,《诗集传》中引孟子此言以注解之。④

3.《孟子·梁惠王下》第三章:齐宣王问曰:"交邻国有道乎?"孟子对曰:"有。……以大事小者,乐天者也;以小事大者,畏天者也。乐天者保天下,畏天者保其国。《诗》云:'畏天之威,于时保之。'"王曰:"大哉言矣!寡人有疾,寡人好勇。"对曰:"王请无好小勇。……《诗》云:'王赫斯怒,爰整其旅,以遏徂莒,以笃周祜,以对于天下。'此文王之勇也。文王一怒而安天下之民。"

"畏天之威,于时保之"为孟子引《诗》,见于《诗·周颂·我将》,文字与《毛诗》无异。赵岐注云:"言成王尚畏天之威,于是时故能安其太平之道也。"⑤孟子只是在向齐宣王讲述"交邻国"之道时,说汤、文王这样的圣人能够乐天行道,故能保天下;而如太王、句践这样的智者则审时度势,存有畏天之心,故能保其国,紧接其后则引用"畏天之威,于时保之"一句。以此可推知赵岐的注,认为孟子引此诗是为了说成王能够畏天之威,故安文王太平之道,则是一种猜测的说法。这里涉及《诗·周颂·我将》一诗的诗旨问题,《毛诗》认为这篇是祀文王于明堂时所颂之诗,而祀文王于明堂者是谁呢?孔颖达正义曰:"毛以为,周公、成王之时,祀于明堂。"⑥虽然《毛诗》中并没有明确说是周公、成王祀文王于明堂的文字,而孔颖达推其意,认为毛公即以周公、成王时祀文王来界定此诗之时。我们读孟子

---

① 焦循:《孟子正义》,第84页。
② 焦循:《孟子正义》,第87页。
③ 李学勤编:《毛诗正义》,北京:第1010页。
④ 见朱熹:《诗集传》,第214页。
⑤ 焦循:《孟子正义》,第112页。
⑥ 李学勤编:《毛诗正义》,第1301页。

所说的话,以通贯其文气来判断,似乎可感觉所引诗句只是上承"畏天者保其国"来说的,并不一定暗含着要说成王畏天威的意思,所以我们说赵岐对这一句的注言有推测之意。对此,宋儒讲得就比较笼统,并没有受到孔疏的影响。朱熹《诗集传》只是说"此宗祀文王于明堂,以配上帝之乐歌"①,并不言及是周公、成王之时。对"畏天之威,于时保之"一句,将天与文王对等言之,认为天与文王皆可保佑自己,将畏天之威与畏文王相关联起来。吕祖谦则明言:"卒章惟言畏天之威,而不及文王者,统于尊也。畏天,所以畏文王也。天与文王一也。"②以上可看出历代对此诗句的关注点不同,但皆是围绕诗旨来论。清人陈奂《诗毛氏传疏》则引赵岐之注来证《诗》,说:"盖周公治雒祀文王,其制礼后,兼祀武王,皆歌此诗。故赵岐《孟子注》云:'言成王尚畏天之威,故能安其太平之道。'此或本三家义,合祭文武于周公致政之年,而言之也。"③陈奂以这一《诗》中之"我"为周公,并且将文武合祭判定为周公致政之年的开始,认为这或是本于三家诗之义。此或可显示出孟子引诗论诗之旨意对汉人诗学的影响,然而今天仅存《毛诗》,孟子之诗学对后世具体有何影响已无从得知。而孟子引此诗句,似是出于文气贯通意义上的引证而已,上承"畏天者"而引诗句中的"畏天"来论证。

此章中第二处引《诗》,"王赫斯怒,爰整其旅,以遏徂莒,以笃周祜,以对于天下"也为孟子所引,见于《诗·大雅·皇矣》,只是"以遏徂莒"在《毛诗》中为"以按徂旅"。赵岐注曰:"言文王赫然斯怒,于是整其师旅,以遏止往伐莒者,以笃周家之福,以扬名于天下。文王一怒而安民,愿王慕其大勇,无论匹夫之小勇。"④由赵岐的注可知,所引《诗》"以遏徂莒"一句意思是遏止对莒国的征伐。而《诗》毛传曰:"按,止也。旅,地名也。"郑笺云:"赫,怒意。斯,尽也。五百人为旅。对,答也。文王赫然与群臣尽怒曰:整其军旅而出,以却止徂国之兵众,以厚周当王之福,以答天下乡周之望。"⑤依《毛诗》及其注说之见,毛认为第二个"旅"为地名,而

---

① 朱熹:《诗集传》,第263页。
② 引自朱熹:《诗集传》,第263页。
③ 陈奂:《诗毛氏传疏》下册卷二十六,北京:商务印书馆,1934年版,第14页。
④ 焦循:《孟子正义》,第114页。
⑤ 李学勤编:《毛诗正义》,第1028页。

郑则认为阮、徂、共皆为地名①,这是与孟子所完全不同之处。后世经师则弥合了这一差异,将这一不同皆归为地名的不同而已。如孔广森《经学卮言》说:"《毛诗》虽作'徂旅',其传曰:'旅,地名也。'则亦与莒同义。古书音同相借者多。"②总之,是将之归为同义之地名,而弥合了其他差异。观孟子引这一诗句的用意,在于表明文王亦好勇,只是所好为大勇,一怒而能安天下之民,以此来引导、警醒齐宣王。

4.《孟子·梁惠王下》第五章:王曰:"王政可得闻与?"对曰:"昔者文王之治岐也,……文王发政施仁,必先斯四者。《诗》云:'哿矣富人,哀此茕独。'"……王曰:"寡人有疾,寡人好货。"对曰:"昔者公刘好货;《诗》云:'乃积乃仓,乃裹糇粮,于橐于囊,思戢用光,弓矢斯张,干戈戚扬,爰方启行。'故居者有积仓,行者有裹粮也,然后可以爰方启行。王如好货,与百姓同之,于王何有?"王曰:"寡人有疾,寡人好色。"对曰:"昔者大王好色,爱厥妃。《诗》云:'古公亶甫,来朝走马,率西水浒,至于岐下。爰及姜女,聿来胥宇。'当是时也,内无怨女,外无旷夫。王如好色,与百姓同之,于王何有?"

这一章中有三处引《诗》。其一,"哿矣富人,哀此茕独"一句为孟子所引,出自《诗·小雅·正月》,文字无异。赵岐注曰:"诗人言居今之世,可矣富人,但怜悯此茕独羸弱者耳。文王行政如此也。"③孟子引这一诗句的用意在于表明文王施仁政先及鳏寡孤独四类贫弱之民,以此作为王政的一个示例。观《诗·小雅·正月》整篇之意,为大夫所作以刺幽王之诗。郑玄对这一句诗的笺注是:"此言王政如是,富人已可茕独将困也。"④意思是说幽王之政治如此恶劣,富人尚且有财物可以自给,只是更加苦了劳苦贫弱的百姓。可见,孟子引《诗》的问题是,单从所引诗句的意思来看,与《孟子》文义是极融洽的,然而从整篇诗旨来看,孟子只是断章取义,借这句反讽幽王之恶政的诗来表现文王之仁政。至朱熹《诗集传》中,对这一差异做了一个平和的过渡,说:"乱至于此,富人犹或可胜,茕独甚矣。

---

① 见于郑玄对整篇《诗》的笺注。
② 此见于焦循《孟子正义》中所析,第115页。
③ 焦循:《孟子正义》,第136页。
④ 李学勤编:《毛诗正义》,第717页。

此孟子所以言文王发政施仁,必先鳏寡孤独也。"①这里同样体现了后世反以子来证经的问题。

其二,"乃积乃仓,乃裹糇粮,于橐于囊,思戢用光,弓矢斯张,干戈戚扬,爰方启行"为孟子所引,见于《诗·大雅·公刘》,文字与《毛诗》无异。孟子引此诗意在说明公刘好货。赵岐对这一句注曰:"乃积谷于仓,乃裹盛干食之粮于橐囊也。思安民,故用有宠光也。又以武备之四方启道路。孟子言公刘好货若此,王若则之,于王何有不可也。"②其实孟子引这一诗句之后,也有论述性的文字,在于启示齐宣王,公刘如此好货,然而是与民同之,所以才为后来的王业打下根基。而《诗序》称这首诗是召康公在成王即将莅政时为戒成王所作,戒以民事,美公刘之厚于民。郑笺云:"厚乎,公刘之为君也。不以所居为居,不以所安为安。邰国乃有疆场也,乃有积委及仓也,安安而能迁,积而能散。"③以此来看,《毛诗》意在表现公刘的仁厚,为福于民。孟子引诗亦不失原《诗》之旨,只是以"好货"而言之,最终以"与民同之"引向"仁厚""致王政"的指归。

其三,"古公亶甫,来朝走马,率西水浒,至于岐下。爰及姜女,聿来胥宇"为孟子所引,见于《诗·大雅·绵》,文字与《毛诗》基本无异,只是《毛诗》以"甫"字为"父"字。郑笺云:"'来朝走马',言其辟恶早且疾也。……于是与其妃大姜自来相可居者,著大姜之贤知也。"④以此来看,这一句诗意在表明古公亶父避狄之难,疾走其马,并且彰显大姜的贤知。而孟子在此章引这一句诗,是为了说明太王好色,喜爱太王妃大姜。并且孟子在引诗之后,更进一步引申,劝导齐宣王要像太王那样使"内无怨女,外无旷夫",自己好色没关系,如若努力做到"与民同之",乃可达到王政。此亦如赵岐所注说:"言太王亦好色,非但与姜女俱行而已也,普使一国男女,无有怨旷;王如则之,与百姓同欲,皆使无过时之思,则于王之政,何有不可乎。"⑤孟子引诗之意正在于此,而相对于原诗旨来说,大体不离原诗旨,然而也已多少有所偏离。

---

① 朱熹:《诗集传》,第153页。
② 焦循:《孟子正义》,第137页。
③ 李学勤编:《毛诗正义》,第1111页。
④ 李学勤编:《毛诗正义》,第984页。
⑤ 焦循:《孟子正义》,第139页。

5.《孟子·公孙丑上》第三章:孟子曰:"以力假仁者霸,霸必有大国,以德行仁者王,王不待大。汤以七十里,文王以百里。以力服人者,非心服也,力不赡也;以德服人者,中心悦而诚服也,如七十子之服孔子也。《诗》云:'自西自东,自南自北,无思不服。'此之谓也。"

"自西自东,自南自北,无思不服"为孟子所引,出自《诗·大雅·文王有声》,文字与《毛诗》无异。郑笺云:"武王于镐京行辟雍之礼,自四方来观者,皆感化其德,心无不归服者。"①可知诗旨是为了表现武王之德使四方归服的情形。孟子引诗之意也正在于此,当以德服人,是为心服。

6.《孟子·公孙丑上》第四章:孟子曰:"仁则荣,不仁则辱。……国家闲暇,及是时明其政刑。虽大国,必畏之矣。《诗》云:'迨天之未阴雨,彻彼桑土,绸缪牖户。今此下民,或敢侮予?'孔子曰:'为此诗者,其知道乎!能治其国家,谁敢侮之?'今国家闲暇,及是时般乐怠敖,是自求祸也。祸福无不自己求之者。《诗》云:'永言配命,自求多福。'"

这一章有两处引诗,皆为孟子所引。其一,"迨天之未阴雨,彻彼桑土,绸缪牖户。今此下民,或敢侮予"见于《诗·豳风·鸱鸮》,"今此下民"稍异于《毛诗》"今女下民"。郑笺云:"绸缪犹缠绵也。此鸱鸮自说作巢至苦如是,以喻诸臣之先臣,亦及文、武未定天下,积日累功,以固定此官位与土地。"②《诗序》认为这首诗是周公所作,周公东征,诛灭武庚及管、蔡,而成王不知其志,是作此诗以向成王表其心志。这一句诗正是以鸱鸮做巢的勤苦,来比喻先公先王以及诸臣的先祖为今天所得来的王业所付出的努力是多么不易。孟子引诗同样是借鸱鸮为喻,意思是要说鸱鸮鸟尚且知道在天未阴雨时经营其巢穴,何况人呢?孟子更多是取诗句的喻象,而并未过多地涉及诗旨,所以下文说"国家闲暇"时当修王政,而不可总是"般乐怠敖",当像那未雨绸缪的鸱鸮一样。而在朱熹《诗集传》中,有些地方已跳出汉唐解诗的基调,反引《孟子》之言来证诗。如朱熹说:"亦以己深爱王室,而预防其患难之意。故孔子赞之曰:为此诗者,其知道乎?能治其国家,

---

① 李学勤编:《毛诗正义》,第1053页。
② 李学勤编:《毛诗正义》,第515页。

谁敢侮之?"①即是引自《孟子》之言来证《诗》。需要指出的另一问题是,从孟子引孔子此言,或亦可见后世所谓《诗序》在孟子时并未形成,或对孟子影响很小。因为依《诗序》之言,认为此《诗》为周公东征之后所作。在孔子、孟子等早期儒家看来,作为古圣先贤的周公是王道的象征与体现之一。如孔子、孟子时已形成《诗序》评点诗旨的基本立场,何以孟子引孔子之言,尚有"为此诗者,其知道乎"这样的评论?《鸱鸮》一诗亦见于《书·金縢》篇,《金縢》云:"居东二年,罪人斯得。于后,公乃为诗以贻王,名之曰《鸱鸮》。"以此推知诗为周公所作亦不难,不知孔子何以有此评语。

其二,"永言配命,自求多福"见于《诗·大雅·文王》,文字与《毛诗》无异。孟子引此诗句为论证其"祸福自求"的说法。《诗》毛传曰:"我长配天命而行,尔庶国亦当自求多福。"郑笺云:"长,犹常也。王既述修祖德,常言当配天命而行,则福禄自来。"②孟子引诗之意与《毛诗》基本一致。

7.《孟子·滕文公上》第三章:滕文公问为国。孟子曰:"民事不可缓也。《诗》云:'昼尔于茅,宵尔索绹,亟其乘屋,其始播百谷。'民之为道也,有恒产者有恒心,无恒产者无恒心。……夫世禄,滕固行之矣。《诗》云:'雨我公田,遂及我私。'惟助为有公田。由此观之,虽周亦助也。……有王者起,必来取法,是为王者师也。《诗》云'周虽旧邦,其命惟新',文王之谓也。子力行之,亦以新子之国。"

这一章有三处引《诗》,皆为孟子所引。其一,"昼尔于茅,宵尔索绹;亟其乘屋,其始播百谷"引自《诗·豳风·七月》,文字与《毛诗》无异。《诗序》云:"《七月》,陈王业也。周公遭变故,陈后稷先公风化之所由,致王业之艰难也。"③《诗序》认为这首诗为周公所作,追忆先公先王创立王业的艰辛。对于所引诗句,郑笺云:"尔,女也。女当昼日往取茅归,夜作绞索,以待时用。亟,急。乘,治也。十月定星将中,急当治野庐之屋。其始播百谷,谓祈来年百谷于公社。"④所谓"野

---

① 朱熹:《诗集传》,第108页。
② 李学勤编:《毛诗正义》,第964页。
③ 李学勤编:《毛诗正义》,第489页。
④ 李学勤编:《毛诗正义》,第505页。

庐之屋",涉及井田等相关制度,民受五亩之宅,一半在邑一半在田,在田则为庐屋,一般春夏居之。诗句中所言"亟其乘屋"即是描写民人的辛劳、稼穑的艰辛,闲暇之时要修缮井田中的庐屋,以备来年春种。孟子引这一诗句正是要表现"民事不可缓"之说。

其二,"雨我公田,遂及我私"见于《诗·小雅·大田》,文字无异。对于《小雅·大田》一诗的诗旨历来有不同看法,而对这首诗的基调判定,也直接关涉对孟子所引诗句的理解。所以,笔者下面试就整首诗的诗旨略作梳理。《诗序》认为此为刺幽王之诗,"言矜寡不能自存",郑玄对此笺注:"幽王之时,政烦赋重,而不务农事,虫灾害谷,风雨不时,万民饥馑,矜寡无所取活,故时臣思古以刺之。"①依《诗序》之说,《大田》一诗为幽王时臣民所作,以讽刺幽王之政恶。那么,诗中所言皆为古事,而非幽王时事,寓意为以古讽今。对于所引之诗句,郑笺云:"其民之心,先公后私,令天主雨于公田,因及私田尔。此言民怙君德,蒙其余惠。"②朱熹并不认为是刺诗,说:"此诗为农夫之词,以颂美其上。"③朱子认为该诗以农夫的口吻,赞颂其君之美德。近年来出土的上博简《孔子诗论》中也有相关的记载,说:"《大田》之卒章知言而有礼。"④《大田》卒章是:"曾孙来止,以其妇子,馌彼南亩,田畯至喜。来方禋祀,以其骍黑,与其黍稷,以享以祀,以介景福。"《孔子诗论》评说其"知言"当是指言辞得当,"有礼"当是指用骍黑、黍稷来祭祀,为"曾孙"祈福。单就这一首诗来看,似并无刺诗的迹象。以《毛诗》、朱熹解诗与《孔子诗论》相较,在解诗基调上,或是朱熹与《孔子诗论》更接近。赵岐对所引诗句注为"言太平时民悦其上,愿欲天之先雨公田,遂以次及我私田也"⑤,亦不见有讽刺的意味,可作为汉人对这首诗的看法的一种体现。而孟子引这句诗,只为说明一个问题:虽周亦助。公田、私田之说又涉及孟子所论井田制的问题,详见"孟子与礼"章。

---

① 李学勤编:《毛诗正义》,第846页。
② 李学勤编:《毛诗正义》,第851页。
③ 朱熹:《诗集传》,第183页。
④ 马承源主编:《上海博物馆藏战国楚竹书(一)》,上海:上海古籍出版社,2001年版,第155页。
⑤ 焦循:《孟子正义》,第341页。

其三,"周虽旧邦,其命惟新"见于《诗·大雅·文王》,文字与《毛诗》无异,其意亦基本一致。诗句之意是指周虽然是后稷以来旧有的诸侯,至文王修治礼乐始受天命而成王业。孟子引此诗,意在劝勉滕文公,力行仁政也可以使滕国新受命。

8.《孟子·滕文公上》第四章:孟子曰:"吾闻用夏变夷者,未闻变于夷者也。……吾闻'出于幽谷,迁于乔木'者,未闻下乔木而入于幽谷者。鲁颂曰:'戎狄是膺,荆舒是惩。'周公方且膺之,子是之学,亦为不善变矣。"

这一章有两处为孟子引诗。其一,"出于幽谷,迁于乔木"见于《诗·小雅·伐木》,文字基本同于《毛诗》的"出自幽谷,迁于乔木"。《诗序》以为《小雅·伐木》为燕朋友故旧之诗。孟子引此诗明显只是断章取义,并不过多涉及诗旨问题,诗句意思亦浅显明了。

其二,"戎狄是膺,荆舒是惩"见于《诗·鲁颂·閟宫》,文字与《毛诗》同。然而这一章涉及诗句中所说是周公还是僖公的问题,当然亦涉及诗旨问题。《诗序》称:"《閟宫》,颂僖公能复周公之宇也。"①对所引诗句,郑笺云:"僖公与齐桓公举义兵,北当戎与狄,南艾荆及群舒,天下无敢御之。"②其中"艾"与"刈"相通,有斩除、剪灭之义。即认为诗句所说的是鲁僖公的事,与齐桓公共同出兵,大败四夷,以扶王业。这也是与诗旨相统一的,《诗序》说僖公复周公之宇,即是指僖公时复有周公时那么大的疆土。《礼记·明堂位》云:"成王以周公为有勋劳于天下,是以封周公于曲阜,地方七百里,革车千乘,命鲁公世世祀周公以天子之礼乐。"可见,周公之时,鲁国的疆土是很大的,并且以天子礼乐祀周公,也显示出鲁国在各诸侯国的特殊地位。以此来看,《閟宫》一诗主要是颂美僖公的,而"戎狄是膺,荆舒是惩"一句也是表现僖公的英武,而非周公。然而,孟子引此诗句之后接着说"周公方且膺之",则很明显认为诗句所描述的是周公。清儒翟灏《四书考异》对此有论述,他认为该诗前两章只是述说姜嫄、后稷、太王、文武的功勋,第三章说的是成王封于鲁的情形,前三章都未暇序及周公,而第四章所说正是周公之宇,即"戎狄是膺,荆舒是惩"皆言周公。这样正与《诗序》中提到的"周公之宇"对

---

① 李学勤编:《毛诗正义》,第1407页。
② 李学勤编:《毛诗正义》,第1418页。

应起来,第三章所述正是周公之宇的具体情形。并且,翟灏还认为:"《孟子》两引此文,皆确指为周公,必有自圣门传授师说,不得以汉儒笺注之讹,反疑《孟子》。"① 这就涉及孟子解诗与汉人解诗的分歧问题,也涉及《诗序》所代表的立场及形成年代问题。很明显,对诗句的理解,孟子与汉儒有显著的不同。

9.《孟子·滕文公下》第一章:孟子曰:"昔者赵简子使王良与嬖奚乘,终日而不获一禽。……良不可,曰:'吾为之范我驰驱,终日不获一;为之诡遇,一朝而获十。《诗》云:"不失其驰,舍矢如破。"我不贯与小人乘,请辞。'"

这一章有一处引诗,孟子转述,王良所引。"不失其驰,舍矢如破"见于《诗·小雅·车攻》,文字相同。毛传曰:"言习于射御法也。"郑笺云:"御者之良,得舒疾之中。射者之工,矢发则中,如椎破物也。"② 文中引诗即是此意,不屑于为小人驾车,而向往《诗》中所描述的君子之射,皆得礼法之正。

10.《孟子·滕文公下》第九章:公都子曰:"外人皆称夫子好辩,敢问何也?"孟子曰:"予岂好辩哉?予不得已也。……昔者禹抑洪水,而天下平;周公兼夷狄,驱猛兽,而百姓宁;孔子成《春秋》,而乱臣贼子惧。《诗》云:'戎狄是膺,荆舒是惩,则莫我敢承。'无父无君,是周公所膺也。"

这一章有一处孟子引诗,"戎狄是膺,荆舒是惩,则莫我敢承"引自《诗·鲁颂·閟宫》。这里所引诗与《滕文公上》第四章所引相同,皆出自《鲁颂·閟宫》。这一章引诗,再次表明孟子认为诗句"戎狄是膺,荆舒是惩,则莫我敢承"是言周公之事。孟子引诗句是为了表明自己欲正人心、息邪说,正是上承禹、周公、孔子三圣之志。在孟子看来,禹治水、周公"兼夷狄"、孔子成《春秋》,三圣之功与孟子自己所做"距杨墨""息邪说"在精神上是一致的。孟子认为,如果是周公处在孟子之时,同样也会这样做,所以孟子说"无父无君,是周公所膺也"。

11.《孟子·离娄上》第一章:孟子曰:"徒善不足以为政,徒法不能以自行。《诗》云:'不愆不忘,率由旧章。'遵先王之法而过者,未之有也。……上无礼,下无学,贼民兴,丧无日矣。《诗》曰:'天之方蹶,无然泄泄。'泄泄,犹沓沓也。事君无义,进退无礼,言则非先王之道者,犹沓沓也。"

---

① 引自焦循:《孟子正义》,第398页。
② 李学勤编:《毛诗正义》,第653页。

两处皆为孟子引诗。其一,"不愆不忘,率由旧章"引自《诗·大雅·假乐》,文字与《毛诗》无异。关于诗篇之名有两种说法,《毛诗》作"假乐",而《中庸》《左传》以及赵岐《孟子注》皆为"嘉乐"之名,皆指此诗。《诗序》认为这是嘉美成王之诗。郑笺云:"成王之令德,不过误,不遗失,循用旧典之文章,谓周公之礼法。"①郑认为诗句是言成王所作所为皆遵循旧典,亦不违背周公之礼法。《毛诗》之义,与孟子引诗之义并无不同。孟子引诗亦在说明遵先王之礼法而行,就不会有什么过错。

其二,"天之方蹶,无然泄泄"见于《诗·大雅·板》,文字无异。《诗序》认为该篇是凡伯刺厉王之诗。在这一章中,孟子引诗并注解,对所引诗句"泄泄"注解为"犹沓沓也",并且进而说"事君无义,进退无礼,言则非先王之道者,犹沓沓也"。孟子这一注解对《毛诗》产生直接影响,毛传云"泄泄,犹沓沓也"当是直接借用了孟子之言,至少二者是一致的。又如《尔雅·释训》曰:"宪宪、泄泄,制法则也。"②所引诗句的前一句为"天之方难,无然宪宪",可认为《尔雅》对"宪宪、泄泄"的训释当是对这一诗句而言。孟子解"泄泄"即"沓沓",进而认为"事君无义、进退无礼,言则非先王之道"即"沓沓"之属,可知在孟子看来"泄泄""沓沓"即是指无礼、无义、非议先王之道的言行。此亦与《尔雅》言"宪宪、泄泄,制法则"之意是相一致的。郑笺云:"天斥王也。王方欲艰难天下之民也,又方变更先王之道。臣乎,女无宪宪然、无沓沓然为之制法度、达其意,以成其恶。"③郑玄认为,诗句是天斥责厉王之意,但是是对臣来说的,如果厉王一旦有迹象要为恶政、要非毁先王之道,作为臣子的不要宪宪然、沓沓然为王作法度,不要促成王之恶政。在这一章中,孟子解诗之言对《毛诗》的影响十分明显。至朱熹,亦引孟子此言以解《诗》。④

12.《孟子·离娄上》第二章:孟子曰:"孔子曰:'道二:仁与不仁而已矣。'暴其民甚,则身弑国亡;不甚,则身危国削。名之曰'幽厉',虽孝子慈孙,百世不能改也。《诗》云'殷鉴不远,在夏后之世',此之谓也。"

---

① 李学勤编:《毛诗正义》,第1107页。
② 李学勤编:《尔雅注疏》,北京:北京大学出版社,1999年版,第106页。
③ 李学勤编:《毛诗正义》,第1145页。
④ 见朱熹:《诗集传》,第234页。

"殷鉴不远,在夏后之世"为孟子所引,见于《诗·大雅·荡》,文字与《毛诗》无异。孟子引诗之前,有孔子之言,将为国者分为仁与不仁两类。而孟子又将不仁者区分为甚与不甚二者,甚则国亡身弑,如桀、纣;不甚者则国削身危,如幽厉。孟子论述到名之"幽厉"之后,引诗"殷鉴不远,在夏后之世"。《诗序》认为此诗为召穆公所作,厉王没有仁君之道而行恶政,穆公伤周之王室将大坏,是以作这首诗。笔者猜测,《诗序》认为该诗为厉王时事,或是受到孟子"名之曰'幽厉'"之言的影响。其间,或可显示出孟子引诗论诗的诗学观点对《毛诗序》及汉人诗学的影响与启发。当然,在《孟子》这一章里,孟子引诗似只是取诗句表面之意,欲使今之王者当以前代兴亡为鉴,劝诫时王当行仁政。

13.《孟子·离娄上》第四章:孟子曰:"爱人不亲反其仁,治人不治反其智,礼人不答反其敬。行有不得者,皆反求诸己,其身正而天下归之。《诗》云:'永言配命,自求多福。'"

此为孟子引诗,引自《诗·大雅·文王》,文字与《毛诗》无异。《公孙丑上》第四章已经引用过一次。孟子再次引诗句"永言配命,自求多福",为证其"反求诸己"之意。

14.《孟子·离娄上》第七章:孟子曰:"师文王,大国五年,小国七年,必为政于天下矣。《诗》云:'商之孙子,其丽不亿。上帝既命,侯于周服。侯服于周,天命靡常。殷士肤敏,祼将于京。'孔子曰:'仁不可为众也。夫国君好仁,天下无敌。'今也欲无敌于天下而不以仁,是犹执热而不以濯也。《诗》云:'谁能执热,逝不以濯?'"

此章两处皆为孟子引诗。其一,"商之孙子"一句引自《诗·大雅·文王》,文字与《毛诗》相同。孟子引诗出现频率最高的一篇就是《大雅·文王》。对于所引诗句,郑笺云:"商之孙子,其数不徒亿,多言之也。至天已命文王之后,乃为君于周之九服之中。言众之不如德也。"① 引诗之前,孟子先说到"师文王",一层意思是说当师文王行仁政,则可为政于天下;另一层暗含的意思是,下面引诗即言王之德。《诗序》言此诗为"文王受命作周也",与孟子之意一致,其间或受孟子影响,或孟子时抑或孟子之前已经形成解诗的一种基调,才促成孟子与《诗序》单就

---

① 李学勤编:《毛诗正义》,第961页。

这首诗来说的一致性。孟子紧接着又引孔子的话,意在表明国君当行仁政,方可无敌于天下,而不在于人数的多寡。孟子引诗之意,也正是要说明这个问题,商之子孙虽众,然文王有仁德,故而天使文王受命,商虽有众多子孙亦服命于周矣。其中,也表现了"天命无常"之说。

其二,"谁能执热,逝不以濯"引自《诗·大雅·桑柔》,文字无异。孟子引诗句只为表明,欲无敌于天下,当以行仁政方可实现,就好比手持热物,当以冷水濯手方可消解灼热。孟子将行仁政预设为治国的最好方法,将执热以濯喻为以仁方可无敌于天下。孟子在此引诗,只是取诗句之字面意,以证为政须以仁的道理。

15.《孟子·离娄上》第九章:孟子曰:"今之欲王者,犹七年之病求三年之艾也。苟为不畜,终身不得。苟不志于仁,终身忧辱,以陷于死亡。《诗》云'其何能淑,载胥及溺',此之谓也。"

此章为孟子引诗,见于《诗·大雅·桑柔》。这一句与《离娄上》第七章所引"谁能执热,逝不以濯"紧相承接。诗句字面意为,这怎么能好呢,只不过会相与陷溺于祸乱之中罢了。孟子此处引诗,亦只是取诗句之字面意,以证:今之诸侯欲行王道,当修仁德,不行仁政而欲王,怎么会实现呢,只会招致忧辱而陷于死亡。

16.《孟子·万章上》第二章:万章问曰:"《诗》云:'娶妻如之何?必告父母。'信斯言也,宜莫如舜。舜之不告而娶,何也?"孟子曰:"告则不得娶。男女居室,人之大伦也。如告,则废人之大伦,以怼父母,是以不告也。"

这是孟子与弟子论诗的少有几处记载。诗句引自《诗·齐风·南山》,字面意思是娶妻之礼,当告于父母知之。依《诗序》之说,此诗为刺齐襄公淫于其妹而作,齐襄公之妹即鲁桓公夫人文姜。无论该诗作于何时,终不出周代的时间范围,必不至于舜,这是一定的了。而万章引诗以论舜"不告而娶"的问题,还说"信斯言"者莫如舜,不知何出此言?赵岐注亦不离文章之义,注曰:"舜合信此诗之言,何为违礼,不告而娶也。"① 万章以后世之诗,上推一二千年去约束、评判舜"不告而娶"的行为,赵岐作注时亦不思其中的曲折之处,不得不说是一遗憾。抑或在孟子及其弟子眼中,上自尧舜之世,下至孟子之时,娶妻之礼,必告父母,是一

---

① 焦循:《孟子正义》,第618页。

直通用、不曾损益的礼节,所以才有了孟子与弟子之间这段对话。

17.《孟子·万章上》第四章:咸丘蒙曰:"《诗》云:'普天之下,莫非王土;率土之滨,莫非王臣。'而舜既为天子矣,敢问瞽瞍之非臣,如何?"(孟子)曰:"是诗也,非是之谓也;劳于王事,而不得养父母也。曰:'此莫非王事,我独贤劳也。'故说诗者,不以文害辞,不以辞害志。以意逆志,是为得之。如以辞而已矣,《云汉》之诗曰:'周余黎民,靡有孑遗。'信斯言也,是周无遗民也。孝子之至,莫大乎尊亲;尊亲之至,莫大乎以天下养。为天子父,尊之至也;以天下养,养之至也。《诗》曰:'永言孝思,孝思维则。'此之谓也。"

这一章有三处引诗,一为孟子弟子咸丘蒙所引,另两处为孟子所引,并且此章有孟子论诗内容,较为重要。其一,咸丘蒙引诗句"普天之下"出自《诗经·小雅·北山》,"普天"在《毛诗》中作"溥天"。就古谚"盛德之士,君不得而臣,父不得而子"之说,咸丘蒙向孟子请教舜与尧、舜与瞽瞍的关系问题,其实是在谈论舜的忠、孝的问题。咸丘蒙引诗是在问舜与瞽瞍关系问题时所引,引诗只是取诗的字面意而已。这一章重要的不在于咸丘蒙如何引诗,而在于孟子论诗。

就咸丘蒙对舜的质疑而言,其实《韩非子·忠孝》篇也有类似记载,说:"(天下)皆以尧、舜之道为是而法之,是以有弑君,有曲父。……尧为人君而君其臣,舜为人臣而臣其君。……瞽瞍为舜父而舜放之,象为舜弟而杀之。放父杀弟,不可谓仁;妻帝二女而取天下,不可谓义。仁义无有,不可谓明。"① 对于舜的忠与孝,咸丘蒙所发疑问与《韩非子·忠孝》篇的非议基本一致。通读《忠孝》篇,可见其中所引"舜见瞽瞍,其容造焉"、孔子"天下岌岌"之言,以及同样引诗"普天之下,莫非王土;率土之滨,莫非王臣"一句,或可推知《韩非子·忠孝》篇作者是直接承引了《孟子》之文,以作成《忠孝》篇。所以,才会有类似问题的议论,只是《韩非子·忠孝》篇与孟子就此问题的最终解释方向截然相反而已。

言归孟子论诗问题,孟子认为咸丘蒙引诗太拘泥于字面意,而不能通贯诗旨,并没有理解《小雅·北山》原诗的意思,所以孟子引言曰"此莫非王事,我独贤劳也",才是得诗之意,即以此诗为刺诗。这直接影响到《毛诗》诗序认为《小雅·北山》为大夫刺幽王之诗。孟子所论"不以文害辞,不以辞害志,以意逆志"之说,

---

① 王先慎:《韩非子集解》,北京:中华书局,1998年版,第465~467页。

当是对解诗之言"我独贤劳"而发。笔者推测,"此莫非王事,我独贤劳"当是孟子之前、类似于后世《诗序》一类的解诗版本中的话,或为孔子及儒家弟子所作,或为各家所共认的解诗本子。所以,被引诗句的下一句"大夫不均,我从事独贤",毛传曰"贤,劳也",当是受孟子解诗"我独贤劳"之论的影响。

其二,"周余黎民,靡有孑遗"为孟子所引,出自《诗·大雅·云汉》,文字与《毛诗》无异。孟子引此诗句,举一个反面例子以证其解诗理论,当不以文害辞,以意逆志。依郑玄笺注之意,周之众民多有死亡者,即使免于死亡的,又无不遭受饥饿与病痛。孟子及其弟子当亦明白诗句之意,而孟子引之,意思是说:如果按你的说诗方法,从字面意来说的话,信诗句所言则是周无遗民了。诗句放在整首诗中,定不是"周无遗民"的意思,于理亦解不通,孟子引此作为一个极端的例证,以晓谕弟子咸丘蒙。此正可以证孟子"不以文害辞,不以辞害志"的说诗理论。

其三,"永言孝思,孝思维则"亦为孟子所引,见于《诗·大雅·下武》,文字与《毛诗》无异。孟子在此引诗,又回到论述舜之孝的问题上,他认为舜以天下养瞽瞍,是孝之最高标准,故引诗以证之。《诗序》云《大雅·下武》继文王之王业,为颂武王有圣德,继文王之后而又受天命,能彰显先王之德、光大先王之功。对所引诗句,郑笺云:"长我孝心之所思。所思者,其维则三后之所行。子孙以顺祖考为孝。"①郑玄之意,子孙为孝当以顺承祖考之志,诗句所指为武王,以承继太王、王季、文王之王业。由此可见,孟子引诗句只是取诗之义,即言孝之至,不只是舜可当之,亦如武王也可当之。

18.《孟子·万章下》第七章:孟子曰:"夫义,路也;礼,门也。惟君子能由是路,出入是门也。《诗》云:'周道如厎,其直如矢;君子所履,小人所视。'"

此亦为孟子引诗,见于《诗·小雅·大东》,"厎"字在《毛诗》中作"砥",其义同为砺石。赵岐注云:"周道平直,君子履直道,小人比而则之。"②孟子引此诗以喻当效"君子守死善道"。《毛序》云此为"刺乱"之诗,"东国困于役而伤于财,谭

---

① 李学勤编:《毛诗正义》,第1047页。
② 焦循:《孟子正义》,第723页。

大夫作是诗以告病焉"①。《毛诗》认为,这是谭大夫作诗以告于王,让王知道在东方的谭国处于病困之境。既有此解诗之基调,所以毛传云:"如砥,贡赋平均也。如矢,赏罚不偏也。"②毛意为诗句是说周在太平之时,贡赋之道均平,不偏不私,君子皆效法之而行其道,小人无怨而供其役。《毛诗》解《大东》为刺乱之诗,则诗句之意便成了以追忆周道升平时,从而蕴含怨当今乱政之意,言贡赋、赏罚失其度。无论怎样,诗句中"君子所履,小人所视",有君子行道而小人亦可效法君子之意,这也正是孟子引诗之意。此章是孟子与弟子万章谈论召贤之礼的问题,孟子引诗也为了说明君子从事当依礼义而行的道理。

19.《孟子·告子上》第六章:孟子曰:"仁义礼智,非由外铄我也,我固有之也,弗思耳矣。故曰:'求则得之,舍则失之。'或相倍蓰而无算者,不能尽其才者也。《诗》曰:'天生蒸民,有物有则。民之秉夷,好是懿德。'孔子曰:'为此诗者,其知道乎!故有物必有则,民之秉夷也,故好是懿德。'"

此为孟子引《诗》,见于《诗·大雅·烝民》,"蒸"在《毛诗》中作"烝","夷"作"彝"。赵岐注篇名为"蒸民",而非如《毛诗》"烝民"。这一章为孟子与公都子论性善,孟子引诗句来证其性善论,以说明仁义礼智是人本有的美德,并不是由外在赋予人的。反过来看,孟子认为诗句之意,正是表明天生众民,正如天下万物各有其物性一样,人亦有人之性。而人之性即好美德,犹如仁义礼智是人自身本有之美德,人人当思而存之,光大这一美德。在孟子看来,为恶之人并非天赋予了他恶的性,而是没有守持其美德,从而没有表现出善性,是为"不能尽其才"。赵岐注:"言天生众民,有物则有法则,人法天也。民之秉夷,夷,常也。常好美德。"③相比赵岐之注,郑笺或更近于孟子之意,郑笺云:"天之生众民,其性有物象,谓五行仁、义、礼、智、信也。其情有所法,谓喜、怒、哀、乐、好、恶也。然而民所执持有常道,莫不好有美德之人。"④郑玄以所谓"仁义礼智信"五行来解诗,或是受孟子及其性善说的影响,在一定程度上说,这是孟子诗学影响汉人诗学的一

---

① 李学勤编:《毛诗正义》,第779页。
② 李学勤编:《毛诗正义》,第780页。
③ 焦循:《孟子正义》,第758页。
④ 李学勤编:《毛诗正义》,第1218页。

处体现。而至宋,朱熹解诗受孟子影响更明显也更密切,直接引孟子所引的孔子之言以证之,并且说"孟子引之以证性善之说,其指深矣"①。因而可以说,从这一章孟子引诗,可见孟子认为《大雅·烝民》一诗的诗旨是:劝勉人们当守其善道。

孟子引孔子之言,看其文字是在评《诗》,性质或类于后世所谓《诗论》,然而若为孔子论诗之言,应是相当重要的,但何以后世并不见孔子此类言论?近年来,关于上博简《孔子诗论》的研究亦成为一时热点,也有论者认为是孔子所作,也有认为是孔子的弟子后学所作。单就这一章中孟子引诗来说,并紧接着引孔子论诗之言以证,可看出孟子对《诗》是极为熟悉的,并且可以说孟子诗学当是极密切地受到孔子诗学的影响。后世诗学者,如《毛诗》,是有一套体系来解诗、论诗的。然而从目前相关文献记载来看,孔子、孟子时似乎看不出有解诗、论诗的所谓体系。

20.《孟子·告子上》第十七章:孟子曰:"《诗》云:'既醉以酒,既饱以德。'言饱乎仁义也,所以不愿人之膏粱之味也;令闻广誉施于身,所以不愿人之文绣也。"

此章诗句为孟子所引,见于《诗·大雅·既醉》,文字无异。孟子引诗以证君子饱德,当饱乎仁义,使令闻广誉施于身,而不以锦衣玉食等世俗之贵为贵,贵于德义。对于此诗,《毛诗》是以礼解之的,《诗序》认为作此诗者是在言太平,"醉酒饱德,人有士君子之行"②。郑笺云:"成王祭宗庙,旅酬下遍群臣,至于无算爵,故云醉焉。乃见十伦之义,志意充满,是谓之饱德。"③其中郑玄以礼注《诗》之意十分明显。对所引诗句,毛传云:"既者,尽其礼,终其事。"郑笺云:"礼,谓旅酬之属。事,谓惠施先后及归俎之类。"④以礼说《诗》亦极明显。

21.《孟子·尽心上》第三十二章:公孙丑曰:"《诗》曰'不素餐兮',君子之不耕而食,何也?"孟子曰:"君子居是国也,其君用之,则安富尊荣;其子弟从之,则孝弟忠信。'不素餐兮',孰大于是?"

---

① 参见朱熹:《诗集传》,第250页。
② 李学勤编:《毛诗正义》,第1089页。
③ 李学勤编:《毛诗正义》,第1089页。
④ 李学勤编:《毛诗正义》,第1090页。

第二章 孟子与《诗》

此章为孟子与弟子公孙丑的对话,公孙丑欲以诗句"不素餐兮"来证"君子不耕而食"之非。这一诗句见于《诗·魏风·伐檀》。赵岐注曰:"无功而食,谓之素餐。"①公孙丑问孟子,《诗》言人不应当无功而食,然而世之君子有不耕而食者,这是为什么?孟子答以君子之于国则可以使君安富尊荣,之于子弟人民则可以使之孝悌忠信,其功之大,无有过之者。

22.《孟子·尽心下》第十九章:貉稽曰:"稽大不理于口。"孟子曰:"无伤也。士憎兹多口。《诗》云:'忧心悄悄,愠于群小。'孔子也。'肆不殄厥愠,亦不陨厥问。'文王也。"

此章两处皆为孟子引诗。其一,"忧心悄悄"一句见于《诗·邶风·柏舟》,文字无异。诗句之意,赵岐注为"忧在心,怨小人聚而非议贤者"。毛传认为:愠,怒也,悄悄,忧貌。郑笺云:"群小,众小人在君侧者。"②其意也基本同于赵岐之注。孟子引诗句,以比于孔子,意为孔子当日为群小非议,也犹如此诗之言。

其二,"肆不殄厥愠"一句见于《诗·大雅·绵》,文字无异。对此,郑笺云:"小聘曰问。……文王见太王立冢土,有用大众之义,故不绝去其恚恶恶人之心,亦不废其聘问邻国之礼。"③此亦可见郑玄以礼说《诗》。

以上为孟子引《诗》论《诗》的内容,笔者依此试总结《孟子》引《诗》之大体的范式为:

其一,从所引之《诗》有无标示的角度而言,分为有标示、无标示引《诗》。有标示引《诗》,如《孟子》一书中多次出现的"《诗》云"有二十余处,"《诗》曰"六处,"《鲁颂》曰"一处,而"《云汉》之《诗》曰"一处。在有标示引《诗》的情况下,有的标出《诗》篇名,有的则是直接引《诗》。标出《诗》篇名者,如孟子曰:"《鲁颂》曰:'戎狄是膺,荆舒是惩。'周公方且膺之,子是之学,亦为不善变矣。"而无标示引《诗》,如孟子曰:"吾闻'出于幽谷,迁于乔木'者,未闻下乔木而入于幽谷者。"

其二,从所引之《诗》处于所在篇章中的位置而言,又可分为句首、句中、句末。如句首引《诗》出现一次,即:王说曰:"《诗》云:'他人有心,予忖度之。'夫子

---

① 焦循:《孟子正义》,第925页。
② 李学勤编:《毛诗正义》,第116页。
③ 李学勤编:《毛诗正义》,第991页。

之谓也。"而句中引《诗》的情况出现频率较多,如孟子曰:"欲贵者,人之同心也。人人有贵于己者,弗思耳。……《诗》云:'既醉以酒,既饱以德。'言饱乎仁义也,所以不愿人之膏粱之味也;令闻广誉施于身,所以不愿人之文绣也。"句末引《诗》的情况,如孟子曰:"夫义,路也;礼,门也。惟君子能由是路,出入是门也。《诗》云:'周道如砥,其直如矢;君子所履,小人所视。'"

其三,引《诗》之时出现与其他文献并引的情况,大体有《诗》《书》并引、《诗》与孔子之言并引等。《诗》《书》并引的情况,如孟子曰:"《诗》云:'永言配命,自求多福。'《太甲》曰:'天作孽,犹可违;自作孽,不可活。'此之谓也。"而《诗》与孔子之言并引,如孟子曰:"《诗》云:'商之孙子,其丽不亿。上帝既命,侯于周服。侯服于周,天命靡常。殷士肤敏,祼将于京。'孔子曰:'仁不可为众也。夫国君好仁,天下无敌。'"

观以上诸章孟子引诗之言,孟子本意多次是要以《诗》证其言论。一般来说,研究孟子诗学,当看孟子引《诗》、解《诗》之观点、体系,但是鉴于孟子时似乎尚无体系论《诗》的体现,或应当思考孟子整章之文意,以反观孟子之文来证所引之《诗》的意旨,如此或可观孟子诗学的面貌。这正如思考的正、反两个理路,从正的方向来看,孟子引《诗》以证其言论;从反的方向来看,以孟子整篇文意以判定《诗》意。从正方向看,看到的是孟子引《诗》、论《诗》,以《诗》证言的表象;从反方向看,看到的是孟子诗学之一斑。因而,探讨孟子诗学,笔者认为应当兼顾二者。又由于文献不足,孟子诗学难以呈现体系,因而尤其当注意以反方向的角度来探讨,以孟子的文意来判定《诗》意,是为以文证《诗》。

笔者指出当以反观的方法来研究,即以孟子文意反证《诗》意,从方法论上看,所谓反观、正观似乎并无二致,仍然要检出《孟子》文本中引《诗》、论《诗》之言。尽管同为检出孟子引《诗》论《诗》之言,但研究者存意于以孟子文意来反观《诗》意这一思考方向应当说是有其价值的。如果只是简略评说孟子引了哪些《诗》,引诗是为证某言,这样停留在正方向上浅显研究,不得不说其意义是有限的。因而,笔者指出并运用以《孟子》文意反观《诗》意的运思理路,以期望在相关问题的研究方向与深度上能达到有所推进的效果。

第二节 孟子的诗学观

从《孟子》文本及其他有关孟子的资料来看,我们似乎看不到孟子有明确、系统的论《诗》体系。然而正如上所述,孟子引《诗》颇为频繁,也偶有几句论《诗》的言辞,内容虽少但对后世的影响不可谓不深远。孟子引《诗》论《诗》并不成体系,由于相关资料有限,亦很难体系化地描述、论析孟子的诗学内容。通过孟子引《诗》论《诗》所体现出来的与孟子诗学相关的问题,姑且称为孟子的诗学观,经过笔者疏解与整理,以期窥得其概貌。

孟子论《诗》,有一个备受关注的论题,对后世产生很大影响。《孟子·万章上》第四章:

> 咸丘蒙曰:"《诗》云:'普天之下,莫非王土;率土之滨,莫非王臣。'而舜既为天子矣,敢问瞽瞍之非臣,如何?"(孟子)曰:"是诗也,非是之谓也;劳于王事,而不得养父母也。曰:'此莫非王事,我独贤劳也。'故说诗者,不以文害辞,不以辞害志。以意逆志,是为得之。如以辞而已矣,《云汉》之诗曰:'周余黎民,靡有孑遗。'信斯言也,是周无遗民也。"

这一整章其实是孟子与弟子咸丘蒙论舜的忠与孝的问题,上面所引只是其中一部分,涉及孟子论《诗》的内容,即孟子提出"不以文害辞,不以辞害志,以意逆志"之说,对探讨孟子诗学观较为重要。对于孟子的这句话,赵岐注曰:"文,诗之文章,所引以兴事也。辞,诗人所歌咏之辞。志,诗人志所欲之事。意,学者之心意也。孟子言说诗者当本之志,不可以文害其辞,文不显乃反显也。不可以辞害其志。"①对于一首诗而言,从表象逐层深入到内涵,依次分为三层,即文、辞、志。孟子认为,说诗者当以己意揣度诗人之志,不可以停留在喻象之意的层面,更不可仅以字面之意来说诗。在这一章中,孟子认为咸丘蒙引诗句"普天之下"太拘泥于字面意,而不能通贯诗旨,并没有理解《小雅·北山》原诗的意思,所以孟子引言曰"此莫非王事,我独贤劳也",才是得诗之意,即以此诗为刺诗。这直接影响到《毛诗》诗序认为《小雅·北山》为大夫刺幽王之诗。孟子所论"不以文害辞,不

---

① 焦循:《孟子正义》,第638页。

以辞害志,以意逆志"之说,当是对解诗之言"我独贤劳"而发。笔者推测,"此莫非王事,我独贤劳"当是孟子之前、类于后世《诗序》一类的解诗版本中的言语,或为孔子及儒家弟子所作,或为各家所共同认可的解《诗》本子。所以,被引诗句的下一句"大夫不均,我从事独贤",毛传曰"贤,劳也",当是受孟子解诗"我独贤劳"之论的影响。孟子又紧接着引《诗·大雅·云汉》"周余黎民,靡有孑遗"一句。赵岐注为"志在忧旱,灾民无孑然遗脱不遭旱灾者,非无民也"①,比照郑玄笺注亦为此意,周之众民多有死亡者,即使免于死亡的,又无不遭受饥饿与病痛。孟子引这一诗句,是举一个反面例子以证其解诗理论,不可以文害辞,要以意逆志。孟子及其弟子当亦明白诗句之意,而孟子引之,意思是说:如果按你的说诗方法,从字面意来说的话,信诗句所言则是周无遗民了。诗句放在整首诗中,定不是"周无遗民"的意思,于理亦不通,故而孟子引此作为一个极端的例证,以晓谕弟子咸丘蒙。此亦可以证孟子"不以文害辞,不以辞害志"的说诗理论。

　　孟子论诗注重于对诗人之志的把握,亦可体现在《孟子·万章下》第八章孟子与万章的对话中,孟子说:"一乡之善士,斯友一乡之善士;一国之善士,斯友一国之善士;天下之善士,斯友天下之善士。以友天下之善士为未足,又尚论古之人。颂其诗,读其书,不知其人,可乎?是以论其世也。是尚友也。"在这一章中,孟子又提出"尚友"古人之说,当是对《诗》《书》等先代典籍而言。孟子之言有层层递进之意,一乡之内一乡之善者相友,一国之内一国之善者相友,推至四海之内则天下之善士彼此相友。赵岐注"一国之善士"为国中之善者,则可见是以乡中解乡字,以国中解国字,是以言天下为四海之内。由乡野之中,至国中,再推至四海之内善者相友,然而对孟子来说,此犹有不足。对好善者而言,以天下之善士为友仍有不足,尚不能极其善道,是以孟子又说"尚论古之人"。在孟子看来,颂其诗、读其书,知其人、论其世,是尚友古人之法。唯以颂其诗、读其书而论其世,乃可在今世而知古人之善。古人各生于一时,古人所言又各是最切于一世之事,是以当论其世,以不至于拘泥于古人之言辞,这样才可以逆古人之志而友其人。这是孟子对讲论《诗》《书》而言,可体现出孟子诗学观之一面。

　　孟子另一论诗之处,可见于《孟子·离娄下》第二十一章。孟子说:"王者之

---

① 焦循:《孟子正义》,第638页。

迹熄,而《诗》亡,《诗》亡然后《春秋》作。"对于这句话,赵岐注曰:"王者,谓圣王也。太平道衰,王迹止熄,颂声不作,故《诗》亡。《春秋》拨乱,作于衰世也。"①需要说明的是,在这一章中孟子主要论述的是《春秋》,所以后面还有"其事则齐桓晋文,其文则史,孔子曰:'其义则丘窃取之矣'"的说法。这一章体现的虽是孔子作《春秋》的问题,然而孟子之言亦涉及《诗》之兴亡,所以在一定程度上也是体现孟子诗学观之处。对孟子所说"王者之迹熄而《诗》亡"的理解,后人多从古之圣王设采风之官以观民之疾苦的角度来说,认为王道衰微之后,礼崩乐坏,王制不存,是以《诗》亡。然而,后世又多有不同于孟子"王者之迹熄而《诗》亡"的看法出现。如《淮南子·氾论训》,其中记载:"王道缺而《诗》作,周室废礼义坏而《春秋》作。《诗》《春秋》,学之美者也,皆衰世之造也。"②对此古注曰:"诗所以刺王道。"引这一句是要说,与孟子之言相比,无论是内容还是句式上都十分相似,所不同的是《氾论训》作者认为王道衰微而《诗》作,此与孟子"王者之迹熄而《诗》亡"的说法正相反。一说《淮南子》以道家思想为主,又糅合儒、法、阴阳等诸家之说,是为杂家,其说有与孟子相违之处,或亦不为怪。然《氾论训》所论《诗》《春秋》之言,体现秦汉时人对《诗》的看法,抑或有战国时期观念遗存,可作为参照。《氾论训》认为《诗》《春秋》都作于王道衰微、礼义崩坏之时。此外,《史记·十二诸侯年表》也有类似的说法,司马迁在《序》中说:"周道缺,诗人本之衽席,《关雎》作。仁义陵迟,《鹿鸣》刺焉。"③又如《史记·儒林传》序曰:"夫周室衰而《关雎》作,幽厉微而礼乐坏。"④其中又涉及一个问题,周室衰而《诗》作,与之相并列的是幽厉微而礼乐坏,即言王道衰而礼乐坏。此与孟子言王道微而《诗》亡,王道衰而《春秋》作,两相比较,可以观《诗》《春秋》、礼乐的兴衰与王道兴亡的关系,以及从战国至秦汉时期对此问题的认识差异。这都体现出汉人在此问题的认识与孟子截然不同。

笔者认为,"王者之迹熄而《诗》亡"与"王道缺而《诗》作"这一认识差异,体现

---

① 焦循:《孟子正义》,第572页。
② 何宁:《淮南子集释》,北京:中华书局,1998年版,第922页。
③ 司马迁:《史记》,第509页。
④ 司马迁:《史记》,第3115页。

了战国与秦汉时人在解读《诗》旨上的立场截然不同。孟子认为"王者之迹熄而《诗》亡",体现在解读《诗》旨上,则以《诗》为古圣先贤仁政与德教的载体与体现。汉人解诗,以《毛诗》及齐、鲁、韩三家而言,虽以《诗》为王道之载体,然而或多或少地呈现出解《诗》为刺诗的倾向,赋予《诗》以借古讽今之用。这可以说是汉人解《诗》的基本基调。如以《风》之始《关雎》而言,齐、鲁、韩三家皆以《关雎》为刺康王之诗。① 冯登府论《关雎》一诗云:"晁说之以三家《关雎》《鹿鸣》为刺诗,非也。考三家所为刺诗者,乃陈古讽今之说也。"② 尽管冯氏并不认同三家诗以《关雎》为刺诗之说,其意认为原诗不是刺诗,只是后人引诗以古讽今而已,体现汉人解诗终是不离"刺"之意。《毛诗》与三家稍异,《毛诗序》以《关雎》言后妃之德,为风之始,然而也说"上以风化下,下以风刺上"③,大体亦可认为《风》多有刺上之义。郑玄《诗谱序》曰:"后王稍更陵迟,……厉也幽也,政教尤衰,周室大坏。《十月之交》《民劳》《板》《荡》,勃而俱作,众国纷然,刺怨相寻。"④ 以此可见汉人多有解《诗》为刺诗的基调,即认为《诗》是王道衰微之后而作,具有讽刺的功用。正如《毛诗序》云"上以风化下,下以风刺上,主文而谲谏,言之者无罪,闻之者足以戒,故曰风"⑤,所言《风》有教化下民、讽刺君臣的功用,表露出汉人解诗的意图和立场。

由此可见,汉人之所以认为王道缺而《诗》作,正体现了他们多以讽刺解诗的特点,多认为《诗》是刺诗。而孟子引《诗》论《诗》并未有这一解读倾向,可推知先秦时期未必如此,故而孟子有"王者之迹熄而《诗》亡"的说法。因而笔者推测,此或可体现出后世所谓《诗序》在先秦时期孟子之时,并未有那么大的影响,至少从孟子引《诗》论《诗》之言来看,并没有体现出太多的类似于后世《诗序》的解诗风格。上博简《孔子诗论》于楚地发掘,应当可以说明楚地战国时期流传过这一《诗论》版本。然而这一战国时期的《诗论》版本的内容与风格,亦不同于汉人解诗之

---

① 此可参见皮锡瑞《论关雎为刺康王诗鲁齐韩三家同》一篇,见其《经学通论·诗经》,中华书局,1954年版。其中有详细分析。
② 冯登府:《三家诗遗说》,上海:华东师范大学出版社,2010年版,第3页。
③ 李学勤编:《毛诗正义》,第13页。
④ 李学勤编:《毛诗正义》,第7、8页。
⑤ 李学勤编:《毛诗正义》,第13页。

《诗序》。其中说明的问题是，笔者认为或许《诗序》仅为毛公所作，亦或为秦火前后之时人所作，而在孟子所处的战国中期前后并未成书；亦或是已经成书，然而在当时却并未产生过大的影响，至少对孟子来说影响是有限的。所以后世治经学者言说《诗序》为子夏所作，笔者认为此言当有限定地来说，亦或《诗序》是子夏作，但也并未对孟子产生太大影响。有人认为上博简《孔子诗论》是孔子所作，或为孔子弟子所作。① 即使上博简《孔子诗论》是孔子或孔子弟子所作，其影响也是有限的，不然何以没有流传后世？何以与汉初前后大行于世的《诗序》有许多的差异？或可以说，《孔子诗论》只是流行于楚地，而在秦火之后亡佚。今传本《诗序》带有汉人解诗的明显特色，当是汉初前后大行于世。

另有孟子与弟子公孙丑论《诗》的内容，在《孟子·告子下》第三章：

> 公孙丑问曰："高子曰：'《小弁》，小人之诗也。'"孟子曰："何以言之？"曰："怨。"曰："固哉，高叟之为诗也！……小弁之怨，亲亲也。亲亲，仁也。固矣夫，高叟之为诗也！"曰："《凯风》何以不怨？"曰："《凯风》，亲之过小者也；《小弁》，亲之过大者也。亲之过大而不怨，是愈疏也；亲之过小而怨，是不可矶也。愈疏，不孝也；不可矶，亦不孝也。孔子曰：'舜其至孝矣，五十而慕。'"

其中所涉及的诗《小弁》引自《诗·小雅·小弁》，《凯风》引自《诗·邶风·凯风》。《诗序》云："《小弁》刺幽王也。太子之傅作焉。"②而三家诗则说法不同。蔡邕《琴操》："伯奇既逐，履霜以足，采楟花以食，其邻大夫闵之，乃赋《小弁》。"班固《冯奉世传赞》："伯奇放流，《小弁》诗作。"冯登府认为蔡、班之言皆用《鲁诗》之说。③ 赵岐《孟子注》："《小弁》，伯奇之诗也。伯奇仁人，而父虐之，故作《小弁》。"宋孙奭《孟子音义》云："此《韩诗》。"依此，冯登府认为韩、鲁两家诗就此诗而言观点是基

---

① 研究《孔子诗论》者众多，所见也有不同。因为本文并非专论这一问题，故不展开论述。可参李零《上博楚简三篇校读记》，北京：中国人民大学出版社，2007年；陈桐生《〈孔子诗论〉研究》，北京：中华书局，2004年；刘信芳《孔子诗论述学——上海博物馆藏战国楚简》，合肥：安徽大学出版社，2003年，等。

② 李学勤编：《毛诗正义》，第747页。

③ 参见冯登府：《三家诗遗说》，第80页。

本相同的。① 相比较,孟子认为《小弁》一诗尽管含有怨意,但不失亲亲之情,所以并不认同高子将之视为小人之诗的说法。孟子认为《小弁》一诗虽怨亦不失亲亲之仁,这根本看不出解之以刺诗、怨诗的迹象。相比鲁、韩两家而言,毛诗更为特别,所解与其他几家不同,与孟子之意也更显得远。《诗序》以《凯风》为"美孝子"之诗,认为"卫之淫风流行,虽有七子之母,犹不能安其室,故美七子能尽其孝道,以慰母心,而成其志尔。"冯登府认为诗无不安于室之意,并引孟子之言"亲之过小者",若云"不安于室"则过莫大矣。② 冯氏认为《毛诗序》只是附会卫之淫风流行的说法,进而有"不安于室"之说。冯意在申三家诗之义,以《凯风》为表孝子之孝心。赵岐《孟子注》亦以为是孝子之诗。观孟子之言,认为《凯风》为"亲之过小者",并无过于附会的说法。以此来说,单就这一诗而言,孟子解诗之旨与后世三家诗更相近,而与《毛诗》为远。

第三节　以史论《诗》与以礼论《诗》

正如上述,孟子认为"王者之迹熄而《诗》亡"体现了以颂诗解诗,以王道载体来论诗的基调,而这与汉人大多以刺诗来解诗的基调是截然不同的。此外,孟子引《诗》论《诗》之间还体现了以史论《诗》的风格。孟子紧接着"迹熄《诗》亡"一句之后还说"《诗》亡然后《春秋》作",此正体现孟子视《诗》与《春秋》在某种意义上有承继关系。与"以史论《诗》"相对的,则是以礼论《诗》。笔者认为,孟子是以史论《诗》的代表,而汉人之所以解诗为刺、怨,与其以礼论《诗》的基调是相符合的。

所谓"以史论《诗》",即以诗来证其论,视《诗》为古圣贤事迹的体现,为先王之道的载体。孟子说:"颂其诗,读其书,不知其人,可乎?是以论其世也。是尚友也。"(《孟子·万章下》)孟子之意为,颂《诗》读《书》之法当知其人、论其世,方可以尚友古人。笔者认为,这正是孟子"以史论《诗》"的诗学观的体现之一,就诗之本意来论诗、以《诗》证论是其特点。

至于"以礼论《诗》",有论者称之为用礼仪礼制解释《诗经》相关篇章,用产生

---

① 参冯登府:《三家诗遗说》,第80页。
② 冯登府:《三家诗遗说》,第20页。

第二章 孟子与《诗》

《诗经》的那个时代的礼仪礼制解释《诗经》中言礼之诗,主要是用周礼解释《诗》中反映周礼的诗篇。① 《诗》的产生必然带有一定时代色彩,有能够反映当时礼制生活的内容。然而,这不足以说明《诗经》中言礼之诗就是"以礼论《诗》"的主要内容,不能单纯地将以礼仪礼制解释《诗》的做法称为"以礼论《诗》"。笔者认为,所谓"以礼论诗"固然包括以礼仪礼制解释《诗》这一方面,更主要还在于寓政教于诗、将诗政治化、视诗为一种教化工具。

通过研究,笔者认为孟子诗学基本是以史论《诗》,而汉人多是以礼论《诗》。如《诗序》与《毛传》皆富有诗教意味,将诗礼义化、政治化。郑玄的《毛诗传笺》亦是以礼解诗的典范。而在孟子那里则是以史论《诗》,崇尚"知人论世""以意逆志",多是以诗来证其论,视诗为王者之迹的体现。而有论者亦多言以诗说诗,即解诗就要把诗当诗读,就要领会诗中情志。而笔者认为所谓以诗说诗,亦可归于孟子"以意逆志"之说,从而孟子诗学的大体风格仍为以史论诗。近年来上博简《孔子诗论》曾一度成为研究热点,就其中解诗内容而言,笔者认为亦可以作为以诗解诗的又一个代表。

孔子之前,诸侯国之间的典礼过程中就有大量的赋诗场景,通过《左传》的相关记载就可看出来。如《左传》襄公四年记载:

> 穆叔如晋,报知武子之聘也。晋侯享之,金奏《肆夏》之三,不拜。工歌《文王》之三,又不拜。歌《鹿鸣》之三,三拜。韩献子使行人子员问之,曰:"子以君命辱于敝邑,先君之礼,藉之以乐,以辱吾子。吾子舍其大,而重拜其细。敢问何礼也?"对曰:"《三夏》,天子所以享元侯也,使臣弗敢与闻。《文王》,两君相见之乐也,使臣不敢及。《鹿鸣》,君所以嘉寡君也,敢不拜嘉?《四牡》,君所以劳使臣也,敢不重拜?《皇皇者华》,君教使臣曰:'必咨于周。'臣闻之:'访问于善为咨,咨亲为询,咨礼

---

① 参见陈戍国:《论以礼说〈诗〉——兼论以诗说〈诗〉》,收于其《诗经刍议》一书,岳麓书社1997年版,第115~150页。廖名春:《上博〈诗论〉简"以礼说〈诗〉"初探》,《中国诗歌研究》第二辑,中华书局,2003年,第142~150页。廖文亦可作为向以诗说诗这一方向努力的一个体现。此外,就以礼论诗这一方向进一步研究的,还有陈桐生《礼化诗学——诗教理论的生成轨迹》一书,以诗教作为上古时代礼乐制度的产物来进一步论述。

为度,咨事为诹,咨难为谋。'臣获五善,敢不重拜?"①其中体现出春秋时期《诗》与礼乐文化传统的密切关系。行人子员所谓"先君之礼,藉之以乐",即表明春秋时期进行典礼时行礼与奏乐是同时进行的,而乐又正藉之以《诗》。其实这一问题即本章开头所论述的诗、乐关系问题。在此处来看,《诗》与礼虽紧密相关,但是这并不说明春秋时人就有以礼论诗的特点,而只是藉之于《诗》乐关系这一基础所呈现的《诗》在社会礼仪活动中的职能而已。

孔子就曾注意到《诗》与礼的关系。《论语·八佾》篇有这样的记载:"三家者以《雍》彻。子曰:'"相维辟公,天子穆穆",奚取于三家之堂?'"《雍》诗见于《诗·周颂》,《毛诗序》认为"《雍》,禘大祖也"②,"禘大祖"即大祭文王之意。试图跳出汉人解诗套路,尤其是欲跳出《诗序》影响的朱熹,在其《诗集传》中亦认为"此武王祭文王之诗"③。孔子引用《雍》诗的诗句,从礼制的层面批评鲁大夫孟孙、叔孙、季孙三家有僭越行为。然而孔子引诗,有取诗句之义以表达自己观点的用意,虽然涉及礼制场面,符合以礼论诗的形式,但实亦属于以史论诗范畴。此外,《礼记·孔子闲居》亦曾记孔子之言"志之所至,诗亦至焉;诗之所至,礼亦至焉;礼之所至,乐亦至焉;乐之所至,哀亦至焉",即孔子所谓"五至"之中志、诗、礼、乐、哀是也。其中相关内容亦见于上博简《民之父母》篇④,皆为孔子所言,涉及诗、礼之间的关系。

上博简《孔子诗论》是不容忽视的一部反映战国时期诗学面貌的专门篇章。据廖名春研究,其中亦不乏涉及"礼"的地方,并且称以礼说诗既非始于郑《笺》,亦非始于毛《传》,而是早在春秋战国时代,孔子即已如此。⑤ 正如前述,《诗经》主要体现了从西周到春秋中期的社会生活,其中多有与礼制相关的内容。《诗经》时代亦有一整套的礼制,即为周礼。周礼的具体内容,可以说散见于包括《诗经》在内的先秦典籍之中。孟子也曾言"颂其诗,读其书,不知其人可乎?是以论其

---

① 杨伯峻:《春秋左传注》,北京:中华书局,1990年版,第932~934页。
② 李学勤编:《毛诗正义》,第1333页。
③ 朱熹:《诗集传》,第268页。
④ 马承源主编:《上海博物馆藏战国楚竹书(二)》,第158~159页。
⑤ 参见廖名春:《上博〈诗论〉简"以礼说〈诗〉"初探》,《中国诗歌研究》第二辑,第142~150页。

世"(《孟子·万章下》),《诗》《书》之中确也涉及当世礼制的内容。陈戍国认为,《诗》三百篇,计有一百零五篇是言礼之诗,并分别将《诗经》中明言"礼"者及"仪"者列出,亦分吉、凶、军、宾、嘉列出相关《诗》篇。① 从这一角度来看,上博简《孔子诗论》中《诗》篇《木瓜》《大田》《鹿鸣》等有与礼相关的内容亦属正常,孔子所解之诗有与当时礼制相关的内容亦为情理之中。笔者认为,论以礼说诗关键还在于认识到以礼说诗当是寓政教于诗、将诗政治化、视为一种教化工具,而不仅仅是以礼仪礼制解释《诗》篇。

两汉时期,齐、鲁、韩、毛四家始大张以礼论诗之风。其后,北宋的王安石可以说是以礼论诗的代表之一。王安石曾主张以礼释《诗》,说:"乃如某之学,则惟《诗》《礼》足以相解,以其理同故也。"② 他认为《诗》《礼》之间由于理相同,故而二者足可以相解。邱汉生对王安石的这一说法有如下评价,说:"《诗》和《礼》同样产生于西周春秋时期,它们所反映的社会生活是相同的,书里的名物度数是相同的。故'《诗》《礼》足以相解'的论点,是符合历史实际的,抓住了解《诗》的一个关键。"③ 这一解释较为允当。此外,王安石在其《诗义序》中曾这样说:"《诗》上通乎道德,下止乎礼义。放其言之文,君子以兴焉;循其道之序,圣人以成焉。"④ 王安石认为《诗》是一部可以达到政治教化作用的教材,"上通乎道德,下止乎礼义",能够起到"君子以兴""圣人以成"的成德达道的教育作用。尤其是汉人所开启的解诗之风,多以美、刺、怨来解诗,而诗的美、刺其实是一种政治意义上的褒贬。用王安石的话说,以美、刺言诗的目的就是"序善恶以示万世",能够达到使"乱臣贼子知惧而天下劝"的政治效用。在笔者看来,这种以政治教化言诗的做法才正是以礼论诗的典型代表。王安石解诗之风气,亦基本与汉人解诗风格相类。王安石推崇《诗序》,认为《诗序》表达了作诗者的本意,从而他基本是按照《诗序》的观点在解释《诗》。关键之处在于,王安石将《诗》《礼》相结合而言,认为其理相

---

① 参见陈戍国:《论以礼说〈诗〉》,见于其《诗经刍议》,长沙:岳麓书社,1997年版,第124～127页。

② 王安石:《答吴孝宗书》卷七十四,《临川先生文集》,北京:中华书局,1959年版,第786页。

③ 王安石著,邱汉生辑校:《诗义钩沉》,北京:中华书局,1982年版,第10页。

④ 王安石著,邱汉生辑校:《诗义钩沉》,第1页。

同,这不仅符合于"以礼论诗"的形式,而且更重要的还在于他也直指"以礼论诗"的本质,即以政治教化言《诗》。

然而,在孔子论《诗》之处,或许也不宜单纯以政教为标准来判定是否为以礼论诗。因为,孔子就《诗》的功用也曾说过"一言以蔽之,曰思无邪",也可以说是从道德教化的标准来讲的。孔子注重六经之教,也是从政治教化的角度而言的。但孟子说"王者之迹熄而《诗》亡",可见他是把《诗》与"王者之迹"即王道联系起来,更多是把《诗》看作是史迹的体现,从而在他引《诗》论《诗》实际操作过程中,呈现出"以史论诗"的迹象。如果说孟子将《诗》与王道相关联,在一定程度上也体现出政教之意的话,那么或是孟子诗学观与实际引诗解诗过程之间产生一定的游离与脱节。换言之,如果以礼论诗的标准单纯以政教言,那么孟子在诗学观上也许同样有关注《诗》教的取向与立场,然而在引诗论诗的实际应用层面,则更多是以史论诗的表现。

传统讲《诗》教,一般来说较早地系统提出这一说法的文献记载,是《礼记·经解》"温柔敦厚,诗教也"。然而,还须明白所谓诗教并非《诗经》三百诗篇本身所原有的内容。《诗经》各篇在创作之初,其本来之义是怎样,是一个问题;而后世对《诗》的解读,甚至概括发展成一个体系,名之曰"诗教",则是另一问题。正如《关雎》篇的诗旨,在先秦两汉时期就有许多种说法。上博简《孔子诗论》篇第十简认为《关雎》"以色喻于礼";《诗序》的说法则有"《关雎》,后妃之德也",认为是歌颂后妃之德;另有认为讽刺周康王好色晏朝、娱乐嘉宾等等说法。而这类不同说法,皆是后世循着诗教理论的方向,对《诗》之本义所作的再创新,是《诗》的后世接受者所进行的再创作。笔者认为,后世沿着诗教的方向,把《诗》视为一种教化的工具,以政教解《诗》的做法,这是属于"以礼论诗"的范畴更进一步的标准。

世人多认为,西周礼乐文化传统在春秋末年衰落,正所谓孔子之时礼崩乐坏、王道式微,而诗教才得以更鲜明地提出来,其捍卫传统礼乐文明的意义才更突显。然而笔者认为,这种认识正是受汉人解读《诗经》风格的影响而形成的,尤其是受《毛诗序》的影响。而在先秦时期或未必如此,从孟子解诗论诗之言即可有所体现。孟子言"王者之迹熄而《诗》亡",可见孟子是将《诗》视为王道载体、是

第二章 孟子与《诗》

先王政典的体现。此外,也有说法从古代采诗制度的视角而言,认为周王室衰落之后,其礼乐文明及相应的采诗制度也得不到很好地维持,是所谓"王者之迹熄而《诗》亡"。这一说法亦值得关注,但更应关注到孟子"迹熄《诗》亡"的说法与汉人多认为的"迹熄《诗》作",两者所形成的截然相反的立场。这种截然相反的立场背后说明了什么,更值得反思。

笔者认为,孟子"迹熄《诗》亡"说与其"以史论诗"的立场是相一致的;而汉人"迹熄《诗》作"之说与其"以礼论诗"的立场相统一。

《孟子·离娄下》第二十一章,孟子说:"王者之迹熄,而《诗》亡,《诗》亡然后《春秋》作。"对于这句话,赵岐注曰:"王者,谓圣王也。太平道衰,王迹止熄,颂声不作,故诗亡。《春秋》拨乱,作于衰世也。"①这一章所涉及的既有孔子作《春秋》的问题,又涉及孟子言《诗》之兴亡的问题,其间可以说亦是孟子诗学观的体现。对孟子所说"王者之迹熄而《诗》亡"的理解,后人多从古之圣王设采风之官以观民之疾苦的角度来说,认为王道衰微之后,礼崩乐坏,王制不存,是以《诗》亡。然而,后世又多有不同于孟子"王者之迹熄而《诗》亡"的看法出现。如前文已述之《淮南子·氾论训》,其中记载:"王道缺而《诗》作,周室废礼义坏而《春秋》作。《诗》《春秋》,学之美者也,皆衰世之造也。"②对此古注曰:"诗所以刺王道。"以此与孟子之言相比较,可发现无论是内容还是句式上都十分相似,然而在观点上与孟子"王者之迹熄而《诗》亡"的说法却截然相反,《氾论训》作者认为王道衰微而《诗》作。有论者言《淮南子》以道家思想为主,又糅合儒、法、阴阳等诸家之说,是为杂家,其说有与孟子相违之处,或亦不为怪。然《氾论训》所论《诗》《春秋》之言,体现秦汉时人对《诗》的看法,乃至是战国时期观念遗存,可作为参照。《氾论训》认为《诗》《春秋》都作于王道衰微、礼义崩坏之时。不止《淮南子》如此,《史记·十二诸侯年表》也有类似的说法,司马迁在《序》中说:"周道缺,诗人本之衽席,《关雎》作。仁义陵迟,《鹿鸣》刺焉。"③又如《史记·儒林传》序曰:"夫周室衰

---

① 焦循:《孟子正义》,第572页。
② 何宁:《淮南子集释》,北京:中华书局,1998年版,第922页。
③ 司马迁:《史记》,第509页。

而《关雎》作,幽厉微而礼乐坏。"①其中都可看出王道衰微而《诗》作的立场。

笔者认为,"王者之迹熄而《诗》亡"与"王道缺而《诗》作"这一认识差异,体现了战国与秦汉时人在解读《诗》旨上的立场截然不同。孟子认为"王者之迹熄而《诗》亡",体现在解读《诗》旨上,则以《诗》为古圣先贤仁政与德教的载体与体现。汉人解诗,以齐、鲁、韩、毛四家而言,虽以《诗》为王道之载体,然而或多或少地呈现出解《诗》为刺诗的倾向,赋予《诗》以借古讽今之用。这可以说是汉人解《诗》的基本基调。

《诗序》对后世的影响很大,然而后人对《诗序》的态度也是各有不同,从中亦可反观各时代之人解诗之风格如何。如王安石肯定《诗序》,以诗作为达到政教的工具,则是以礼论诗的立场。而苏辙、朱熹试图跳出《诗序》的影响,似乎与王安石的立场不同,然而他们二人同样也是视《诗》为政教工具,仍可以说是以礼论诗的立场。《诗序》的作者是谁,历来说法不一,可以说是个聚讼已久的问题。郑玄认为,《诗大序》为子夏所作,《小序》为子夏、毛公合作,子夏意有不尽之处,毛公更相补足以成之。《后汉书·儒林传》则认为《诗序》为卫宏所作,其中记载:"九江谢曼卿善《毛诗》,乃为其训。宏从曼卿受学,因作《毛诗序》,善得《风》《雅》之旨,于今传于世。"②《隋书·经籍志》则认为"后汉有九江谢曼卿,善《毛诗》,又为之训。东海卫敬仲,受学于曼卿。先儒相承,谓之《毛诗》。《序》,子夏所创,毛公及敬仲又加润益"。③孔颖达认为"《诗》三百一十一篇,子夏作《序》"。而韩愈则认为"子夏不序《诗》"。成伯瑜认为《关雎》之《序》是子夏所作,"其余众篇之《小序》,子夏惟裁初句耳,至'也'字而止。'《葛覃》,后妃之本也','《鸿雁》,美宣王也',如此之类是也。其下皆是大毛公自以诗中之意而系其辞也"④。至宋人怀疑《诗序》,苏辙的《诗解集传》以为《诗序》"皆毛氏之学,而卫宏之所集录",故只是存留其为首的一句,其余内容皆删去。而到了朱熹时,其《诗集传》则把《诗序》全部删去,试图完全跳出《诗序》的解诗套路。苏辙、朱熹对《诗序》的立场,与王

---

① 司马迁:《史记》,第 3115 页。
② 范晔:《后汉书》,北京:中华书局,1965 年版,第 2575 页。
③ 魏徵等:《隋书》,北京:中华书局,1973 年版,第 918 页。
④ 成伯瑜:《毛诗指说》,见纳兰性德编:《通志堂经集》第七册,扬州:广陵书社,2007 年版,第 202 页。

安石对《诗序》的态度完全不同。王安石肯定《诗序》解读《诗》的观点，认为《诗序》体现了诗作者的本意。其中各种说法虽不能完全统一，但皆可以说是受汉人解诗风气的影响，属以礼论诗的范畴。

《隋书·经籍志》言："《诗》者，所以导达心灵，歌咏情志者也。故曰：'在心为志，发言为诗。'上古人淳俗朴，情志未惑。其后君尊于上，臣卑于下，面称为谄，目谏为谤，故诵美讥恶，以讽刺之。"①其中亦可体现以史论诗、以礼论诗之分别。所谓《诗》可以"导达心灵，歌咏情志"即是就诗而论诗，以诗言志的体现，此亦为"以史论诗"范畴。在《经籍志》作者看来，上古时民风淳朴，情志未惑，是以诗多取其本义，以直咏其心志而已。但是，其后随着社会发展，君尊臣卑，尤其在儒家看来王道衰微的时代，"面称为谄，目谏为谤"，故而人们用诗来赞颂美好，亦用诗来讽刺丑恶。正是在这种情形之下，以儒家为代表发展成一套诗教理论，将诗视为一种政教的工具，寓褒贬于诗义之中。此当为"以礼论诗"。

汉人解诗，以《诗序》而言，基本是不顾诗本义，而将诗政治化，寓政教于诗中，借诗以言政教。此即所谓"诗教"。如毛诗中所言"后妃之德也""刺不壹也""美君子也"等等。可见，汉人解诗基本是将《诗》作为一种教化的工具、致王道的途径。而先秦时期解诗风格与此不同，《孔子诗论》中孔子言"诗无隐志"，孟子言"知人论世""以意逆志"则是以史论诗，将诗作为言事、言志的一个旁证。

就"诗言志"之说，最早可见于《尚书·尧典》，其中记舜的话说："诗言志，歌永言，声依永，律和声。"其后，《左传》襄公二十七年记赵文子对叔向所说的"诗以言志"。后来"诗言志"的说法就更为普遍。《庄子·天下篇》说："诗以道志。"《荀子·儒效》篇云："《诗》言是其志也。"尽管孔子并没有直接提出"诗言志"之说，而在上博简《孔子诗论》第一简中记载孔子曰："诗亡隐志，乐无隐情，文亡隐言。"孔子言"诗亡隐志"，孟子言"以意逆志"，以及先秦时期所言诸如"诗言志"之处，其间亦有承接关系，皆可看作先秦时期解诗之时以重其"志"的表现。

近人亦多有从以礼说诗这一角度来探讨上博简《孔子诗论》者。上博简《孔子诗论》第十简"《关雎》之改"，"改"字之意，据李学勤之说，指诗中男主人公由"好色"改到礼义上。第十简"《关雎》以色喻于礼"，"喻"当为喻示、晓明之义。

---

① 魏徵等：《隋书》，第918页。

孟子与早期经学研究

《关雎》一诗,从为首几章"寤寐求之""辗转反侧"等,至末两章欲以钟鼓琴瑟之礼来对待淑女,以此变化喻示诗人之心从"好色""改"为礼义,以晓明当为礼义之理。据此,《孔子诗论》作者似有以礼说《诗》之意。此外,第十一简说"《关雎》之改,则其思益矣",再次言诗人以色喻于礼之"改",以申明诗人之苦心、运思之为益。第十二简"反纳于礼,不亦能改乎",这一句当是继续第十简的内容,说明"《关雎》之改","反纳于礼"当亦同于"《关雎》以色喻于礼"之说。"好色"是从人之自然性而言,是属于情的范畴,犹如喜怒哀乐之情,是顺乎人之自然性而发。而礼义是德的范畴,依《孔子诗论》作者之意,《关雎》一诗当有以礼节情之用,是以言"反纳于礼"。第十四简"其四章则喻矣:以琴瑟之悦,凝好色之愿;以钟鼓之乐",这一句当也是上承第十简内容而言的。《关雎》第四章为:"参差荇菜,左右采之。窈窕淑女,琴瑟友之。"这一章是从"好色"至礼义的转折点,所以说其四章就已经开始喻示礼义了。"琴瑟之悦,凝好色之愿",当指以琴瑟之礼可节其好色之情,止其欲。此外,《诗·小雅·大田》言"雨我公田,遂及我私",这也在《孟子》引诗之列。而在上博简《孔子诗论》第二十五简中也有相关《大田》篇的记载,说:"《大田》之卒章知言而有礼。"①对于《小雅·大田》一诗的诗旨历来有不同看法,《诗序》认为此为刺幽王之诗,"言矜寡不能自存",郑玄对此笺注:"幽王之时,政烦赋重,而不务农事,虫灾害谷,风雨不时,万民饥馑,矜寡无所取活,故时臣思古以刺之。"②依《诗序》之说,《大田》一诗为幽王时臣民所作,以讽刺幽王之恶政。那么,诗中所言皆为古事,而非幽王时事,寓意为以古讽今。对于所引之诗句,郑笺云:"其民之心,先公后私,令天主雨于公田,因及私田尔。此言民怙君德,蒙其余惠。"③朱熹并不认为是刺诗,说:"此诗为农夫之词,以颂美其上。"④朱子认为该诗以农夫的口吻,赞颂其君之美德。结合上博简《孔子诗论》中相关的"《大田》之卒章知言而有礼"来看似无刺诗之意。《大田》卒章是:"曾孙来止,以其妇子,馌彼南亩,田畯至喜。来方禋祀,以其骍黑,与其黍稷,以享以祀,以介景福。"《孔

---

① 马承源主编:《上海博物馆藏战国楚竹书(一)》,第155页。
② 李学勤编:《毛诗正义》,第846页。
③ 李学勤编:《毛诗正义》,第851页。
④ 朱熹:《诗集传》,第183页。

诗论》评说其"知言"当是指言辞得当,"有礼"当是指用骍黑、秬稷来祭祀,为"曾孙"祈福。单就这一首诗来看,似并无刺诗的迹象。以《毛诗》、朱熹解诗与《孔子诗论》相较,在解诗基调上,或是朱熹与《孔子诗论》更接近。赵岐对所引诗句注为"言太平时民悦其上,愿欲天之先雨公田,遂以次及我私田也"①,亦不见有讽刺的意味,可体现汉人对这首诗的理解。以此来看,《孔子诗论》与《诗序》在解诗风格上仍有一定差异性。就上博简《孔子诗论》与《诗序》的关系问题,李学勤曾认为《诗论》《诗序》《毛传》,在思想观点上虽有承袭,实际距离是相当大的"②。也有学者认为两者的基本精神是一致的,从而推论竹简《孔子诗论》可能是《毛诗序》的最早祖本。笔者认为,就某些诗篇的解诗风格而言,《孔子诗论》和《诗序》是性质不同的两类文献,二者之间尚有一定的差异性。

孟子解诗论诗主张"以意逆志""知人论世",可以说是以史论诗的代表。然而后人对孟子解诗亦有些微的批评。如近人顾颉刚认为孟子是借《诗经》来推行其王道主张,但对《诗》的理解有许多不足,其中之一就是没有时代观念。尽管孟子也曾说"以友天下之士为未足,又尚论古之人。颂其诗,读其书,不知其人,可乎!是以论其世也"(《孟子·万章下》),但在顾颉刚看来,孟子自己就是最不会论世尚友的人。孟子认为《诗》为歌咏王道之书,曾说"王者之迹熄而《诗》亡;《诗》亡然后《春秋》作"(《孟子·离娄下》)。就此,顾颉刚在其《〈诗经〉在春秋战国间的地位》一文中,曾就孟子对《诗》的看法提出批评,说:"他只看见《诗经》与《春秋》是代表前后两种时代的,不看见《诗经》与《春秋》有一部分是在同时代的。他只看见《诗经》是讲王道的,不看见《诗经》里乱离的诗比太平的诗多,东周的诗比西周的诗多。他只看见官撰的诗纪盛德,不看见私人的诗写悲伤。"③笔者认为,顾颉刚之所以对孟子有如此批评,是以今人的"学术化"视野、古书辨疑的方法以及对时代划分的预设等等来圈点古人,不无苛求古人之处。单就孟子论《诗》而言,实已呈现以史论诗之方向。顾颉刚的批评反而没有跳出传统中长期

---

① 焦循:《孟子正义》,第341页。
② 参见黄怀信:《上海博物馆藏战国楚竹书〈诗论〉解义》,北京:社会科学文献出版社,2004年版,第7页。
③ 洪治纲编:《顾颉刚经典文存》,上海:上海大学出版社,2003年版,第87页。

以来"以礼论诗"的影响,顺势以"以礼论诗"的惯性思维来加诸孟子。如果没有孟子提出"知人论世"之说,启发"以史论诗"新方向,何以彰显"以礼论诗"这一相对面的不同?正是孟子呈现出鲜明的"以史论诗"方向,才使得后世得以关注于"以礼论诗"之说。"以礼论诗"又实为传统诗学中影响最久、特点最明显的一种方法。

总之,近来学者时常从以礼说诗这一角度来探讨《诗经》相关问题,然而对先秦时期尤其是孟子诗学的以史论诗风格的认识与关注尚显不足。笔者认为,以礼说诗并非仅是以礼制来解读诗,或探讨诗中的礼制问题,其实质应当是指以政教来言诗之义,视诗为一种政教的工具,才是以礼论诗的本质。

第四节 孟子与诗学相关的弟子考

孟子弟子中与诗学相关者,可作为孟子诗学的传承者来进行探讨,从他们身上也可体现孟子诗学对后世的影响。在这一小节中,笔者从孟子与诗学相关的弟子这一视角来反观孟子诗学的另一面貌。

关于孟子的研究,由于史料的缺乏以及孟子思想的复杂性,后人对孟子的生平事迹及其思想尚还有许多争论的地方。至于孟子弟子的研究,可以说就更加困难了。孟子的弟子并不像孔子的弟子那样在《论语》《孔子家语·七十二弟子解》《史记·仲尼弟子列传》《礼记》等典籍中有专门的记载。见于《史记·孟子荀卿列传》中关于孟子的记载已十分简略,至于孟子的弟子们更是没有记载了。这就使得后人在论述孟子弟子时难免有不实之处。笔者发现即便是在《孟子》历代注疏中对孟子弟子的描述也多有含糊而过的地方,其他典籍中涉及孟子弟子之处出现搞混的情况也是在所难免。孟子弟子中与诗学相关的至少有孟仲子、高子二人。笔者试就此二人谈一点浅见,也希望能对孟子弟子的研究有所帮助。

一、关于高子是否是孟子弟子的争论

在今《孟子》文本中,孟仲子出现了一次,见于《孟子·公孙丑下》第二章:

孟子将朝王,王使人来曰:"寡人如就见者也,有寒疾,不可以风。朝将视朝,不识可使寡人得见乎?"……王使人问疾,医来。孟仲子对曰:"昔者有王命,有采薪之忧,不能造朝。今病小愈,趋造于朝,我不识能至否乎?"

赵岐注云:"孟仲子,孟子之从昆弟,从学于孟子者也。"①其后,孙奭的疏、朱熹的注都是因袭了赵岐的说法,并没有多少争议。焦循《孟子正义》对此也只是提到"赵氏谓为孟子从昆弟,必有所出,今未详矣"②,也没有新的说法。以此来看,关于孟仲子的身份问题自古以来并没有太大的争议。今人杨泽波在其《孟子弟子考辨》一文中,也认为孟仲子作为孟子弟子基本没什么争议。③

但是,高子作为孟子弟子是存在争议的。杨泽波认为将高子作为孟子弟子是有问题的,所以并没有把他列入孟子弟子之列。其实在赵岐那里,就已经开始对此产生疑惑,或许还可推到更早。赵岐对高子的注并不统一,可以说他所处的时期就已经弄不清楚高子的身份问题了。

在今《孟子》文本中,高子共出现了四次,分别如下:

1.《公孙丑下》第十二章:

孟子去齐。尹士语人曰:"不识王之不可以为汤武,则是不明也;识其不可,然且至,则是干泽也。千里而见王,不遇故去。三宿而后出昼,是何濡滞也?士则兹不悦。"高子以告。

赵岐注:"高子亦齐人,孟子弟子,以尹士之言告孟子也。"④后世注说皆宗于此。

2.《告子下》第三章:

公孙丑问曰:"高子曰:'《小弁》,小人之诗也。'"孟子曰:"何以言之?"曰:"怨。"曰:"固哉,高叟之为诗也!……《小弁》之怨,亲亲也。亲亲,仁也。固矣夫,高叟之为诗也!"

---

① 李学勤编:《孟子注疏》,北京:北京大学出版社,1999年版,第103页。
② 焦循:《孟子正义》,第256~257页。
③ 杨泽波:《孟子弟子考辨》,《孔子研究》,1998年第1期。亦收入其《孟子评传》一书第一章第五小节"孟子的弟子",第49~60页。
④ 焦循:《孟子正义》,第307页。

赵岐注:"高子,齐人也。"①朱注亦同。

3.《尽心下》第二十一章:

> 孟子谓高子曰:"山径之蹊间,介然用之而成路。为间不用,则茅塞之矣。今茅塞子之心矣。"

赵岐注:"高子,齐人也。尝学于孟子,乡道而未明,去而学于他术。"②

4.《尽心下》第二十二章:

> 高子曰:"禹之声,尚文王之声。"孟子曰:"何以言之?"曰:"以追蠡。"曰:"是奚足哉?城门之轨,两马之力与?"

从中不难发现,赵岐对这四章中"高子"的注并不相同,一说是孟子弟子,一说只是曾经学于孟子,还有一处只注为齐人。试想如果赵岐对此并不表示可疑,那么完全可以不必多次对同一人加注。我们或可以推知赵岐本人已不能完全弄清高子的身世了,所以他对此的注解简略而且不统一。后人的注解又多是本之于赵岐的说法,从而后世对高子是否为孟子弟子这一问题所产生的争议也愈演愈烈。

王应麟论《诗》之处有关于高子的记载是:"徐整云:'子夏授高行子。'即《诗序》及《孟子》所谓'高子'也。"③王应麟认为,《孟子》及《诗序》中的"高子"是齐人高行子。清人全祖望在其《经史问答》中提到:"以高子为弟子,盖以山径茅塞之语,似乎师戒其弟,故以为学他术而不终。然'小弁'之言,孟子称之为'叟',则非弟子矣。《经典序录》有高行子,乃子夏之弟子,厚斋王氏谓即高子,则亦恐非弟子矣。"④全祖望认为上引关于高子的第三则材料中所显示的孟子与高子的对话,当是老师教育学生的口吻,从而推测高子或是孟子的弟子。但他又从第二则中孟子称高子为"叟"来推断孟子与高子之间不是师徒关系。

梁玉绳《人表考》中对高子的记载是:"高子惟见《孟子》二七两篇,齐人,尝学于孟子。……案《孟子》中高子有二,此与乐正子并列,必是弟子,非《告子篇》之高叟也。《释文》吴徐整云子夏授《诗》高行子,即《诗·丝衣》序及《孟子·告子

---

① 焦循:《孟子正义》,第817页。
② 焦循:《孟子正义》,第982页。
③ 王应麟著,翁元圻等注:《困学纪闻》,上海:上海古籍出版社,2008年版,第313页。
④ 全祖望:《经史问答》,阮元编:《清经解》,第二册卷三〇八,上海:上海书店,1988年版,第523页。

篇》所称高子,其年长于孟子,故以'叟'呼之。《困学纪闻》卷三误合为一人。至《韩诗外传》二,高子问孟子,卫女何以编于诗,则亦此弟子也。"①可见,梁玉绳认为《孟子》中出现的高子是两个人:一个是孟子的弟子高子,另一个是高行子。他认为王应麟将高子与高行子合为一人是不对的。梁玉绳提出一新的说法固然值得重视,然而梁说也有其不足。笔者认为,梁玉绳将《诗·丝衣》序及《孟子·告子篇》所称高子都说成是高行子,这是其不足之处,仍需要再进一步分析。然而今人杨泽波先生似乎并未过多关注这一问题,也没有提到梁玉绳的说法,只是以孟子称高子为"叟",从而判断高子不是孟子弟子,而是齐人高行子。②

笔者认为梁玉绳的说法为澄清高子的身份提供了可能性,也更近于事实。《孟子》中四章所出现的"高子"指的确实并非一人,而是一个是作为孟子弟子的高子,出现在《公孙丑下》第十二章、《尽心下》第二十一章、二十二章;另一个是齐人高行子,出现在《告子下》第三章,此人并非孟子弟子。所以,赵岐在《公孙丑篇》《尽心篇》三章的注中说高子"孟子弟子","尝学于孟子",而对《告子篇》"小弁"章的注则只是说"高子"是齐人而已。"小弁"章高子指的是长于孟子的齐人高行子,所以孟子才称之曰"叟"。

二、孟仲子与诗学

赵岐《孟子题辞》中称赞孟子"通五经,尤长于《诗》《书》"。《孟子》一书中引《诗》论《诗》之处,相对于引述其他经典来说确实也是最多的。孟子不只是引《诗》论《诗》,关键还在于他也有独到而深刻的解《诗》论《诗》理论,无疑孟子是对诗学有精深的体认的。笔者认为,与孟子诗学紧密相关的弟子至少有孟仲子、高子二人。

《毛诗传》有两个地方引到孟仲子的话。《毛诗·周颂·维天之命》传:"孟仲子曰:'大哉!天命之无极,而美周之礼也。'"孔颖达正义曰:"文当如此。《孟子》

---

① 梁玉绳:《人表考》,梁玉绳等:《史记汉书诸表订补十种》,北京:中华书局,1982年版,第680~681页。
② 杨泽波:《孟子弟子考辨》,《孔子研究》,1998年第1期。亦收入其《孟子评传》一书第一章第五小节"孟子的弟子",第49~60页。

云:齐王以孟子辞病,使人问。医来,孟仲子对。赵岐云:'孟仲子,孟子从昆弟,学于孟子者也。'《谱》云:'孟仲子者,子思弟子,盖与孟轲共事子思,后学于孟轲,著书论《诗》,毛氏取以为说。'"①另一处见于《毛诗·鲁颂·閟宫》传:"孟仲子曰:是禖宫也。"②其中引郑玄《诗谱》时提到说孟仲子作为子思弟子,著书论《诗》,以此观之,孟仲子对诗学应当是造诣很深的。这也正如马宗霍所说"孟仲子或可谓传孟子之诗学者",这一推测性的说法是有一定道理的。但他同时也对此有所质疑,说:"至于共事子思之说,则或许未必确定。孟仲子尝受《诗》于李克,盖兼得子夏之传耳。"③马宗霍对于孟仲子与孟子共事子思之说有所质疑,这一点并不难推出。因为孟子与子思在年世上是否相接还一直是个有争议的问题,那么作为孟子从昆弟的孟仲子就更不可能师事子思了。进而他又推测孟仲子曾经跟随李克学习过诗学,从而在师承上又与子夏产生关系。笔者认为,马宗霍的这一说法本是质疑《诗谱》而言的,然而这一说法本身反而露出疑点。

我们不难发现马宗霍引"孟仲子尝受《诗》于李克"的这一说法盖是出自陆玑《毛诗草木鸟兽虫鱼疏》。陆玑在其《毛诗草木鸟兽虫鱼疏》中记载了《毛诗》授受谱系两种传统说法中的一种,说:"孔子删《诗》,授卜商。商为之《序》,以授鲁人曾申。申授魏人李克。克授鲁人孟仲子。仲子授根牟子。根牟子授赵人荀卿。荀卿授鲁国毛亨。毛亨作《训诂传》,以授赵人毛苌。时人谓亨为大毛公,苌为小毛公。"④然而,这种授受谱系在多大程度上有确凿之依据已不得而知。类似于此的经学授受谱系的说法可备为一说,然而不可以过于拘泥于此。马宗霍所说的孟仲子曾"受《诗》于李克"的说法,正是由于他对前人所列的这类谱系太过于认真了,所以才没有走出来。若细究之,不难发现这一授受谱系的说法是有明显的漏洞的。

问题之一即是孟仲子能否与李克之生卒年相接。对于李克之生卒年,近人钱穆先生曾作过考证。钱穆考李克生卒年约为公元前455—前395年,考孟子生

---

① 《十三经注疏》,上海:上海古籍出版社,1997年版,第583~584页。
② 《十三经注疏》,第614页。
③ 马宗霍:《中国经学史》,第24页。
④ 转引自皮锡瑞:《经学历史》,北京:中华书局,2008年版,第50页。

卒年约为公元前390—前305年。① 钱穆认为李克早于孟子并且两人在年世上是不相接的,以李克卒年的最晚年限来计为公元前395年,以孟子生年的最早年限来计为公元前390年。前文已提到赵岐在《孟子》中"孟仲子"的注里说孟仲子是孟子之从昆弟。然而孟子的年世尚且不能相接于李克,作为孟子从昆弟的孟仲子又如何与李克相接呢?这也正如钱穆所言:"至孟仲子,或谓乃孟子从昆弟,学于孟子,或云乃子思之弟子,又无可据信。"②对此,钱穆在注中又明确说"今按孟子尚不及子思,遑论其昆弟?李克、子思同时,亦不得为仲子师"。他既已认为李克、孟子生卒年不相及,依赵岐注孟仲子为孟子从昆弟,那么孟子尚且与李克生卒年不相及,孟仲子就更不可能。所以,若陆玑所说的孟仲子与《孟子》中之孟仲子是同一人的话,那么他所列出的《毛诗》授受谱系则有可商榷的余地。

笔者认为,可不必过于拘泥于汉世及其之后所形成的经学授受谱系,作为孟子弟子的孟仲子传孟子之诗学这一说法是可信的。孟仲子曾著书论《诗》,且为《毛诗》所称引,此可以《毛诗》来作一证明。至于汉世及其之后学人所列出的早期儒家中对经典的授受谱系,我们不能说它毫无根据,但由于各方面的原因也并不能够确定这类谱系的可信性,事实上它的许多环节并不严密。

三、高子与诗学

由于高子是否为孟子弟子的问题一直存在争议,进而高子与孟子诗学的问题就更显得曲折一些。高子与《诗》相关之处有如下几条:

第一条,《孟子》中有孟子与弟子公孙丑论"高子"《小弁》之诗的记载,上已引述。因为孟子称高子为"叟",从而将此高子定为年长于孟子的"高行子",不是孟子弟子。

第二条,《韩诗外传》卷二中第三章也有记载:

> 高子问于孟子曰:"夫嫁娶者非己所自亲也,卫女何以得编于《诗》也?"孟子曰:"有卫女之志则可,无卫女之志则怠。……"《诗》曰:"既不

---

① 钱穆:《先秦诸子系年》,北京:商务印书馆,2001年版。见书中的"诸子生卒年世先后一览表"。

② 钱穆:《先秦诸子系年》,第99页。

我嘉，不能旋反。视尔不臧，我思不远。"①

第三条，《毛诗·丝衣·小序》引高子曰"灵星在尸也"②。

前人对后两处"高子"的认识有许多含混的地方，甚至将二位"高子"搞混。王应麟曾提到："徐整云：'子夏授高行子。'即《诗序》及《孟子》所谓'高子'也。以《丝衣》'绎宾尸'为'灵星之尸'，以《小弁》为'小人之诗'，则已失其义矣。"③王应麟认为，《孟子》中"高子"即齐人高行子。前引梁玉绳《人表考》中言高行子即"《诗·丝衣》序及《孟子·告子篇》所称高子"，也是将之混为一谈。马宗霍说："《韩诗外传》高子问孟子，则应为孟子弟子。"④笔者以为王应麟言"《小弁章》高子，与《诗序》高子即受《诗》于子夏之高行子"这一说法尤为不妥。说《小弁章》高子是受《诗》于子夏的高行子是可以的，但是也将《诗序》中高子视为高行子则不妥。这首先涉及《毛诗》的传授系统问题，而"子夏授高行子"⑤之说是《毛诗》之学两条传播路线中的另一条。据钱穆考证子夏生卒年约在公元前507—前446年，子夏长于孔子之孙子思至少二十四岁，其卒年比子思卒年至少早十八年。⑥与孟子同时的高子，无论如何都不可能亲受子夏之诗学。如果说"子夏授高行子"之说是可取的话，除非年长于孟子的高行子与子思是同时代人，方有可能受诗学于子夏。《小弁章》之高子，孟子称曰"高叟"，必不是作为孟子弟子的高子，而一定是高行子。这样的话，"子夏授高行子"一说才是有可能性的。然而王应麟说"《小弁章》高子，与《诗序》高子即受《诗》于子夏之高行子"，把《诗序》中出现的高子也当作是高行子，如此一来就将二位"高子"搞混了。

笔者发现王应麟说"《诗序》高子即受《诗》于子夏之高行子"，只是受了孔颖达推测之言的影响。《毛诗·丝衣·小序》引"高子曰：灵星在尸也"。孔颖达正义云：

> 子夏说受圣旨，不须引人为证。毛公分序篇端，于时已有此语，必

---

① 许维遹：《韩诗外传集释》，北京：中华书局，1980年版，第34页。
② 《十三经注疏》，第603页。
③ 王应麟著，翁元圻等注：《困学纪闻》，第313页。
④ 马宗霍：《中国经学史》，第24页。
⑤ 陆德明：《经典释文》，北京：中华书局，1983年版，第10页。
⑥ 钱穆：《先秦诸子系年》，参书中"诸子生卒年世先后一览表"。

第二章 孟子与《诗》

是子夏之后、毛公之前,有人著之,史传无文,不知谁著之,故《郑志》答张逸云:"高子之言,非毛公后人著之。"止言"非毛公后人",亦不知前人为谁也。以郑言"非毛公后人著之",不云《诗》序本有此文,则知郑意不以此为子夏之言也。郑知非毛公后人著之者,郑玄去毛公未为久远,此书有所传授,故知毛时有之。若是后人著之,则郑宜除去,答之以此,明己不去之意,以毛公之时,已有此言故也。高子者,不知何人。孟轲弟子有公孙丑者,称高子之言以问孟子,则高子与孟子同时。赵岐以为齐人。此言高子,盖彼是也。①

观孔颖达之言,知郑玄时就已不清楚高子为何人,只说"非毛公后人",又推知子夏必不会征引他人之言来证己之义,故言高子定是子夏之后、毛公之前的人。郑玄已不知,至孔颖达时也无从知晓,所以只言"高子者,不知何人"。既然不知何人,其后将此"高子"等同于《小弁章》高子,也只是推测而已。既如此,孔颖达这种推测是否正确,又凭什么猜测是《小弁章》的高行子,而不是《去齐章》高子呢?原因只能说是因为公孙丑引高子论"《小弁》,小人之诗"一句有论《诗》之言,在孔颖达看来定是他了。《去齐章》高子在《孟子》一书中并无论《诗》之言出现,所以就被忽视了。再者也不排除孔颖达根本就没有二位"高子"的分别。以此观之,孔颖达做这样的猜测并不能解决问题,他说高行子"与孟子同时",考虑到年世能否相接的因素,也不符合"子夏授高行子"之说。尽管"子夏授高行子"这一说法本身也未必可靠,但孔颖达的这一猜测终归是有漏洞。

再回来看《韩诗外传》中高子问孟子"卫女何以得编于《诗》"一章。这里的高子应是孟子弟子,也就是《去齐章》之高子。因为,能够虚心向孟子请教,并且孟子以师自居、与之高谈阔论"经""权"之理,此人不是孟子弟子还能是什么身份呢?此外,《韩诗》中这则材料,孟子言"有伊尹之志则可,无伊尹之志则篡","道二","经、权"等,这与《孟子》一书中孟子引孔子言"道二:仁与不仁而已"(《孟子·离娄上》),以及孟子言"嫂溺援之以手者,权也"(《孟子·离娄上》)等处相比照,知《韩诗》所言其来有自。尤其是"有伊尹之志则可,无伊尹之志则篡"一句,一字不差地出现在《孟子·尽心上》篇中并且同样也是孟子所说。此高子必是孟

---

① 《十三经注疏》,第603页。

子弟子。

既然《去齐章》高子作为孟子弟子也有与孟子论《诗》之言,那么孔颖达作这样推测的根据就已有一半的可能性是不准确的了。

从另一角度再来看《孟子》中《小弁章》"高子"之论。如前所述,此"高子"为高行子。公孙丑引高行子论《小弁》诗旨的话向孟子请教,孟子斥高行子曰"固哉",临了再斥之"固矣夫,高叟之为诗"。从这里看,孟子对这个高行子言诗之旨是极不赞同的,其中明显可以看出孟子对他的批评。再考虑到汉代诗学受孟子诗学影响极大这一因素,那么可以说:一个被孟子多次批评的论《诗》者的观点,又如何会被引入《毛诗》之中呢?这样看来,仅就这一问题而言,孔颖达已经完全失去了所作推测的依据。

既然孔颖达的这一推测丧失了根据,只能说《毛诗》中"高子"正是作为孟子弟子、得孟子诗学之所传的高子,也就是《去齐章》高子及《韩诗外传》中与孟子论"卫女何以得编于《诗》"的高子,而不是被孟子称为"高叟"、斥为"固哉"的《小弁章》高子。这是前人一直以来含混不清甚至被搞混的问题。

通过以上问题的探讨,可见孟子诗学在其弟子后学中也是有所体现与传承的。虽然相关记载十分少见,更难以探讨成体系的诗学传承谱系,但从中亦可体现孟子诗学在后继影响方面的相关面貌。

第三章

孟子与《书》

《孟子》文本中,也有大量引《书》之处,其篇次之多仅次于引《诗》的内容。《孟子》文本成书于战国时期,其中大量引《书》的内容体现的正是战国时期《书经》的概貌。在探讨孟子与《书》的相关问题之前,回顾《书经》的传授源流,则是对孟子引《书》论《书》相关问题进行研究的一个基础。

《汉书·艺文志》云:"古之王者世有史官,君举必书,所以慎言行,昭法式也。左史记言,右史记事,事为《春秋》,言为《尚书》。"[1]又云:"故《书》之所起远矣,至孔子纂焉,上断于尧,下讫于秦,凡百篇,而为之序,言其作意。"[2]由此可知,《尚书》起于上古有史之始,孔子删其繁而存其要,定为百篇。六经本为先王之政典,而孔子及早期儒家尤为重视六经的教化之用,认为六经是古圣王之迹、王道之所存的载体。孔子及早期儒家对六经的传承与改造之功自不待多言。至秦政焚书,《书》被秦火,残缺尤甚。济南伏生独藏其书,汉兴之后已亡失大半,依《史记》《汉书》记载仅求得二十九篇。后鲁共王坏孔子宅,从孔壁中得五十八篇《古文尚书》。孔安国本从伏生受《书》,后得孔壁《古文尚书》五十八篇,除与伏生二十九

---

[1] 班固:《汉书》,第1715页。
[2] 班固:《汉书》,第1706页。

篇相同者之外,多出十六篇。孔安国欲献于学官,遭巫蛊事而未列于学官。后由学者自相传习,至郑玄注《书》只注伏生二十九篇而未注孔壁多出的十六篇。此后《古文尚书》十六篇遂亡,后人称之为《逸书》。南北朝时,《尚书郑注》行于河北。而江左之间,当晋元帝时梅赜献《书》五十八篇,后人多认为是伪造的而称之为《伪古文尚书》。《伪古文尚书》并非全伪,实为古文与今文的混合体,今文三十三篇即伏生二十八篇,《盘庚》分为上下两篇,再加上《舜典》《益稷》《康王之诰》为三十三篇;古文二十五篇,则被后人认为是伪书。唐孔颖达为《书》作正义则以孔传为主,排斥《尚书郑注》,郑义遂黯淡消亡。以上为《尚书》流变的概貌,虽多为孟子身后之事,然探究孟子引《书》论《书》亦不得脱离这一线条。可见孟子引《书》论《书》之《书》属于孔子删繁就简以存其要之后所定的百篇《书》中的内容。

第一节 《孟子》引《书》

《孟子》文本中引《书》之处仅次于引《诗》的数量,亦可见《诗》《书》在孟子言谈、行文中的重要性。孟子引《书》的篇次如下:

1.《孟子·梁惠王上》第二章:孟子见梁惠王,王立于沼上,顾鸿雁麋鹿,曰:"贤者亦乐此乎?"孟子对曰:"贤者而后乐此,不贤者虽有此,不乐也。……《汤誓》曰:'时日害丧?予及女偕亡。'民欲与之偕亡,虽有台池鸟兽,岂能独乐哉?"

孟子引《汤誓》,出自《尚书·商书》,为"时日曷丧?予及汝皆亡",文字基本一致。孔传云:"众下相率为怠惰,不与上和合。比桀于日,曰:'是日何时丧?我与汝俱亡!'欲杀身以丧桀。"①赵岐注曰:"害,大也。言桀为无道,百姓皆欲与汤共伐之,汤临士众而誓之,言是日桀当大丧亡,我及女俱往亡之。"②可见,后世对此句注解不一,孔传认为此句表明众人不惜牺牲自己而欲使无道之桀丧亡,表达一份祈盼;赵岐对孟子所引注为汤誓师欲与士众共伐桀,言桀是日当丧亡。观《汤誓》原文,这一句是汤誓师时引所谓"有众"的话,意思是指"有些人这样说",则孔传更合原意。此外,孟子引此句,意在表明民众对无道的桀的仇恨,欲与桀

---

① 李学勤编:《尚书正义》,北京:北京大学出版社,1999年版,第191页。
② 焦循:《孟子正义》,第49页。

同归于尽,以警示梁惠王:如为无道之君,虽有台池鸟兽又岂能得其乐?

2.《孟子·梁惠王下》第三章:齐宣王问曰:"交邻国有道乎?"……对曰:"王请无好小勇。……此文王之勇也。文王一怒而安天下之民。《书》曰:'天降下民,作之君,作之师。惟曰其助上帝,宠之四方。有罪无罪,惟我在,天下曷敢有越厥志?'一人衡行于天下,武王耻之。此武王之勇也。而武王亦一怒而安天下之民。今王亦一怒而安天下之民,民惟恐王之不好勇也。"

孟子引《书》之句出自《尚书·周书·泰誓》,为"天佑下民,作之君,作之师,惟其克相上帝,宠绥四方。有罪无罪,予曷敢有越厥志"。可见孟子所引内容与今本《尚书》有差异。孔传云:"言天佑助下民,为立君以政之,为立师以教之。当能助天宠安天下。言己志欲为民除恶,是与否,不敢远其志。"①而赵岐注曰:"《书》,《尚书》逸篇也。言天生下民,为作君,为作师,以助天光宠之也。四方善恶皆在己,所谓在予一人,天下何敢有越其志者也。"②赵注与孔传有较大差异,而赵岐之所以称此为《尚书》逸篇,原因在于汉人重家学,所习《尚书》皆以伏生所传二十九篇为标准,汉时虽有孔壁所出之《书》,也只说是逸《书》。汉人所言逸《书》,只是相对于伏生所传二十九篇而言,二十九篇之外多称为"逸"。孟子所引内容为战国时期百篇《书》的内容,在汉人看来则成了《书》的逸篇。孟子此处引《书》以表明武王之勇,一匡天下。

3.《孟子·梁惠王下》第十一章:齐人伐燕,取之。诸侯将谋救燕。宣王曰:"诸侯多谋伐寡人者,何以待之?"孟子对曰:"臣闻七十里为政于天下者,汤是也。未闻以千里畏人者也。《书》曰:'汤一征,自葛始。'天下信之。'东面而征,西夷怨;南面而征,北狄怨。曰,奚为后我?'民望之,若大旱之望云霓也。归市者不止,耕者不变。诛其君而吊其民,若时雨降,民大悦。《书》曰:'徯我后,后来其苏。'"

孟子引《书》内容见于今本《尚书·仲虺之诰》,属梅赜《古文尚书》,《今文尚书》无此篇。是以赵岐之注又称此为"《尚书》逸篇之文"③。《仲虺之诰》云:"乃葛

---

① 李学勤编:《尚书正义》,第 272～273 页。
② 焦循:《孟子正义》,第 116 页。
③ 焦循:《孟子正义》,第 152 页。

伯仇饷,初征自葛,东征西夷怨,南征北狄怨,曰:'奚独后予?'攸徂之民,室家相庆,曰:'徯予后,后来其苏。'"①从文意来看,孟子所引大体与《仲虺之诰》内容一致。此外,《孟子·滕文公下》"汤居亳,与葛为邻"一章,亦记载汤伐葛伯的情形,后世往往以此反证《尚书》。在这一章中,孟子引《书》以表现汤以义伐不义,民争先恐后以待之;以喻示齐宣王当效汤行王道,施仁政以拯民于水火,则何惧诸侯来战?

4.《孟子·公孙丑上》第四章:孟子曰:"仁则荣,不仁则辱。……祸福无不自己求之者。《诗》云:'永言配命,自求多福。'《太甲》曰:'天作孽,犹可违;自作孽,不可活。'此之谓也。"

孟子引《太甲》之言见于《尚书·商书·太甲》,属梅赜《古文尚书》,《今文尚书》无《太甲》篇。《尚书·太甲》为"天作孽,犹可违。自作孽,不可逭"。孔传云:"言天灾可避,自作灾不可逃。"②孟子引此句,用意亦极明显,以证祸福自求之理。《孟子·离娄上》第八章重出此条。

5.《孟子·滕文公上》第一章:滕文公为世子,将之楚,过宋而见孟子。孟子道性善,言必称尧舜。世子自楚反,复见孟子。孟子曰:"……今滕,绝长补短,将五十里也,犹可以为善国。《书》曰:'若药不瞑眩,厥疾不瘳。'"

孟子所引见于《尚书·商书·说命上》,为"若岁大旱,用汝作霖雨。启乃心,沃朕心。若药弗瞑眩,厥疾弗瘳。"孔传云:"如服药必瞑眩极,其病乃除。欲其出切言以自警。"③《说命》亦属梅赜《古文尚书》,今文无此篇,故而赵岐注仍称此引自逸篇,又注曰:"瞑眩,药攻人疾,先使瞑眩愦乱,乃得瘳愈也。喻行仁当精熟,德惠乃洽。"④孟子引此句,以表明行仁当效法圣人,力行而不倦。

6.《孟子·滕文公下》第五章:万章问曰:"宋,小国也。今将行王政,齐楚恶而伐之,则如之何?"孟子曰:"汤居亳,与葛为邻,葛伯放而不祀。汤使人问之曰:'何为不祀?'曰:'无以供牺牲也。'汤使遗之牛羊。葛伯食之,又不以祀。汤又使

---

① 李学勤编:《尚书正义》,第197页。
② 李学勤编:《尚书正义》,第211页。
③ 李学勤编:《尚书正义》,第248页。
④ 焦循:《孟子正义》,第321页。

第三章 孟子与《书》

人问之曰:'何为不祀?'曰:'无以供粢盛也。'汤使亳众往为之耕,老弱馈食。葛伯率其民,要其有酒食黍稻者夺之,不授者杀之。有童子以黍肉饷,杀而夺之。《书》曰:'葛伯仇饷。'此之谓也。为其杀是童子而征之,四海之内皆曰:'非富天下也,为匹夫匹妇复仇也。''汤始征,自葛载',十一征而无敌于天下。东面而征,西夷怨;南面而征,北狄怨,曰:'奚为后我?'民之望之,若大旱之望雨也。归市者弗止,芸者不变,诛其君,吊其民,如时雨降。民大悦。《书》曰:'徯我后,后来其无罚。''有攸不惟臣,东征,绥厥士女,匪厥玄黄,绍我周王见休,惟臣附于大邑周。'其君子实玄黄于匪以迎其君子,其小人箪食壶浆以迎其小人,救民于水火之中,取其残而已矣。《太誓》曰:'我武惟扬,侵于之疆,则取于残,杀伐用张,于汤有光。'不行王政云尔,苟行王政,四海之内皆举首而望之,欲以为君。齐楚虽大,何畏焉?"

"葛伯仇饷"引自《尚书·商书·仲虺之诰》,已见于上述《孟子·梁惠王下》第十一章。"有攸不惟臣,东征,绥厥士女,匪厥玄黄,绍我周王见休,惟臣附于大邑周"一句,见于今本《尚书·武成》篇,为"予小子既获仁人,敢祗承上帝,以遏乱略。华夏蛮貊,罔不率俾。恭天成命,肆予东征,绥厥士女。惟其士女,篚厥玄黄,昭我周王。天休震动,用附我大邑周。"①可见孟子所引内容与今本《尚书》文字差异较大,但文意却也基本相似,且依郑注《书序》所载,孔传古文《尚书》有《武成》篇,而此后梅赜所献《古文尚书》同样有这一篇,且为孔传古文《尚书》与梅赜所献中相同的九篇之一。孟子引此内容,表明武王伐纣以安天下之民,四方之士皆归服于周王室,以此来证其"行王政则四海归服"的观点。

此外,在这一章中,孟子所引《太誓》的内容见于《尚书·周书·泰誓中》,为"今朕必往,我武惟扬,侵于之疆,取彼凶残,我伐用张,于汤有光"②。两者之间文字有些许差异,文意则同。《泰誓》并不在伏生所传二十八篇之中,孔壁《古文尚书》虽有《泰誓》,然就孟子所引,郑玄云"今《太誓》无此章",可见他认为是古《太誓》。此亦如赵岐所注:"古《尚书》百二十篇之时《太誓》也。"③

---

① 李学勤编:《尚书正义》,第 292 页。
② 李学勤编:《尚书正义》,第 278 页。
③ 焦循:《孟子正义》,第 437 页。

7.《孟子·离娄上》第八章:孟子曰:"夫人必自侮,然后人侮之;家必自毁,而后人毁之;国必自伐,而后人伐之。《太甲》曰:'天作孽,犹可违;自作孽,不可活。'此之谓也。"

在这一章中,孟子所引《太甲》之句与上述《孟子·公孙丑上》第四章相同,属重出。孟子引这一句,以表明祸福自取的道理。

8.《孟子·万章上》第四章:孟子曰:"否。此非君子之言,齐东野人之语也。尧老而舜摄也。《尧典》曰:'二十有八载,放勋乃徂落,百姓如丧考妣,三年,四海遏密八音。'孔子曰:'天无二日,民无二王。'舜既为天子矣,又帅天下诸侯以为尧三年丧,是二天子矣。"……(孟子曰:)"孝子之至,莫大乎尊亲;尊亲之至,莫大乎以天下养。为天子父,尊之至也;以天下养,养之至也。《诗》曰:'永言孝思,孝思维则。'此之谓也。《书》曰:'祗载见瞽瞍,夔夔斋栗,瞽瞍亦允若。'是为父不得而子也。"

这一章内容是孟子与弟子咸丘蒙讨论舜的忠、孝问题,在上文"孟子与《诗》"章节中也论及了。孟子所引《尧典》,见于今本《尚书·舜典》,为"二十有八载,帝乃殂落。百姓如丧考妣,三载,四海遏密八音。"① 伏生所传《今文尚书》是将《舜典》合于《尧典》为一篇,而战国时期孟子引此句称引自《尧典》,似亦可说明这一点。从孔壁《古文尚书》始有独立成一篇的《舜典》,其后梅赜所献《古文尚书》等亦有《舜典》。只是就两篇分合、《舜典》真伪的问题,人们多有争议,一说古《舜典》已佚,又说以《尧典》析为二典。孟子引此句,为表明尧老年之时舜只是摄行政事,并未为天子。

孟子所引"祗载见瞽瞍"诸句见于《尚书·大禹谟》,为"祗载见瞽瞍,夔夔斋栗,瞽亦允若"②。伏生所传《今文尚书》无《大禹谟》篇,是以赵岐注为"《尚书》逸篇"③。孔壁《古文尚书》有《大禹谟》篇。孟子引此篇内容,亦可体现战国时百篇《尚书》的一点面貌。从孟子所引,对照今本《尚书》,文字稍异,文意则同。孟子引此句,表明舜敬事瞽瞍,父亦信顺之,所谓"父不得而子"指如此,以解咸丘蒙

---

① 李学勤编:《尚书正义》,第71页。
② 李学勤编:《尚书正义》,第99页。
③ 焦循:《孟子正义》,第641页。

之疑。

9.《孟子·万章上》第五章:万章曰:"尧以天下与舜,有诸?"孟子曰:"否。天子不能以天下与人。"……曰:"使之主祭而百神享之,是天受之;使之主事而事治,百姓安之,是民受之也。……《太誓》曰:'天视自我民视,天听自我民听',此之谓也。"

孟子所引《太誓》一句,见于《尚书·泰誓中》,为"予有乱臣十人,同心同德。虽有周亲,不如仁人。天视自我民视,天听自我民听。百姓有过,在予一人。"孔传云:"言天因民以视听,民所恶者天诛之。"①孟子引此句,以表明天子不可以天下与人,在于天,而天意又以人民来体现。

10.《孟子·万章上》第七章:万章问曰:"人有言'伊尹以割烹要汤'有诸?"孟子曰:"否,不然。伊尹耕于有莘之野,而乐尧舜之道焉。……吾闻其以尧舜之道要汤,未闻以割烹也。《伊训》曰:'天诛造攻自牧宫,朕载自亳。'"

孟子所引,见于《尚书·伊训》,为"造攻自鸣条,朕哉自亳"②。《伊训》为《今文》所无,《古文》有,是以赵岐注《伊训》,《尚书》逸篇名③。孟子所引与今本《尚书》文字有差异。孔传云:"造、哉,皆始也。始攻桀伐无道,由我始修德于亳。"④孔传将造、哉皆注为始,此同于赵岐注载为始。孟子引此句,以证伊尹以尧舜之道要汤,而未闻以割烹。孟子虽只引《伊训》篇中的一句,实则亦有借用整个《伊训》篇来证其言之意。

11.《孟子·万章下》第四章:万章问曰:"敢问交际何心也?"孟子曰:"恭也。"……万章曰:"今有御人于国门之外者,其交也以道,其馈也以礼,斯可受御与?"曰:"不可。《康诰》曰:'杀越人于货,闵不畏死,凡民罔不譈。'是不待教而诛者也。殷受夏,周受殷,所不辞也。于今为烈,如之何其受之?"

孟子所引亦见于今本《尚书·康诰》,为"杀越人于货,暋不畏死,罔弗憝"⑤。二者文字稍异,文意相同。孔传云:"杀人颠越人,于是以取货利。自强为恶而不

---

① 李学勤编:《尚书正义》,第 277 页。
② 李学勤编:《尚书正义》,第 203 页。
③ 焦循:《孟子正义》,第 655 页。
④ 李学勤编:《尚书正义》,第 203 页。
⑤ 李学勤编:《尚书正义》,第 366 页。

畏死,人无不恶之者,言当消绝之。"①孟子引此句,表明杀人越货而不畏死的人,人人皆痛恨而欲杀之,是不待教就可以处死的。

12.《孟子·告子下》第五章:孟子居邹,……屋庐子喜曰:"连得闲矣。"问曰:"夫子之任见季子,之齐不见储子,为其为相与?"曰:"非也。《书》曰:'享多仪,仪不及物曰不享,惟不役志于享。'为其不成享也。"

孟子所引内容见于今本《尚书·洛诰》,为"享多仪,仪不及物,惟曰不享。惟不役志于享"。孔传云:"奉上谓之享。奉上之道有威仪,威仪不及礼物,惟曰不奉上。言人君惟不役志于奉上。"②孟子引此句,是要说明享见之礼多仪法,礼仪不到则不成享礼,以证其观点:储子本来礼仪不足,不成享礼,故而不见。

13.《孟子·尽心下》第三章:孟子曰:"尽信《书》,则不如无《书》。吾于《武成》,取二三策而已矣。仁人无敌于天下,以至仁伐至不仁,而何其血之流杵也?"

这一章是孟子直接论《书》的一章。孟子所言《武成》即《尚书·武成》篇。《武成》属《古文尚书》,《今文》无此篇。今本《武成》篇,记载武王伐纣灭商的过程,如"癸亥,陈于商郊,俟天休命。甲子昧爽,受率其旅若林,会于牧野。罔有敌于我师,前徒倒戈,攻于后以北,血流漂杵。一戎衣,天下大定"。③

以上为孟子引《书》论《书》之大体情况。笔者据此试总结孟子引《书》论《书》之基本范式,此亦大体类于上一章孟子引《诗》论《诗》之范式。

其一,从有无标示而言,这里全为有标示引《书》,但也有"《书》曰"与引篇名之分别。其中以"《书》曰"为标示者七处;以篇名引《书》者,如"《汤誓》曰""《太甲》曰"等,有九处。

其二,从所引之《书》的内容在《孟子》篇章中的位置而言,又可分为句中、句末。其中句中引书,如孟子曰:"不可。《康诰》曰:'杀越人于货,闵不畏死,凡民罔不譈。'是不待教而诛者也。"而于句末引书的情况,如孟子曰:"吾闻其以尧舜之道要汤,未闻以割烹也。《伊训》曰:'天诛造攻自牧宫,朕载自亳。'"

其三,孟子引《书》的同时亦有出现与其他文献并引的情况,此亦正与孟子引

---

① 李学勤编:《尚书正义》,第366页。
② 李学勤编:《尚书正义》,第410页。
③ 李学勤编:《尚书正义》,第293页。

《诗》一致。如《诗》《书》并引,这在上一章中已论及,在此不再列。同时还有引《书》与引孔子之言一并出现的情况,如孟子曰:"《尧典》曰:'二十有八载,放勋乃徂落,百姓如丧考妣,三年,四海遏密八音。'孔子曰:'天无二日,民无二王。'舜既为天子矣,又帅天下诸侯以为尧三年丧,是二天子矣。"

其四,亦有出现只引《书》经篇名的情况。如孟子曰:"尽信《书》,则不如无《书》。吾于《武成》,取二三策而已矣。仁人无敌于天下。以至仁伐至不仁,而何其血之流杵也?"

其五,孟子引《书》之处,多引自后世所谓古文《尚书》之中。

第二节 孟子的书学观初探

六经在孔子、孟子眼中,绝非仅是文献资料而已,而是承载着先王之道、可用于当下王道教化的大经大法。《书》为六经之一,在孟子看来无疑也是如此。《孟子》文本中引《书》之处仅次于引《诗》,然而孟子与弟子论《书》之处却少之又少,仅有《尽心下》篇一处记载。因此,对孟子的书学观进行探讨尽管是很有必要的,但也只是在有限的范围内进行初步探讨。

《史记·孟子荀卿列传》中记载孟子"退而与万章之徒序《诗》《书》,述仲尼之意,作《孟子》七篇"①。赵岐在《孟子题辞》中称孟子"通五经,尤长于《诗》《书》"。应劭《风俗通义·穷通篇》也有相关记载,说:"退与万章之徒,序《诗》《书》、仲尼之意,作书中、外十一篇。"②由此亦可证,孟子与弟子确曾对《书》进行过修整。对于上引《孟子荀卿列传》中的说法,单就《书》而言,透出如下信息:第一,孟子与弟子万章等人曾序《书》;第二,孟子与弟子对《书》的编修整理,基本是承继了孔子之意。其中,司马迁所谓"序"该如何理解是关键点,是指孟子曾为《书》作《书序》,还是指只是编次孟子所处战国时期的简本《书》经,这一问题需要探究。近来亦有论者对此进行过分疏,认为司马迁所用"序"字,无论是对孔子还是孟子来

---

① 司马迁:《史记》,第2343页。
② 王利器:《风俗通义校注》,北京:中华书局,1981年版,第319页。

说,其意皆为编次之义。① 若司马迁所谓"序"是指孟子作《书序》之意,那么司马迁也曾说过孔子"序"《书》,而又称孟子"述仲尼之意",两者相抵牾,是以论者称司马迁在《孟子荀卿列传》中所谓"序"是指编次之义。笔者认为,此说有一定道理,亦可证于《史记》张守节正义中所引,《易正义》曰:"文王既繇六十四卦分为上下篇,先后之次,其理不易。孔子就上下二经,各序其相次之义。"② 其中所言,"序"即是序其编次之义。可以说,孔子与孟子之间应当传承着由孔子编次的简本《书》经,至孟子时他又与其弟子再一次进行编次,以因应时代对《书》经的要求。司马迁称孟子"序《诗》《书》",即体现汉人对先秦时期《书》经的编次版本的一种肯定,此亦正如陈梦家所说"似孟子时《尚书》或者已编成课本"③。

近年来,也有论者将梅赜所献古文《尚书》二十五篇与孟子相关联进行研究,认为梅本古文《尚书》二十五篇所呈现的思想与孟子的思想观点及孟子的历史观极为吻合,从而推出古文《尚书》二十五篇出自战国时期孟子之手的润色与加工。④ 也有人对此作出回应,持相反的立场。⑤ 王蓓《论梅本古文〈尚书〉渊源》一文,即提出一种大胆假设:二十五篇伪古文成于战国时代的孟子。她作出这一设想的立论依据是,通过对古文二十五篇的研究,认为古文有两个特点:记言多于记事;所记言论的历史跨度从禹至周穆王,历时千余年,然而所记言论的思想内容基本无大变化,看不出思想观念发展演进的轨迹,古文二十五篇所显现出来的是前后一致的观点。从而认为这两个特点与今文二十八篇形成鲜明对比。

《荀子·非十二子》批评思孟的内容是:

  略法先王而不知其统,犹然而材剧志大,闻见杂博。案往旧造说,

---

① 参见马士远:《周秦〈尚书〉学研究》,北京:中华书局,2008年版,第236页。
② 见于司马迁:《史记》,第1937页。
③ 陈梦家:《尚书通论》,北京:中华书局,2005年版,第6页。
④ 参见王蓓:《论梅本古文〈尚书〉渊源》,《文献》,1997年第2期,第146~180页。
⑤ 对王蓓《论梅本古文〈尚书〉渊源》一文作出回应者,见吴通福《论梅本〈古文尚书〉绝对不出于孟子之手》一文,刊于《江西财经大学学报》2005年第2期。吴通福持与王蓓截然相反的观点,认为王所持论不能成立,即以孔子编纂的《尚书》残本构成今文《尚书》二十八篇,孟子润色加工的《尚书》残本构成古文《尚书》二十五篇,二者在汉代合成《尚书》的孔安国家传本,至东晋由梅赜献出而流传至今的学术观点不能成立。吴认为晚出古文《尚书》二十五篇不可能是孔安国家传本,孟子不可能整理加工过二十五篇伪古文。

第三章 孟子与《书》

谓之五行,甚僻违而无类,幽隐而无说,闭约而无解。案饰其辞而祗敬之曰:此真先君子之言也。子思唱之,孟轲和之,世俗之沟犹瞀儒,嚾嚾然不知其所非也,遂受而传之,以为仲尼、子游为兹厚于后世,是则子思、孟轲之罪也。①

王葆以此来展开论述,认为子思的书已亡佚无法确考,而《孟子》书中又不见明显的"五行"之说,从而结合荀子批评思孟之言,认为"略法先王而不知其统"正与孟子所言"我非尧舜之道,不敢以陈于王前"(《公孙丑下》)相合;"闻见杂博,案往旧造说"亦符合于孟子的实际。王认为古文二十五篇即为孟子"案往旧造说"产生出来的,二十五篇《尚书》内容不外乎是"略法先王"的范畴。

通过前文笔者所整理的孟子引《书》的内容分析,也多见引自古文的内容,因而亦可以从一个侧面体现孟子与古文《尚书》的关联。刘起釪《尚书学史》中也有对《孟子》引用《尚书》篇数次数的统计,以及《孟子》所引篇次与其他先秦典籍之间的比较,亦可以在一定程度上说明这一问题。②另外,从《武成》篇为孟子所称引并提出质疑这一情形来看,一方面可以说孟子当时能够读到《武成》篇的内容,或许也做过一点编次工作;另一方面孟子对此提出质疑,然而今本《武成》仍然呈现出被孟子所质疑、批评的内容,也说明孟子对《武成》并未做过大的修整删改工作。如果能够进一步推到《尚书》其他诸篇章,或亦可推知孟子加工、润色古文《尚书》二十五篇的推断是难以坚实立论的。"古文《尚书》二十五篇出自孟子之手"的这一推断,从孟子与《书》之间来看不无一定的联系性,然而不得不说终是难以有确凿的证据来立论。如果说战国时期《书》百篇,在一定程度上经过了孔子、孟子等诸子之手做了些编修整理的工作,或许更准确一些。若大胆推断古文二十五篇即为孟子"案往旧造说"加工出来,未免有失平允。

在孟子晚年的时候,孟子与其弟子对《书》进行过编次工作,应当说是没问题,通过上述司马迁、赵岐、应劭等人的记载即可发现。然而,若进一步说孟子与战国时期百篇《尚书》有过于密切的关系,如对战国时简本《书》经诸篇进行过大幅度地加工、润色甚至是删修等,这类说法未免有失平和恰当。既然孟子与弟子

---

① 王先谦:《荀子集解》,北京:中华书局,1988年版,第94~95页。
② 参见刘起釪:《尚书学史》,北京:中华书局,1989年版,第25页、第48~50页。

孟子与早期经学研究

对《书》进行过编次工作,就应当对《书》有相对系统的研究,对《书》有一定的立场与观点。但是记载孟子与弟子论《书》的相关文献却极少,在《孟子》文本中仅有一章,即《孟子·尽心下》第三章:

> 孟子曰:"尽信《书》,则不如无《书》。吾于《武成》,取二三策而已矣。仁人无敌于天下,以至仁伐至不仁,而何其血之流杵也?"

这一章是孟子直接论《书》的一章,在孟子看来,《武成》篇所记载的武王克商时战事残酷程度达到"血流漂杵"的境地,这是不可信的,因为其言辞、文意不符合儒家思想中"仁"的要求。孟子言武王以至仁伐至不仁,殷人当箪食壶浆而迎其师,何至于血流漂杵呢?从而孟子得出《书》不可尽信的结论,若不加取舍、不加判断地尽信《书》,则不如无《书》。这是孟子书学观的集中体现。

于《武成》,孟子说"取二三策而已",可见孟子并非只是把《武成》当作是记载古人事迹、言论的文献资料,而是将之视为承载着王道治世的历史使命的载体。这一使命又不是某一时期某一个人所赋予《书》等上古典籍的,而是一定的历史时期一定的人为取信于上古典籍中先王之道,以应对于当世,从而不免把各时期的思想者的主张、立场、学说也融汇到历史事实当中。以孟子对《武成》一篇的态度,可推知孟子对《书》甚至推到对六经的立场,是以己意来取舍、判断的。

此外,通过孟子所谓"二三策"之说,也体现出战国时《尚书》篇章的写定是以竹简为载体的。赵岐注"二三策"为"两三简策"[1],朱熹的注也称"策,竹简也"[2]。近人杨伯峻在其《孟子译注》中所注与朱熹相同,而在其《春秋左传注》中,对《左传》隐公十一年"宋不告命,故不书。……虽及灭国,灭不告败,胜不告克,不书于策"一句中的"策"注解,注曰:"策,假借为册。古代书写多用竹木。用木者曰方,曰牍,曰版;用竹者曰简、曰册。析言之,单执一札谓之简,连编诸简乃名为策。册字,甲骨、金文以及小篆皆象长短竹简连编之形,可以为证。然对文则异,散文则通,单简亦可谓之策。"[3] 杨伯峻认为策通于册,而策、简一起出现时是有区别的,单简为简,编连多支简则称为策或册;策、简分开说时,则亦相通,所以当分开

---

[1] 焦循:《孟子正义》,第960页。
[2] 朱熹:《四书章句集注》,第365页。
[3] 杨伯峻:《春秋左传注》,北京:中华书局,1990年版,第78页。

第三章 孟子与《书》

来说时单简也可也称为策。由此可见,孟子所说的"取二三策而已",可以理解为《武成》篇写定于竹简上,孟子只是认为其中几支简的内容为可信的。

然而今人亦有对杨伯峻之说提出商榷者,认为杨说混淆了策、简之义,对此产生误解所以才有以"简"称为"策"的失误。如张觉《"策""简"辨》一文,认为策指记载大事的简,在一定程度上策可以称为简,而简一般不可称为策。①《仪礼·聘礼》称:"百名以上书于策,不及百名书于方。"②郑玄对此注云:"名,书文也,今谓之字。策,简也。方,板也。"贾公彦疏云:"简谓据一片而言,策是编连之称。"③而在贾疏中,又引郑玄《论语序》云:"《易》《诗》《书》《礼》《乐》《春秋》,策皆尺二寸,《孝经》谦,半之,《论语》八寸策者,三分居一,又谦焉。"这是论策的长短问题。又引郑玄注《尚书》:"三十字,一简之文"。引服虔注《左氏》云:"古文篆书,一简八分字。"这是论一支简容纳的字数。从中,我们可知郑玄也曾将策释为简,贾公彦也称简为一片时的单称,策为简编连之后的称呼,以此来看,杨伯峻的说法似与贾疏之意相同。只是郑玄、贾公彦确不曾有称简为策的说法,而有称策为简之时。郑玄《论语序》中所谓写定"六经"的策长度"尺二寸"④,而《孝经》《论语》又依次减短策的长度,以此来显示不同经典的重要程度与地位。

此外,除了策、简的长度与篇章内容的重要程度紧密相关之外,策、简之称呼也取决于所记内容的重要程度及其用途。杜预《春秋序》云:"大事书之于策,小事简牍而已。"⑤孔颖达疏云:"是言经据策书,传凭简牍,经之所言其事大,传之所言其事小,故知小事在简,大事在策也。"⑥可见,杜预称大事书于策,而小事书于

---

① 张觉:《"策""简"辨》,《学术研究》,1998年第4期,第104页。
② 李学勤编:《仪礼注疏》,北京:北京大学出版社,1999年版,第450页。
③ 李学勤编:《仪礼注疏》,第450页。
④ 所谓尺二寸,阮校:按《春秋序》疏云:"郑玄注《论语序》以《钩命决》云'《春秋》二尺四寸书之,《孝经》一尺二寸书之',故知六经之策皆称长'二尺四寸'。"然则此云"尺二寸",乃传写之误,当作"二尺四寸",下云"《孝经》谦半之",乃尺二寸也。又云"《论语》八寸策,三分居一,又谦焉",谓《论语》八寸居六经三分之一,比《孝经》更少四寸,故云"又谦焉"。此可见,依阮元所校,认为郑玄言写定六经的策"尺二寸"是"二尺四寸"之误。阮元之说是有一定道理的,这也正与郑玄下文说《孝经》《论语》的策长相对应,即六经策长二尺四寸,《孝经》半之为尺二寸,《论语》策长八寸,相对六经策长二尺四寸来说是"三分居一"。
⑤ 李学勤编:《春秋左传正义》,北京:北京大学出版社,1999年版,第8页。
⑥ 李学勤编:《春秋左传正义》,第9页。

简牍，体现出策、简在用途上的区别。而孔颖达更进一步说明策、简的不同，经书写于策，而传书写于简牍。《尚书·多士》记载："惟殷先人，有册有典。"策书与典籍并称，古有"典册"之称而基本没有所谓"典简"之称，亦可以体现出策不同于一般所谓的"简"。简言之，在汉人看来，策长要比策短的上面书写的内容更为重要；且长者称策，短者或称为简，策要重于简；策最长为经，次之为传，处在次要位置者即可以"简"称之了。这一说法于先秦时期可同样适用。那么孟子言"吾于《武成》，取二三策而已矣"，称"策"而不称"简"，同理应可推知孟子尽管对《武成》的可信度有所质疑，提出"尽信《书》不如无《书》"的说法，但是他心里很清楚《书》的重要位置，定认为《书》是高于一般典籍的。

以此可见，孟子知《书》的重要性，视《武成》为经之一篇，故而其意虽说是取其二三支竹简的内容，然而在遣词上则称之为"二三策"。亦说明先秦时期，策为策，或可称为简；而简为简，一般不可轻易称为策的现象。

故而，孟子的书学观在一定程度上也可由此而体现，尽管他对《武成》提出质疑，提出"尽信《书》不如无《书》"的说法，然而他仍然是将之视为古代先王之政典、王道之载体，而加以重视、尊重的，并非仅是轻率地对《书》提出批评。

第三节 孟子引《书》与近年出土文献引《书》之比较

近年来，许多重要出土文献不断面世。在郭店简、上博简中亦有不少称引《书》的记载，正是战国时期《书》经概貌的一个体现。据研究，郭店简、上博简的入土年代在战国中期前后，大体与孟子所处时代相一致或相去不远。对郭店简、上博简中某些称引《书》经的相关文献进行探讨，此恰可以与孟子称引《书》经的情况相比照，以此再来看孟子与《书》经之关系或将更为全面、深入一些。

《尚书》在先秦时期基本是以百篇的形式存在的。在近年来新出土的文献资料中也多有对《书》经的称引之处，可以有助于反观先秦时期《书》经的概貌。在此我们主要以郭店简、上博简作为探讨的范围。先秦时期对《尚书》的称谓也比较繁杂，有直称《书》者，也有称先王之《书》者，还有称《虞书》《夏书》《商书》《周书》者，亦有直接称呼《书》之篇名的情况。

第三章 孟子与《书》

而通过第一节中对孟子引《书》的分析整理，可知孟子引《书》直称篇名者有之，称《书》者亦有之。其中称篇名者至少有八篇次，称《书》者至少有七篇次。① 单从《孟子》文本来看，并无后世所谓《尚书》这一称谓。

对于《尚书》之名起于何时的问题，早在两汉时期就已有不同说法。如郑康成认为《尚书》之名始于孔子。郑氏《书赞》云："孔子乃尊而命之曰《尚书》"，可见他认为孔子之时就已定名为《尚书》。近人蒋善国认为郑玄把《尚书》名称认为是孔子起的属于臆说。② 因为《论语》中也只是说"《书》云""《书》曰"，并无"尚书"之称。另有一说为伏生始称"尚书"，孔安国古文尚书传《大序》说"济南伏生，年过九十，失其本经，口以传授。裁二十余篇。以其上古之书，谓之《尚书》"③。后人亦多认为此说也无确凿证据。另有其他诸说，不再列述，后人对此亦无定论。然而，不论取哪一说法，在汉代时"尚书"称谓已经存在却是不争的事实，在司马迁《史记》中多次出现"尚书"之称。如《史记·五帝本纪》说："学者多称五帝，尚矣；然《尚书》独载尧以来。"④《史记·儒林传》云："汉定，伏生求其书，亡数十篇，独得二十九篇，即以教于齐鲁之间。学者由是颇能言《尚书》，诸山东大师无不涉《尚书》以教矣。"⑤《史记·大宛传赞》云："故言九州山川，《尚书》近之矣。"⑥ 此可见在《史记》中"尚书"称谓使用已较为普遍。相较而言，秦火前后世人对《书》经的称谓有很大的变化。在先秦时，人们多称《书》或直称篇名。而在秦火之后，《书》百篇亡佚情况严重，且已形成《尚书》称谓。《孟子》文本中，孟子对《书》的称引是称"书"或篇名，也可表明先秦时期"尚书"称谓并未形成。

---

① 《孟子》文本中引《书》称篇名之处有《梁惠王上》第二章称引《汤誓》，《公孙丑上》第四章称引篇名《太甲》，《滕文公下》第五章称引《太誓》，《离娄上》第八章称引《太甲》，《万章上》第四章称引《尧典》，《万章上》第五章称引《太誓》，《万章上》第七章称引《伊训》，《万章下》第四章称引《康诰》。《孟子》中引《书》直称"书"的篇章是《梁惠王下》第三章称《书》、《梁惠王下》第十一章、《滕文公上》第一章、《滕文公下》第五章称引《书》两次、《万章上》第四章、《告子下》第五章。另有《尽心下》第三章孟子论《书》，直接连称《书》及篇名《武成》。

② 蒋善国：《尚书综述》，上海：上海古籍出版社，1988年版，第2页。

③ 李学勤编：《尚书正义》，第12页。

④ 司马迁：《史记》，第46页。

⑤ 司马迁：《史记》，第3124～3125页。

⑥ 司马迁：《史记》，第3179页。

在传世文献中,先秦时期对《书》经的称谓多称《书》或篇名,极少见有"尚书"二字的出现。然而在《墨子·明鬼下》却出现"尚书"二字连文,云:"故尚书《夏书》,其次商周之《书》,语数鬼神之有也,重有重之。"孙诒让认为此言"尚书"当为"上者",其依据为王念孙之说,王认为"'尚书夏书'文不成义,上与尚同,'书'当为'者'。言上者则夏书,其次则商周之书。此涉上下文'书'字而误①。王氏此解可从,尽管古本《墨子》言"尚书",并与《夏书》、商周之《书》相关联,似乎是称《书》为《尚书》的一个例子,然而通观文意,尚同上,与"其次"相对,文意更为通畅些。若解"尚书《夏书》"为先秦所称"尚书"只是称《夏书》之意,则难免给人一种曲为之解的感觉。对此郭沂有新解,他认为《墨子》中的"尚书、《夏书》",并非像王念孙所说的那样"文不成义",只是此处的"尚书"的含义与后来的《尚书》不同。他认为《墨子》中所言"尚书"实际指的是《虞书》。因为相对于《夏书》《商书》《周书》而言,《虞书》乃"上古之书",故墨子称之为"尚书"。郭沂作出这一推断的理由有三条,其一,《尚书》包括《虞书》《夏书》《商书》《周书》四部分,《明鬼下》不当只言《夏书》《商书》《周书》而不提《虞书》。其二,《明鬼下》这段文字之前不止一次将虞、夏、商、周并举,不当略去《虞书》而只言《夏书》《商书》《周书》。其三,《尚书序》孔颖达《疏》引马融之言:"上古有虞氏之《书》,故曰'尚书'。"②对郭沂推论的三条理由,马士远曾逐条分析,认为郭说《墨子·明鬼下》"尚书"为普通名词,即"上古之书"是基本符合历史事实的,但以此处的"尚书"指《虞书》的观点又是根本不能成立的。③笔者认为,《墨子·明鬼下》"尚书《夏书》"之说确如王念孙所言"文不成义",若如马士远解"尚书《夏书》"为同义复指,"尚书"指"上古之书"即此处专指《夏书》,亦让人有牵强曲解之感。由此来看,王念孙解《墨子·明鬼下》"尚书"为"上者";郭沂认为此所言"尚书"就是指《尚书》,只是这里的《尚书》是指《虞书》而非后世所言包括虞、夏、商、周的《尚书》;马士远认为"尚书"指《夏书》,

---

① 孙诒让:《墨子间诂》,第 242 页。
② 参见郭沂:《帛书〈要〉篇考释》,《周易研究》,2004 年第 4 期,第 48 页。
③ 马士远:《周秦〈尚书〉学研究》,第 34 页。马书第 26~28 页,对郭沂立论的三条理由逐条分析,得出郭认为《墨子·明鬼下》"尚书"指《虞书》之说不妥的结论。而马认为,此处"尚书"指"上古之书",在此专指《夏书》,不可能"尚书"与《书》并称同指六经意义中的《尚书》。他认为《墨子·明鬼下》"尚书《夏书》"是同义复指关系。

"尚书《夏书》"是同义复指。三说可并为两说,一解"尚"为"上",一为"尚书"赋予新义,曲解为《虞书》或《夏书》。笔者仍觉王说文意更为顺畅。退一步讲,无论是王念孙解"尚书"为"上者",还是郭沂等认为《墨子》中"尚书"指《虞书》或《夏书》,也都可以说《墨子》中实际上并无后世经学意义上的"尚书"的称谓。就本文而言,仍可以说先秦时期并无经学意义上的"尚书"称谓。孟子称引《书》经亦只是称"书"或篇名。

以郭店简、上博简而言,其中称引《书》经之处与孟子称引相比又是怎样,能说明什么?

郭店简《六德》篇提到《书》,说:"故夫夫,妇妇,父父,子子,君君,臣臣,六者各行其职,而谗谄无由作也。观诸诗、书则亦在矣,观诸礼、乐则亦在矣,观诸易、春秋则亦在矣。"①其中所说夫妇、父子、君臣之职责,在《诗》《书》《礼》《乐》《易》《春秋》六经中皆有所记载。这也是先秦时期,《书》经作为六经之一且在六经系统中被称说的最早记载之一。夫妇、父子、君臣等人文之义在《书》经中亦有体现。

郭店楚简《性自命出》还有一种对"书"的论述,说:"诗书礼乐,其始出皆生于人。诗,有为为之也。书,有为言之也。礼乐,有为举之也。"②这一句称"诗书礼乐,其始出皆生于人",认为"诗书礼乐"诸经皆出于人文、重于人事,而不是出于上帝、鬼神。其中称"书,有为言之也","为言"是与《汉书·艺文志》"事为《春秋》,言为《尚书》"③之说相统一的。这也是对《书》经人文性的再度重申。

而出土文献中对《书》的篇名进行称说的也有不少。《缁衣》见于郭店简和上博简,其中对《书》经篇名的称引则是两篇的共同之处。在上海博物馆藏战国楚竹书《缁衣》篇的释读说明中,陈佩芬如是说:"上博简《缁衣》与郭店简《缁衣》在简文内容,包括章序,所引《诗》《书》基本相同。"④亦可说明这一问题。如称引《尹诰》《君牙》《吕刑》三次、《君陈》二次、《祭公之顾命》《康诰》《君奭》,共七篇十次。

---

① 李零:《郭店楚简校读记》,第171页。
② 李零:《郭店楚简校读记》,第136~137页。
③ 班固:《汉书》,第1715页。
④ 马承源主编:《上海博物馆藏战国楚竹书(一)》,第172页。

其中《吕刑》《康诰》《君奭》三篇见于伏生所传今文《尚书》二十八篇之列。而其中的《君陈》《君牙》则见于今所谓"伪"古文《尚书》之列。此外的《尹诰》《祭公之顾命》则并未见于今传本五十八篇《尚书》篇名之列。依郭店简《缁衣》篇,其中称引《尹诰》曰:"唯尹允及汤,咸有一德。"① 而称引《祭公之顾命》云:"毋以小谋败大作,毋以嬖御疾庄后,毋以嬖士疾大夫、卿士。"② 与今本《礼记·缁衣》相比较,所谓"祭公之顾命"为"叶公之《顾命》",而在今本《缁衣》中所引内容为:"毋以小谋败大作,毋以嬖御人疾庄后,毋以嬖御士疾庄士,大夫、卿、士。"③ 其文字并无大的差异。可以与此相对应的还有《逸周书·祭公解》篇的内容,其中记载:"汝无以嬖御固庄后,汝无以小谋败大作,汝无以嬖御士疾大夫、卿士。"④ 可见,出土文献中《缁衣》篇所称引《书》的内容与传世本《逸周书》中相应内容在句式上基本一致,只是顺序偶有调换,然主要内容几乎相同。此可说明,在战国时期《祭公之顾命》一篇当为《书》经百篇中之一篇,而且与《吕刑》《康诰》《君奭》《君陈》《君牙》等篇具有同等重要的位置,至少在楚简本《缁衣》所称引的内容可以说明这一点。并且还可说明,传世本《缁衣》在《礼记》中,所说"叶公之《顾命》"并非原本如此,笔者推测此处"叶公"或因为繁体"葉"字与"祭"字形似而在传抄过程中发生笔误,本当为"祭公之顾命"。⑤ 此外,也可说明一点,在郭店简、上博简中《缁衣》篇成书或入土之前,《缁衣》篇作者所称引的《祭公之顾命》尚且在《书》经之中。也就是说《缁衣》篇作者所处的时代,当时《书》经百篇尚未经过儒家等诸子大规模地明显改编。至少像后世出现在《逸周书》中的《祭公解》这一篇,即《祭公之顾命》,并未剔出《书》经之列。而通过对《逸周书》与简本《缁衣》的比照,可发现被简本《缁衣》篇称引过的《祭公之顾命》,经过儒家或其他诸子对《书》经进行改编之后,已被收在《逸周书》中。笔者认为,从简本《缁衣》篇成书或入土时到秦火之

---

① 李零:《郭店楚简校读记》,第77页。
② 李零:《郭店楚简校读记》,第78页。
③ 李学勤编:《礼记正义》,北京:北京大学出版社,1999年版,第1509页。
④ 黄怀信:《逸周书校补注译》,西安:西北大学出版社,1996年版,第369页。
⑤ 后观钱大昕在写给王鸣盛的信中也曾提及说"郑康成以祭公为葉公,不害其为大儒",见钱大昕《潜研堂文集》卷三十五《答王西庄书》,陈文和主编:《嘉定钱大昕全集》(九),南京:江苏古籍出版社,1997年版,第604页。可见其中有误。

前这段时间内,定有一个对《书》经进行整编的过程,或当为儒家诸子所为。

先秦时期,传世文献中大量以"《书》曰"为称引方式,而以篇名方式进行称引的也有许多。《孟子》文本中,对《书》的称引称《书》与篇名的情况基本是各占一半的比率。而郭店简、上博简《缁衣》篇中对《书》经篇名的称引更为频繁,且全以称引篇名的形式出现。简本《缁衣》短短一篇中称引《书》经七篇十次之多,而且有两篇并不见于今传本《尚书》五十八篇,当为战国时《书》百篇中的逸书。通过简本《缁衣》可见,其中也有许多引《诗》的内容,然而引《诗》只是称《诗》,而引《书》全是以称引篇名的形式出现。这一情况表明在战国时期,《诗》经的称引多以《诗》作为整体来命名,而对《书》经的称引则多以篇名而言,《书》经百篇各自的独立性要强于《诗》诸篇。通过《孟子》引《书》的情形也可体现这一点,对《书》经篇名的称引要略微多于以《书》为称引形式的情况。若与引《诗》相比,称引篇名的情况则更为明显。

郭店简《成之闻之》称引《书》经也是全以称引篇名的形式出现,有《大禹》《君奭》《诏命》(原释文为"言吕"合文,后面几处"《诏命》"亦是如此)、《康诰》四篇。其中《君奭》《康诰》二篇名见于今传本《尚书》,而《大禹》《诏命》之篇名不见于今本《尚书》中。从《成之闻之》所称引的《大禹》《诏命》二篇的内容来看,不见于传世文献,这两篇或为《尚书》逸篇。其中"诏"字,从文字形体和音韵考证的角度来考虑,李学勤认为此为"说","《诏命》"即"《说命》"①。李零释"诏"为从言从吕,另还有论者称此字为"韶"。笔者无意立新说,窃认为这一字形类似于"从言从吕"的字为"诏"字的一种写法,从《成之闻之》称引的内容与传世文献的关联度来看并不直接、明显,因而《成之闻之》只是称引了《书》经中篇名为《诏命》的逸篇而已。

《成之闻之》称引《大禹》曰:"余兹宅天心。"紧接着有类似于注解的一句话:"何?此言余之此而宅于天心也。是故君子,簟席之上,让而受幼;朝廷之位,让而处贱,所宅不远矣。"②对《君奭》的称引曰:"襄我二人,毋有合在音。"《成之闻

---

① 李学勤:《试论楚简中的〈说命〉佚文》,《烟台大学学报》,2008年第2期。
② 李零:《郭店楚简校读记》,第158页。

之》注解为"何？道不悦之辞也。"①此外还称引《诏命》曰："允师济德。""何？此言也,言信于众之可以济德也。"②依李零之见,此处补一"何"字。再引《君奭》"唯冒丕单称德""何？言疾也。"③引《康诰》曰："不还不夏,文王作罚,刑兹无赦。""何？此言也,言不逆大常也,文王之型莫重焉。"④可见,《成之闻之》称引《书》经诸篇内容之后,统一有一句类似于注解的文字,且形式一致为"何？"。

陈梦家在《尚书通论》中认为《孟子》中已出现诠释书义的文字,如释"徯我后"为"奚为后我",释洚水为洪水,并认为这是对《尚书》的最早传注。⑤而通过对《成之闻之》篇称引《书》经并以统一的句式诠解的情况来看,对《尚书》的注解更多更早的当属于《成之闻之》。

以《孟子》中对《书》的注解与郭店简《成之闻之》中对《书》经的注解相比,二者在形式上差异较大。孟子对《书》经的称引应当说只是注重于以《书》经内容来作为自己言论的依据或证明,而并无类似于《成之闻之》中对《书》经注解的统一形式。此外,《成之闻之》中只有对《书》经的称引,并无对《诗》的称引,而且称引《书》经只以称引篇名的形式出现,并无称《书》的形式。而《孟子》中对《书》经的称引,以称引篇名与《书》两种形式共存并且次数基本相等。这也是二者之间的差异之一。

笔者认为,尽管郭店简与《孟子》成书年代相去并不远,然而却呈现出两种截然不同的对《书》经的注解模式,其原因应当说是多样的。笔者试略析其原因为：其一,传经之儒与传道之儒对《书》经态度与立场的不同。其二,或为鲁地等中原之地与楚地儒者对《书》经运用方式有不同。

总之,先秦时期并无经学意义上的"尚书"称谓。由简本《缁衣》可见,其中也有许多引《诗》《书》的内容,然而引《诗》只是称《诗》,而引《书》全是以称引篇名的形式出现。这一情况表明在战国时期,《诗》经的称引多以《诗》作为整体来命名,而对《书》经的称引则多以篇名而言,《书》经百篇各自的独立性要强于《诗》经诸

---

① 李零:《郭店楚简校读记》,第159页。
② 李零:《郭店楚简校读记》,第159页。
③ 李零:《郭店楚简校读记》,第159页。
④ 李零:《郭店楚简校读记》,第159页。
⑤ 陈梦家:《尚书通论》,第14页。

篇。孟子对《书》经的称引应当说只是注重于以《书》经内容来作为自己言论的依据或证明,而并没有类似于《成之闻之》中对《书》经注解的统一形式。

第四节　孟子以史论《书》

正如上述孟子称引《书》经内容只是作为言论的依据或证明,并无类似于郭店简《成之闻之》中对《书》经注解的统一形式。此外,孟子对《书》经的称引却也呈现出另一种特点,即以史论《书》。

陈梦家《尚书通论》说:"自孟子以来,引述《尚书》者往往附述作《书》当时的历史背境和作书原由,实为书序的滥觞。"[①]孟子称引《书》经,多是作为谈说的依据,或作为辩论的论据,确如陈梦家所言,往往附述《书》篇的历史背景与作《书》的原由,此实为孟子以史论《书》的体现。

孟子称引《书》经时多附述《书》篇的历史背景与作《书》原由,这在《孟子》文本中多有体现。《孟子·梁惠王下》第十一章记载齐人伐燕之事,诸侯将欲伐齐以救燕,齐宣王询问孟子如何应对。孟子称引《书》经,即以汤伐桀、自葛始的事迹来回答齐宣王。孟子说:"臣闻七十里为政于天下者,汤是也。未闻以千里畏人者也。《书》曰:'汤一征,自葛始。'天下信之。'东面而征,西夷怨;南面而征,北狄怨。曰,奚为后我?'民望之,若大旱之望云霓也。归市者不止,耕者不变。诛其君而吊其民,若时雨降,民大悦。《书》曰:'徯我后,后来其苏。'今燕虐其民,王往而征之。民以为将拯己于水火之中也,箪食壶浆,以迎王师。若杀其父兄,系累其子弟,毁其宗庙,迁其重器,如之何其可也?天下固畏齐之强也。今又倍地而不行仁政,是动天下之兵也。王速出令,反其旄倪,止其重器,谋于燕众,置君而后去之,则犹可及止也。"在这一章中孟子所言,即体现了孟子以史论《书》的特点。孟子引《书》经的内容见于今本《尚书·仲虺之诰》,《仲虺之诰》为《今文尚书》所无,而属于梅赜所献《古文尚书》之列。对于孟子所称引的内容,在《仲虺之诰》中为:"乃葛伯仇饷,初征自葛,东征西夷怨,南征北狄怨,曰:'奚独后予?'攸

---

① 陈梦家:《尚书通论》,第97页。

徂之民,室家相庆,曰:'徯予后,后来其苏。'"①《书》经所载,本多为史迹。正如章太炎曾说:"古无史之特称。《尚书》《春秋》皆史也,《周礼》言官制,《仪礼》记仪注,皆史之旁支。礼乐并举,乐亦可入史类。《诗》之歌咏,何一非当时史料。"②尽管章太炎尚古文经学,且他此言多少受到近代史学地位上升、经学衰退这一历史潮流的影响,然而古亦有"左史记言,右史记事,言为《尚书》,事为《春秋》"之说,《尚书》《春秋》皆为古"史"所记。当然,此所言"史",在上古某一时期与"巫"在职能、意义上有相类似之处,与近代所言历史之"史"并不完全一样。孟子以《书》经所载汤伐桀的事迹应对齐宣王之问,言汤以义伐不义、以仁伐不仁,民争先恐后以待之,意在表明劝齐宣王当效汤行王道,拯民于水火以行仁政,如此则何有惧诸侯来战之忧。从这一章中孟子所言,展现孟子称引《书》经并附述《书》篇的历史背景,显然为以史论《书》之体现。此外,《孟子·滕文公下》"汤居亳,与葛为邻"一章,亦记载汤伐葛伯的情形,后世反而往往以孟子以史论《书》之言反证《尚书》。

《孟子·滕文公下》第五章记载孟子与弟子万章的对话,万章问孟子说:"宋,小国也。今将行王政,齐楚恶而伐之,则如之何?"孟子即以汤伐葛之事来回答,说:"汤居亳,与葛为邻,葛伯放而不祀。汤使人问之曰:'何为不祀?'曰:'无以供牺牲也。'汤使遗之牛羊。葛伯食之,又不以祀。汤又使人问之曰:'何为不祀?'曰:'无以供粢盛也。'汤使亳众往为之耕,老弱馈食。葛伯率其民,要其有酒食黍稻者夺之,不授者杀之。有童子以黍肉饷,杀而夺之。《书》曰:'葛伯仇饷。'此之谓也。为其杀是童子而征之,四海之内皆曰:'非富天下也,为匹夫匹妇复仇也。''汤始征,自葛载',十一征而无敌于天下。东面而征,西夷怨;南面而征,北狄怨,曰:'奚为后我?'民之望之,若大旱之望雨也。归市者弗止,芸者不变,诛其君,吊其民,如时雨降。民大悦。《书》曰:'徯我后,后来其无罚。''有攸不惟臣,东征,绥厥士女,匪厥玄黄,绍我周王见休,惟臣附于大邑周。'其君子实玄黄于匪以迎其君子,其小人箪食壶浆以迎其小人,救民于水火之中,取其残而已矣。《太誓》曰:'我武惟扬,侵于之疆,则取于残,杀伐用张,于汤有光。'不行王政云尔,苟行

---

① 李学勤编:《尚书正义》,第197页。
② 章太炎:《论经史儒之分合》,马勇编:《章太炎讲演集》,石家庄:河北人民出版社,2004年版,第241页。

王政,四海之内皆举首而望之,欲以为君。齐楚虽大,何畏焉?"孟子称引《书》经的内容,分别见于《书·仲虺之诰》《武成》《泰誓》。"葛伯仇饷"见于《书·仲虺之诰》,上述《孟子·梁惠王下》第十一章孟子称引《书》经之处也已涉及。"有攸不惟臣,东征,绥厥士女,匪厥玄黄,绍我周王见休,惟臣附于大邑周"一句,见于今本《尚书·武成》篇,孟子所引内容与今本《尚书》文字差异较大,但文意基本相似。孟子引此内容,表明武王伐纣以安天下之民,四方之士皆归服于周王室,以此来证其"行王政则四海归服"的观点。尤其是见于《仲虺之诰》的"汤伐葛伯"之事,较《书》经所载,孟子所述更为详尽,将汤伐葛之事的前后原委及《仲虺之诰》篇的作书原由附述出来。孟子以史论《书》的特点突出显现出来,后世反以孟子之言来反观《书》经相关内容。

孟子就"葛伯仇饷"之事附述背景更详,表现在《尚书》所述仅为:"乃葛伯仇饷,初征自葛,东征西夷怨,南征北狄怨,曰:'奚独后予?'攸徂之民,室家相庆,曰:'徯予后,后来其苏。'民之戴商,厥惟旧哉!"而孟子则铺陈开来,将《书》篇所载事件的历史背景顺势补足,或出于自己发挥,或出于时人对《书》经的普遍理解的常识性记载,总之在《孟子》文本中,展现给后人一个相对更生动、清晰的汤伐葛伯的事件场景。如孟子说汤与葛伯为邻,汤使人送给葛伯牛羊、使亳民助葛耕稼等,而葛伯杀其牛羊、夺其酒食,可见孟子以此来解《书》经所谓"葛伯仇饷"之义。观孟子所述,亦可知汤伐葛伯的事由,至于历史事实是否真如孟子所言,则不可考,笔者窃以为孟子亦不可知或者也并非真切地意在考信史事。正如前面已述,笔者言孟子以史论《书》,此"史"并不完全等同于近代所言历史之"史"。在一定程度上说,"史"出于巫,上古时期"史"即太史、内史等全权掌握政治教学事务的人。记录文书是史的职责之一,因而形成后世所见《书》《春秋》等典籍。与史密切相关的是巫,史、巫在一定时期在职责上有相通性,巫所掌重天命、司卜筮,形成后世所谓《易》。上古时期,与史相对应的还有瞽、师等职,掌吟诵、传习的诗、礼、乐等职责,形成后世所谓《诗》《礼》《乐》。而由瞽、师等的吟诵、传习,到太史、内史等的文书记录,则体现了时代越来越重于文字记录的风气。由"史"之人,到"史"之风,即作为太史、内史等所奉行的文风、所掌的职责,亦被后人统称

---

① 李学勤编:《尚书正义》,第197页。

为"史"。孟子所述,以史论《书》,兼述《书》篇的历史背景与作书原因,在一定意义上可以说为后世司马迁《史记》书史之风的开端。

《孟子·万章上》第四章记载孟子与弟子咸丘蒙的对话,其中涉及尧舜及舜与瞽瞍的关系问题,孟子回应之言中也称引《书》经,同样可体现孟子以史论《书》的风格。咸丘蒙问道:"语云:'盛德之士,君不得而臣,父不得而子。'舜南面而立,尧帅诸侯北面而朝之;瞽瞍亦北面而朝之。舜见瞽瞍,其容有蹙。孔子曰:'于斯时也,天下殆哉,岌岌乎!'不识此语诚然乎哉?"咸丘蒙向孟子请教关于尧帅诸侯朝舜,瞽瞍也以君臣之礼朝舜的事,问所谓"盛德之士,君不得而臣,父不得而子"之说是否可信。在后世人看来,其实这一章实是涉及舜的忠、孝问题。孟子的回答称这一说法并非君子之言,而是齐东野人之语,并说:"尧老而舜摄也。《尧典》曰:'二十有八载,放勋乃徂落,百姓如丧考妣,三年,四海遏密八音。'孔子曰:'天无二日,民无二王。'舜既为天子矣,又帅天下诸侯以为尧三年丧,是二天子矣。"孟子称引《尧典》之言,称舜为天子帅天下诸侯为尧行三年丧礼,而与咸丘蒙所问"尧帅诸侯北面而朝舜"之说截然相反。在孟子看来,依据《书》经即可得知并无尧朝舜之说,这实为尧舜关系问题,在后世看来则又涉及舜忠否的问题。孟子之所以不认同咸丘蒙所问忠的说法,亦是据《书》经而言,引《尧典》"二十有八载,放勋乃徂落,百姓如丧考妣,三年,四海遏密八音"一句,来论舜在尧崩之后帅诸侯为尧行三年之丧礼的事件,这也体现孟子以史论《书》的特点。而舜帅诸侯为尧行三年丧礼,在孟子看来也定是可信的史实,而对往古之事的认识则主要是依据古已有之的《诗》《书》传统。至于往古之事的真实面貌是否与《书》经所载相符,孟子也是时而信、时而疑的,并非一味全信。孟子疑《武成》所载,只取其二三策的说法,正体现了孟子对《书》的质疑态度。而孟子对《书》经的时信时疑的态度,又进一步说明孟子实际上是有自己的评判标准的,也是一种别具一格的书史风格,亦不出孟子以史论《书》之范畴。笔者认为孟子以史论《书》是一种别具一格的书史风格,是指与史佚、史鱼等秉笔直书有一定差别,而与《春秋》等寓褒贬于一辞的书写风格有相似之处,亦可以说为后世书史开一新风气。

至于在这一章中所论舜与瞽瞍的关系问题,孟子是这样回应弟子的,说:"孝子之至,莫大乎尊亲;尊亲之至,莫大乎以天下养。为天子父,尊之至也;以天下

第三章　孟子与《书》

养,养之至也。《诗》曰:'永言孝思,孝思维则。'此之谓也。《书》曰:'祗载见瞽瞍,夔夔斋栗,瞽瞍亦允若。'是为父不得而子也。"咸丘蒙所问称瞽瞍同样以君臣之礼而北面朝舜,并引孔子之言称天下岌岌可危借用来形容尧为君而朝舜、瞽瞍为父亦朝舜的情境。但在孟子看来,事情并非如此。孟子以"孝"许于舜,称舜为天子,以天下养瞽瞍,是尊亲之至、孝行之至。孟子持说的依据亦是称引《书》经,"祗载见瞽瞍,夔夔斋栗,瞽瞍亦允若"见于《尚书·大禹谟》,以此表明舜敬事瞽瞍,瞽瞍作为父亦信顺之,所谓"父不得而子"指如此,以解咸丘蒙之疑。这一内容亦体现孟子以史论《书》的风格,称引《书》经以作为史论。

此外,《孟子·万章上》第七章记载,孟子弟子万章与孟子的对话,万章问孟子说:"人有言'伊尹以割烹要汤'有诸?"孟子回答说:"否,不然。伊尹耕于有莘之野,而乐尧舜之道焉。……吾闻其以尧舜之道要汤,未闻以割烹也。《伊训》曰:'天诛造攻自牧宫,朕载自亳。'"何以说此章亦可见孟子以史论《书》? 孟子称引《书·伊训》此句,以证伊尹以尧舜之道要汤,而未闻以割烹要汤。依《书序》之言,《伊训》为伊尹所作,以道训教太甲。而《伊训》"天诛造攻自牧宫,朕载自亳"即是指上天诛伐夏桀无道自牧宫之地,由汤始修德于亳,以修德之君伐无道之桀。孟子以此证伊尹以尧舜之道要汤,而未闻以割烹要汤。孟子虽只引《伊训》篇中的一句,实则亦有借用整个《伊训》篇来证其言之意。

笔者认为孟子称引《书》经有以史论《书》之风格,其间亦涉及经、史关系问题,体现前经学时代重史的风气,尚未形成后世经师治《书》等经学训诂与阐发大义的范式。事实上,经、史之间也是彼此紧密相关的,以经为义,以史为例,两者相辅相成。如苏洵云:"经以道、法胜,史以事、词胜;经不得史无以证其褒贬,史不得经无以酌其轻重;经非一代之实录,史非万世之常法;体不相沿,而用实相资焉。"① 可见,苏洵认为史需得经而正其事理,经需得史而明其实义。钱大昕曾说:"经与史岂有二学哉。昔宣尼赞修六经,而《尚书》《春秋》实为史家之权舆。汉世刘向父子校理秘文为六略,而《世本》《楚汉春秋》《太史公书》《汉著纪》列于'春秋家',《高祖传》《孝文传》列于'儒家',初无经史之别。厥后兰台、东观,作者益繁,

---

① 苏洵:《史论上》,曾枣庄、金成礼笺注:《嘉祐集笺注》,上海:上海古籍出版社,1993年版,第229页。

李充、荀勖等并立四部,而经史始分,然不闻陋史而荣经也。"①钱大昕尤以治史见长,而追溯经、史之源时亦称本无二学。清儒段玉裁曾提出应将十三经扩为二十一经,即加上《大戴礼》《国语》《史记》《汉书》《通鉴》《说文》《周髀算经》《九章算术》八种。章太炎曾表示十分赞同段玉裁此言,并认为段氏所论经史不必分途为独得之见,清儒中未有先于段氏发此论者。②而段玉裁将十三经扩为二十一经,所加之书就有《国语》《史记》《汉书》《通鉴》,亦为后人眼中经、史紧密关联的体现之一。而就经、史之兴立问题,李保泰也曾说:"经者治之理,史者治之迹。三代以上明于理而经立;三代以下详于迹而史兴。"③李保泰认为,经立于三代以上,以明于理见长;史兴于三代以下,以详于迹见长。

章太炎曾说:"古无史之特称。《尚书》《春秋》皆史也,《周礼》言官制,《仪礼》记仪注,皆史之旁支。礼乐并举,乐亦可入史类。《诗》之歌咏,何一非当时史料。大小《雅》是史诗,后人称杜工部为诗史者,亦以其善陈时事耳。《诗》之为史,当不烦言。《易》之所包者广,关于哲学者有之,关于社会学者有之,关于出处行藏者亦有之。其关于社会进化之迹,亦可列入史类,故阳明有六经皆史之说。语虽太过,而史与儒家,皆经之流裔,所谓六艺附庸,蔚为大国,盖无可疑。"④章太炎说有阳明六经皆史之说,此外在后世也多言章学诚"六经皆史"之说。而在阳明处所谓六经皆史之说,是这样说:"以事言谓之史,以道言谓之经。事即道,道即事。《春秋》亦经,'五经'亦史。《易》是庖牺之史,《书》是尧、舜以下史,《礼》《乐》是三代史;其事同,其道同,安有所谓异?"⑤这一句话是王阳明答弟子徐爱之问时所说,王阳明此言亦是就经、史紧密相关来说的。章太炎也曾言:"经兼修己治人,史则详治人而略修己。"⑥虽言经、史之关联,而章太炎亦分疏出经、史之别,即在他看来经兼重于修己治人两个层面,而史则偏重于治人而稍略于修己。所谓修

---

① 钱大昕:《廿二史札记序》,赵翼著,王树民校证:《廿二史札记校证》,北京:中华书局,1984年版,第885页。
② 参见章太炎:《论经史儒之分合》,马勇编:《章太炎讲演集》,第244~245页。
③ 李保泰:《廿二史札记序》,赵翼著,王树民校证:《廿二史札记校证》,第886页。
④ 章太炎:《论经史儒之分合》,马勇编:《章太炎讲演集》,第241页。
⑤ 王守仁:《传习录》,《王阳明全集》,上海:上海古籍出版社,1992年版,第10页。
⑥ 章太炎:《论经史儒之分合》,马勇编:《章太炎讲演集》,第245页。

己,即为修德,偏重于德行方面;所谓治人,即为事功,偏重于外王一途。笔者认为章氏此论若进一步说,或可以称经重于内圣兼有外王,史重于外王,当然两者不是对应关系,而只是可将经、史关系从内圣、外王这一视角来反观。

归结在孟子以史论《书》而言,结合经、史关系这一视角,更鲜明地体现这一问题的,还可见于《孟子·万章上》第五章的记载。这一章是孟子与弟子万章关于禅让问题的对话。万章问:"尧以天下与舜,有诸?"孟子回答说:"否。天子不能以天下与人。"孟子进一步说:"使之主祭而百神享之,是天受之;使之主事而事治,百姓安之,是民受之也。天与之,人与之,故曰:天子不能以天下与人。舜相尧二十有八载,非人之所能为也,天也。尧崩,三年之丧毕,舜避尧之子于南河之南。天下诸侯朝觐者,不之尧之子而之舜;讼狱者,不之尧之子而之舜;讴歌者,不讴歌尧之子而讴歌舜,故曰天也。夫然后之中国,践天子位焉。而居尧之宫,逼尧之子,是篡也,非天与也。《太誓》曰:'天视自我民视,天听自我民听',此之谓也。"孟子与弟子万章的这一对话虽然文字不多,看似话题单一,然而实际上涉及许多问题,如天子可否与人天下、天的意志在政权交替中的作用与位置、尧舜之间是否为禅让、政权交替过程中的民心向背等。孟子认为天子不能把天下让与人,而应由天授,体现在于百神享之、百姓安之。在尧舜之间,表面上是尧将天下与舜,而实则是天与舜。孟子称引《书》经《泰誓》中的一句,意在突出尧将天下让与舜的过程中天意的重要作用,是所谓天视、天听皆自我民视、民听。可见孟子论《书》之处,皆以史迹相附,体现其以史论《书》的特点。

尽管孟子在引《书》论《书》时,呈现以史论《书》的风格,然而除此之外,孟子在称引《书》经之处,还呈现出另一特点,即于有意无意中对《尚书》进行传注。孟子有试图传注《尚书》之意,体现在孟子对如下几个问题的释读界定上。

其一,释洚水。《孟子·滕文公下》第九章,孟子答弟子公都子之问,说:"《书》曰:'洚水警余。'洚水者,洪水也。使禹治之。"《孟子·告子下》第十一章是孟子与白圭的对话,其中也涉及释"洚水"之处。白圭曰:"丹之治水也愈于禹。"孟子曰:"子过矣。禹之治水,水之道也。是故禹以四海为壑,今吾子以邻国为壑。水逆行,谓之洚水。洚水者,洪水也,仁人之所恶也。吾子过矣。"这两章皆涉及禹治水的问题,孟子所言也都提到"洚水",并释之为洪水。孟子言"洚水者,洪水也",可以说是比较典型的传注句式。此正如陈梦家所言:"诠释书义,如释'徯我后'为'奚为后我',释浲水为洪水,实为最早的传注。"①陈梦家认为孟子释浲水为洪水是对《书》义的传注,笔者认同此说。然而若称此为对书义的最早传注,尚待商榷。正如前文已述,郭店简《成之闻之》中也有对《书》经的释义内容,数量上与《孟子》相比更多,而且释义模式统一为"何?"因而,先秦文献中对《书》经的传注孰为最早尚不可轻论。

其二,依陈梦家之言,亦认为释"徯我后"为"奚为后我"也是孟子对书义的传注。"徯我后"见于《孟子·滕文公下》第五章孟子言:"《书》曰:'徯我后,后来其无罚。'"《孟子·梁惠王下》第十一章《书》曰:'徯我后,后来其苏。'"此两处"徯我后"的"后"指君王之意,而"奚为后我"之"后"为先后之后,两个"后"字意义并不同。因而,可以说孟子并非直接释"徯我后"为"奚为后我",而只是就书义而言,皆为表达民望圣君之切。

其三,孟子释"葛伯仇饷"。此见于《孟子·滕文公下》第五章,前文也已提到过。孟子曰:"汤居亳,与葛为邻,葛伯放而不祀。汤使人问之曰:'何为不祀?'曰:'无以供牺牲也。'汤使遗之牛羊。葛伯食之,又不以祀。汤又使人问之曰:'何为不祀?'曰:'无以供粢盛也。'汤使亳众往为之耕,老弱馈食。葛伯率其民,要其有酒食黍稻者夺之,不授者杀之。有童子以黍肉饷,杀而夺之。《书》曰:'葛伯仇饷。'此之谓也。"孟子称引《书》经"葛伯仇饷"见于今本《尚书·仲虺之诰》。对此,孔传云:"葛伯游行,见农民之饷于田者,杀其人,夺其饷,故谓之仇饷。仇,怨也。"②孔颖达正义释"仇音求"。可见,孔传之意葛伯杀人夺饷是为"葛伯仇饷",此与孟子之意看似一致,实则又有不同。另有一意,赵岐注"仇,怨也",亦可认为释"仇"为仇视之意,于文意亦通。所谓饷田,指送饭食到田间地头。汤使亳的民众到葛为葛伯耕,这里涉及两解:一是葛之民奉食以饷之,一是亳的民众中的老弱者奉食以饷田。如是葛之民,则在孟子看来这是葛伯不能容忍的,杀其民而夺其饷。如是亳之民,则葛伯为取饷而杀之。就赵岐注"仇,怨也",也有两解,一是葛伯仇怨饷者,一是葛伯以仇怨授饷者。如焦循正义曰:"桓公二年《左传》

---

① 陈梦家:《尚书通论》,第14页。
② 李学勤编:《尚书正义》,第197页。

云:'怨耦曰仇',是仇为怨也。葛伯不当怨饷者,云'仇饷',是谓其杀童子,使饷者仇怨之。不云饷者仇葛伯,而云葛伯仇饷,古人属文,每如是也。"①焦循认为,虽说是"葛伯仇饷",其实是葛伯杀童子使饷者仇怨葛伯之意。焦循紧接着又说:"下云为匹夫匹妇复仇,则仇在匹夫怨葛伯也。葛伯杀饷,是葛伯以仇怨授饷者,故云仇饷也。"②焦循认为,孟子下面所说为匹夫匹妇复仇,亦是指仇怨在匹夫,故在孟子看来汤征葛伯是为匹夫复仇。就《孟子》文本而言,称引《书》经"葛伯仇饷"一句,在《书》经中并无多言,而孟子却详述此事之本末,以汤送葛伯牛羊、使亳民助之耕等事来释"葛伯仇饷"一句。此亦为孟子对《书》经进行传注的体现之一。

总而言之,孟子称引《书》经,多是作为谈说的依据,或作为辩论的论据,亦往往附述《书》篇的历史背景与作《书》的原由,此实为孟子以史论《书》的体现。笔者认为孟子称引《书》经有以史论《书》之风格,其间亦涉及经、史关系问题,体现前经学时代重史的风气,尚未形成后世经师治《书》等经学训诂与阐发大义的范式。事实上,经、史之间也是彼此紧密相关的,以经为义,以史为例,两者相辅相成。

---

① 焦循:《孟子正义》,第433页。
② 焦循:《孟子正义》,第433页。

第四章

孟子与"礼""乐"

孟子所处的战国时期可以说并未有后世所谓的"经学",一般而言,作为社会大经大法意义上的"经学"是汉武帝时立五经博士于学官之后才逐渐形成的,尽管在此之前"经学"也经历了漫长时期的积累。汉世所立本于儒学典籍、长于训诂大义之经学,与先秦学术在形式与意蕴上都有一定的差异。因而,处于"前经学"时代的孟子,其所谓"通五经"的赞誉,不可以后世所谓经学训诂意义的学术规范来圈定与衡量。孟子与"礼",无疑也不是如后世本于《礼》经逐章逐条进行故训大义的模式来呈现的。

"礼"是古代中国各个社会时期人们的行为规范。从小的方面而言,个人的行为举止,待人接物,从大的方面而言,社会的礼仪制度,国纪朝纲,皆应有所规范,都属于"礼"的范畴。相对于这样一个宽泛的"礼"的概念,诗、乐、舞也便成了礼仪规范中的组成成分。王国维《乐次考》论礼制中诗、乐、舞的使用情况及次序,即是将诗、乐、舞视为"礼"制中一部分。[1]顾颉刚《诗经的厄运与幸运》[2]一文中按采来的诗的用途分类,分为用于典礼、讽谏、赋诗、言语四类,其中用于典礼

---

[1] 王国维:《观堂集林》卷二,第84~104页。
[2] 即顾颉刚《〈诗经〉在春秋战国间的地位》一文,亦见于洪治刚主编:《顾颉刚经典文存》,第42~93页。

第四章 孟子与"礼""乐"

的又分为对于神的祭祀与对于人的宴会。这同样是将礼制与诗、乐等内容相关联来研究,为礼制的研究拓宽了领域。笔者于前两章探讨了孟子与《诗》《书》的相关问题,鉴于"礼""乐"之间的关联性,因而这一章一并探讨孟子与"礼""乐"的相关问题。

对于探讨孟子与"礼"的问题,笔者尽管已经指出孟子所处的"前经学"时代与后世治《礼》经者有一定差异,然而还需就后世"礼学"作一简略叙述,以作为进一步探讨孟子与"礼"相关问题的前提与基础。对于我国古代的礼书,人们习惯性地称为"三礼",即《周礼》《礼记》《仪礼》。《周礼》亦称《周官》,被认为是周公所作,其中所载为周公所制订的周代社会的典章制度。然而后世却对《周礼》成书年代多有争议,这是另一问题。《小戴礼记》《大戴礼记》则由汉人编辑成书,其中的篇章一般多认为是古代《礼》经的传疏以及零散典章的选编。《仪礼》一般认为是《礼》之正经,是汉人所尊奉之"礼"经,记载古代士大夫阶层冠、婚、乡、射、朝、聘、丧、祭等各种礼仪。由于当时并无"仪礼"之名,因而有时也称为《经礼》或《曲礼》。《礼记·明堂位》记载:"武王崩,成王幼弱,周公践天子之位,以治天下。六年,朝诸侯于明堂,制礼作乐,颁度量,而天下大服。"①周公制礼作乐,《周官》《仪礼》皆在制作之中,而后世多言《仪礼》为《礼》之正经,故而孔颖达等人也皆以《仪礼》为周公所作。

就"礼"之缘起而言,《说文》云:"礼,履也。所以事神致福也。从示,从豊。"②孟子云:"仁之实,事亲是也;义之实,从兄是也;智之实,知斯二者弗去是也;礼之实,节文斯二者是也;乐之实,乐斯二者,乐则生矣。"(《孟子·离娄上》)孟子所认为的"礼""乐"之实是与仁、义紧密相关的。赵岐注此章云:"礼乐之实,节文事亲从兄,使不失其节,而文其礼敬之容。"③也就是说,孟子认为"礼"之实,是针对事亲、从兄二者而言,关键在于"节""文"两点。不可太过而失其节,故而需要节之;亦不可太质朴而失其礼敬之容,故而需要文之。节、文之间,体现了孟子"礼"学的风格与特点之一。荀子亦曾言:"礼起于何也?曰:人生而有欲,欲而不得,则

---

① 孙希旦:《礼记集解》,北京:中华书局,1989年版,第842页。
② 许慎:《说文解字》,北京:中华书局,1963年版,第7页。
③ 焦循:《孟子正义》,第533页。

不能无求;求而无度量分界,则不能不争;争则乱,乱则穷。先王恶其乱也,故制礼义以分之,以养人之欲,给人之求,使欲必不穷乎物,物必不屈于欲,两者相持而长,是礼之所起也。"①荀子之言更为简明,只是与孟子之见不同。孟子认为礼足以饰善,荀子认为礼用以制欲。《汉书·礼乐志》云:"人函天地阴阳之气,有喜怒哀乐之情。天禀其性而不能节也,圣人能为之节而不能绝也,故象天地而制礼乐,所以通神明,立人伦,正情性,节万事者也。"②此言"礼"之缘起更为全面,其言节人喜怒哀乐之情的说法,与孟子所谓"节""文"之意相近。盖"礼"原本起于事神,而后顺遂于人事,此可见礼之缘起及由事神到近人之趋势。

第一节 《孟子》与"礼"

如上文所述,小到个人的行为举止,大到社会的礼仪制度、国纪朝纲等皆属于"礼"之范畴。"礼"既然涉及如此广的范围,《孟子》文本中与"礼"相关的篇章亦为不少。尽管前人就孟子与"礼"的相关问题少有专门论及,然而这并不说明此问题不重要。在《孟子》文本中,涉及《礼》之处有许多。笔者分别疏解如下:

1.《孟子·梁惠王上》第七章:(孟子)曰:"是故明君制民之产,必使仰足以事父母,俯足以畜妻子,乐岁终身饱,凶年免于死亡。然后驱而之善,故民之从之也轻。今也制民之产,仰不足以事父母,俯不足以畜妻子,乐岁终身苦,凶年不免于死亡。此惟救死而恐不赡,奚暇治礼义哉?王欲行之,则盍反其本矣。五亩之宅,树之以桑,五十者可以衣帛矣;鸡豚狗彘之畜,无失其时,七十者可以食肉矣;百亩之田,勿夺其时,八口之家可以无饥矣;谨庠序之教,申之以孝悌之义,颁白者不负戴于道路矣。老者衣帛食肉,黎民不饥不寒,然而不王者,未之有也。"

孟子认为,欲治礼义需以制民之产作为基础,明君必须使人民上可以敬养父母,下可以蓄养子女、妻子,清平年岁可以不受冻饥之苦,凶险之年可以免于死亡,此为使民人从善行礼之基础。在这一章中,孟子所言"五亩之宅""百亩之田""庠序之教"等实则亦为礼制中的一部分,暗含孟子溯古以制作之意。

---

① 王先谦:《荀子集解》,第346页。
② 班固:《汉书》,第1027页。

第四章 孟子与"礼""乐"

2.《孟子·公孙丑上》第二章:(孟子)曰:"宰我、子贡、有若智足以知圣人。……子贡曰:'见其礼而知其政,闻其乐而知其德。由百世之后,等百世之王,莫之能违也。自生民以来,未有夫子也。'"

"见其礼而知其政,闻其乐而知其德",此为孟子引子贡之言。赵岐注云:"见其制作之礼,知其政之可以致太平也。听闻其《雅》《颂》之乐,而知其德之可与文武同也。"① 见礼知政,闻乐知德,孟子引之,以彰显孔子非一般圣人可比。

3.《孟子·公孙丑上》第六章:孟子曰:"恻隐之心,仁之端也;羞恶之心,义之端也;辞让之心,礼之端也;是非之心,智之端也。人之有是四端也,犹其有四体也。"

此为孟子所谓"四心""四端"之说。孟子认为人皆有此四心,而亦皆有仁、义、礼、智之四端。也就是说,在孟子看来,"礼"之端发起于人的辞让之心,并且将此心视为人所生来自有的,是以又有"无辞让之心非人也"之说。

4.《孟子·公孙丑下》第二章:景子曰:"否,非此之谓也。《礼》曰:'父召,无诺;君命召,不俟驾。'固将朝也,闻王命而遂不果,宜与夫《礼》若不相似然。"(孟子)曰:"岂谓是与?……汤之于伊尹,桓公之于管仲,则不敢召。管仲且犹不可召,而况不为管仲者乎?"

此为孟子与景丑氏的对话。景子之言引自《礼》,内容类于《礼记·曲礼上》所载,为"父召无诺,先生召无诺,唯而起"。郑玄注云:"应辞,唯恭于诺。"② 此外《礼记·玉藻》云:"父命呼,唯而不诺。"③ 又云:"凡君召以三节,二节以走,一节以趋,在官不俟屦,在外不俟车。"④ 此皆言父召子、君召臣之法,所言"无诺"为表示趋父命之急,所言"不俟屦""不俟车"则为表示趋君命之急也。景子以《礼》之言反问孟子,从表象来看孟子似乎不合于《礼》,而孟子之答却正可体现他对《礼》的某些文字约定的态度与观点。孟子言"辞让之心,礼之端","仁义礼智根于心"等,更多是侧重于思想概念意义上的"礼",与仁、义、智、圣并列,而非泛泛地指现

---

① 焦循:《孟子正义》,第217页。
② 《十三经注疏》,第1240页。
③ 孙希旦:《礼记集解》,第830页。
④ 孙希旦:《礼记集解》,第818页。

实中的礼仪范式。由此亦可见孟子理解现实之"礼"的通达之处,孟子更重"礼"之义,而非"礼"之仪。

5.《孟子·滕文公上》第二章:孟子曰:"不亦善乎! 亲丧固所自尽也。曾子曰:'生,事之以礼;死,葬之以礼,祭之以礼,可谓孝矣。'诸侯之礼,吾未之学也。虽然,吾尝闻之矣:三年之丧,齐疏之服,饘粥之食,自天子达于庶人,三代共之。"然友反命,定为三年之丧。

此为孟子答滕文公之问,时滕定公薨,文公当时作为世子使然友来问"礼"。孟子引曾子之言以提出"三年之丧"的问题。孟子所引见于《论语·为政》,实为孔子的话。在这一章中孟子自言未学诸侯之礼,所论"三年之丧"为其闻诸师言。孟子虽言未学诸侯之礼,实为谦言。孟子或并未精熟于具体礼仪,但足可把握"礼"之义。在他看来,并非事事须刻板地遵循于旧制,完全可以在不违"礼"之义的情形下适时地调适时下之"礼"。此正如孟子论"男女授受不亲,礼也","嫂溺援之以手,权也"(《孟子·离娄上》第十七章)。在孟子看来,于"礼"之中亦可以适时地行权,只要不失礼义、不违情理即可。

6.《孟子·滕文公下》第二章:景春曰:"公孙衍、张仪岂不诚大丈夫哉?一怒而诸侯惧,安居而天下熄。"孟子曰:"是焉得为大丈夫乎?子未学礼乎?丈夫之冠也,父命之;女子之嫁也,母命之,往送之门,戒之曰:'往之女家,必敬必戒,无违夫子!'以顺为正者,妾妇之道也。居天下之广居,立天下之正位,行天下之大道。得志与民由之,不得志独行其道。富贵不能淫,贫贱不能移,威武不能屈。此之谓大丈夫。"

此章涉及孟子对士冠礼、士昏礼的观点。据焦循《孟子正义》所载,陈亦韩云:"《士冠礼》无父命之文。……盖父不自命,而以其命之意出于宾,亦不亲教子之意也。"①此言指出孟子所谓士冠礼与今本《仪礼·士冠礼》之差异。而对于士昏礼,孟子所言亦与《仪礼·士昏礼》有不同。同样据焦循正义所载,引周柄中之言曰:"《士昏礼》女父不降送,母戒诸西阶上,亦不降,而《孟子》言'往送之门',《穀梁传》亦言'送女不出祭门',乃指庙之大门,则送不止于阶矣。"②而阎若璩同

---

① 参焦循:《孟子正义》,第417页。
② 参焦循:《孟子正义》,第418页。

第四章 孟子与"礼""乐"

样指出孟子与《仪礼·士昏礼》的差异,继而又分析原因说:"然《孟子》此一礼,与《仪礼·士昏礼》记亦殊不同。……大抵孟子言礼多主大纲,不暇及详。抑《仪礼》定于周初,而列国行之久,颇各随其俗。"①此可见,孟子所言士昏礼亦为其大概而已,再加之"礼"因于不同地方、不同时期的差异而有不同的礼俗,这也在情理之中。笔者认同阎若璩所言"孟子言礼多主大纲,不暇及详"之说,孟子之"礼"确实多表现出注重于礼义而稍轻于礼仪、礼俗的特点。

7.《孟子·滕文公下》第三章:孟子曰:"士之失位也,犹诸侯之失国家也。《礼》曰:'诸侯耕助,以供粢盛;夫人蚕缫,以为衣服。牺牲不成,粢盛不洁,衣服不备,不敢以祭。惟士无田,则亦不祭。'牲杀器皿衣服不备,不敢以祭,则不敢以宴,亦不足吊乎?"

此章为《孟子》中少有几处引《礼》经的篇章之一,涉及祭祀之礼。孟子所引《礼》的内容,与《礼记·祭统》之言大体相近。《礼记·祭统》云:"是故天子亲耕于南郊,以共齐盛。王后蚕于北郊,以共纯服。诸侯耕于东郊,亦以共齐盛。夫人蚕于北郊,以共冕服。天子诸侯,非莫耕也,王后夫人,非莫蚕也。身致其诚信,诚信之谓尽,尽之谓敬,敬尽然后可以事神明,此祭之道也。"②天子、诸侯耕,以供祭祀所需粢盛之用,王后、夫人为蚕缫之事,以供祭服之用,此大体同于孟子所引之《礼》。又见于《礼记·曲礼》:"无田禄者不设祭器,有田禄者先为祭服。"③此言无田禄者不设祭器,大体与孟子所引"士无田则亦不祭"相近。又《礼记·王制》云:"大夫、士宗庙之祭,有田则祭,无田则荐。"④其义亦相类。

8.《孟子·离娄上》第十七章:淳于髡曰:"男女授受不亲,礼与?"孟子曰:"礼也。"曰:"嫂溺则援之以手乎?"曰:"嫂溺不援,是豺狼也。男女授受不亲,礼也;嫂溺援之以手者,权也。"曰:"今天下溺矣,夫子之不援,何也?"曰:"天下溺,援之以道;嫂溺,援之以手。子欲手援天下乎?"

此章为孟子与淳于髡的对话,问男女不相亲授之礼。近人有论者就这一章

---

① 焦循:《孟子正义》,第418页。
② 李学勤编:《礼记正义》,第1347~1348页。
③ 李学勤编:《礼记正义》,第114页。
④ 李学勤编:《礼记正义》,第391页。

来论孟子之"礼",并结合经、权之辨的问题。笔者认为,这一章尽管是孟子论"礼"的一点体现,然而更多地体现出的是孟子的通变精神,即经、权问题。这是孟子通变精神在具体到"礼"的现实实践问题时的应变表现,此同于上述《孟子·公孙丑下》第二章中景丑氏引《礼》"父召,无诺;君命召,不俟驾"来问难孟子的情形,皆体现孟子重"礼"之义,而非拘泥于"礼"之仪。"男女授受不亲"无疑属于"礼"之约定,而"嫂溺援之以手"在孟子看来更为情理之中。孟子视"礼"发端于人的辞让之心,是人人自有的。孟子之于"礼"的态度,可以说更多是将僵硬的礼仪内化为人人皆可由己心引发的礼义,阐发出"礼"的活脱脱的人文精神。

9.《孟子·离娄上》第二十七章:孟子曰:"仁之实,事亲是也;义之实,从兄是也。智之实,知斯二者弗去是也;礼之实,节文斯二者是也;乐之实,乐斯二者,乐则生矣;生则恶可已也,恶可已,则不知足之蹈之、手之舞之。"

孟子言"礼"之实,是针对事亲、从兄二者而言,关键在于"节""文"两点。不可太过而失其节,故而需要"节"之;亦不可太质朴而失其礼敬之容,故而需要"文"之。节、文之间,体现了孟子"礼"学的风格与特点之一。此外,孟子言"不知足之蹈之、手之舞之"与《礼记·乐记》"故歌之为言也,长言之也。说之故言之,言之不足,故长言之。长言之不足,故嗟叹之。嗟叹之不足,故不知手之舞之、足之蹈之也"①之言相类,二者在成书年代上有早晚,其间当有借鉴关系。②

10.《孟子·离娄下》第三章:(齐宣)王曰:"礼,为旧君有服,何如斯可为服矣?"(孟子)曰:"谏行言听,膏泽下于民;有故而去,则君使人导之出疆,又先于其所往;去三年不反,然后收其田里。此之谓三有礼焉。如此,则为之服矣。今也为臣,谏则不行,言则不听;膏泽不下于民;有故而去,则君搏执之,又极之于其所往;去之日,遂收其田里。此之谓寇仇。寇仇何服之有?"

这一章为孟子与齐宣王的对话,王问孟子关于旧臣为旧君服丧服之礼,此属君臣之间的礼。王问臣怎样才可为君服丧服,孟子以"三有礼"来回答,即导之出境、先到臣所到之国并言其贤良、三年不返之后才收其田里。齐宣王与孟子所议论的君臣之礼,与《礼记·檀弓下》所载有相近之处。《礼记·檀弓下》云:"穆公

---

① 孙希旦:《礼记集解》,第1038页。
② 下文"孟子与'乐'"部分亦涉及孟子论"乐"思想与《乐记》的关系问题,可参。

问于子思曰:'为旧君反服,古与?'子思曰:'古之君子,进人以礼,退人以礼,故有旧君反服之礼也。今之君子,进人若将加诸膝,退人若将队诸渊,毋为戎首,不亦善乎!又何反服之礼之有?'"①此可见,穆公与子思之间所论,与孟子对齐宣王所言,两者皆涉及臣为君服丧服之礼。为旧君反服的条件,在孟子看来,必如孔子所言"君君、臣臣",各安其礼,这样臣下才甘心为旧君行服丧服之礼。从孟子所言亦可知,当时行此礼者已是少之又少,而关键也在于君对待臣已先失于礼。

11.《孟子·离娄下》第六章:孟子曰:"非礼之礼,非义之义,大人弗为。"

孟子此言正体现其重视礼义之处,那些似礼而非礼、似义而非义的行为,为孟子所不齿。

12.《孟子·离娄下》第二十七章:公行子有子之丧,右师往吊,入门,有进而与右师言者,有就右师之位而与右师言者。孟子不与右师言,右师不悦曰:"诸君子皆与驩言,孟子独不与驩言,是简驩也。"孟子闻之,曰:"礼,朝廷不历位而相与言,不逾阶而相揖也。我欲行礼,子敖以我为简,不亦异乎?"

此章孟子之言,涉及他所认为的朝廷之礼,亦是当时礼仪的体现,即朝廷之上不历位而言,不逾阶而揖。

13.《孟子·离娄下》第二十八章:孟子曰:"君子所以异于人者,以其存心也。君子以仁存心,以礼存心。仁者爱人,有礼者敬人。爱人者人恒爱之,敬人者人恒敬之。……若夫君子所患则亡矣。非仁无为也,非礼无行也。如有一朝之患,则君子不患矣。"

孟子认为,君子当蹈仁行礼,使仁、礼常在心间,爱敬施于人,而人亦必以爱敬之心反之于己。此可见,孟子之"礼"更注重于德义层面的"礼",这也与孟子言"辞让之心礼之端""仁义礼智根于心"是相一致的。

14.《孟子·万章下》第四章:(孟子)曰:"其交也以道,其接也以礼,斯孔子受之矣。"万章曰:"今有御人于国门之外者,其交也以道,其馈也以礼,斯可受御与?"曰:"不可。《康诰》曰:'杀越人于货,闵不畏死,凡民罔不譈。'是不待教而诛者也。殷受夏,周受殷,所不辞也。于今为烈,如之何其受之?"

此章涉及孟子所见之交接之礼,亦可以见孟子重礼义的一面。

---

① 孙希旦:《礼记集解》,第265~266页。

15.《孟子·万章下》第六章:万章曰:"士之不托诸侯,何也?"孟子曰:"不敢也。诸侯失国,而后托于诸侯,礼也;士之托于诸侯,非礼也。"

此章涉及孟子所认为的诸侯之礼。

16.《孟子·万章下》第七章:万章曰:"敢问不见诸侯,何义也?"孟子曰:"在国曰市井之臣,在野曰草莽之臣,皆谓庶人。庶人不传质为臣,不敢见于诸侯,礼也。"……曰:"敢问招虞人何以?"孟子曰:"以皮冠。庶人以旃,士以旗,大夫以旌。以大夫之招招虞人,虞人死不敢往。以士之招招庶人,庶人岂敢往哉。……夫义,路也;礼,门也。"

此为孟子所认为的庶人之礼,依此礼,不挚质为臣不得见于诸侯。这里孟子所谓的"庶人"指不在官者,而庶人之挚用雉之属。据焦循之见,庶人所挚雉之属,包括挚羔、挚雁、挚鹜等来说的。① 其中亦涉及君召臣之礼,所谓虞以皮冠,庶人以旃,士以旗,大夫以旌。

17.《孟子·告子上》第六章:孟子曰:"恻隐之心,仁也;羞恶之心,义也;恭敬之心,礼也;是非之心,智也。仁义礼智,非由外铄我也,我固有之也,弗思耳矣。故曰:'求则得之,舍则失之。'"

此章可见孟子所认为之"礼",发于人的恭敬之心,体现孟子重于礼义的特点。孟子认为礼发于人的恭敬之心,故而为人所自有,并非由外在来赋予人的。

18.《孟子·告子下》第六章:(孟子)曰:"孔子为鲁司寇,不用,从而祭,燔肉不至,不税冕而行。不知者以为为肉也。其知者以为为无礼也。乃孔子则欲以微罪行,不欲为苟去。君子之所为,众人固不识也。"

此为孟子论君臣之礼的一个体现。孟子论君臣之礼的地方,可以说一般多是以孔子为例。孟子曾说,孔子是很重视君臣之礼的。在孟子的记述中,孔子能做到"进以礼,退以义"(《孟子·万章上》第八章)。此外在孟子的记载中还有一例是记载孔子之于君臣之礼的,在《孟子·万章下》第七章中,孟子与弟子万章的对话,万章问道:"孔子,君命召,不俟驾而行。然则孔子非与?"孟子回答:"孔子当仕有官职,而以其官召之也。"这一对话的意思是说,在孟子看来,孔子既然有了官职在身,则当按君臣之礼来行事。故而,当国君召见孔子时,孔子不俟驾而

---

① 参焦循:《孟子正义》,第720页。

行,这是合于君臣之礼的,并不为过。然而在这一章中,同样是孟子的记载,当孔子仕于鲁国时,因不受重用而离开鲁国,这亦在孟子所谓君臣之礼的范围内。孟子说"孔子为鲁司寇,不用,从而祭,燔肉不至,不税冕而行",在他看来,孔子虽为鲁司寇之职,然而当鲁国国君违背了君臣之礼时,孔子亦绝然地离开了鲁国,只是选择了鲁君不送祭肉之时作为离开鲁国的时机。不知孔子者,以为孔子是为了祭肉而离开的;知孔子者,则是明白君臣之礼的。孟子以孔子作为例子来谈论君臣之礼,并且论述了孔子在不同情景中对待不同的国君所采取的不同的反应,其区分之处亦在于对君臣之礼的把握。孟子还曾说:"孔子有见行可之仕,有际可之仕,有公养之仕也。于季桓子,见行可之仕也;于卫灵公,际可之仕也;于卫孝公,公养之仕也。"(《孟子·万章下》第四章)以此可证。

19.《孟子·告子下》第十章:孟子曰:"夫貉,五谷不生,惟黍生之。无城郭、宫室、宗庙、祭祀之礼,无诸侯币帛饔飧,无百官有司,故二十取一而足也。今居中国,去人伦,无君子,如之何其可也?"

由此章可见,孟子所言中原之国与边远的貉等蛮夷之地礼俗不同。貉无城郭、宫室、宗庙、祭祀之礼,无百官有司,礼简事少,是以可以将赋税定为二十取一。而中原之国礼仪完备,是以得有人伦之序,得行君子之道,故而仍需效尧舜以来什一而税,这样才足以行其礼制。

20.《孟子·告子下》第十四章:陈子曰:"古之君子何如则仕?"孟子曰:"所就三,所去三。迎之致敬以有礼,言将行其言也,则就之;礼貌未衰,言弗行也,则去之。其次,虽未行其言也,迎之致敬以有礼,则就之;礼貌衰,则去之。其下,朝不食,夕不食,饥饿不能出门户。君闻之曰:'吾大者不能行其道,又不能从其言也,使饥饿于我土地,吾耻之。'周之,亦可受也,免死而已矣。"

此章为孟子言君子入仕之礼,即所谓所就三、所去三。在孟子看来,君子入仕有三个条件可仕,若上能待之以礼,并且打算行其主张,则君子可仕,此其一。虽未打算行其主张,但尚能待之以礼,君子亦可就仕,此其二。最次者,在其国,不使冻饿致死,君子亦可接受救济,此其三。朱熹分别将此三种情况与孟子所言见行可之仕、际可之仕、公养之仕来相比附。①

---

① 见朱熹:《四书章句集注》,第347页。

21.《孟子·尽心上》第八章:孟子曰:"古之贤王好善而忘势,古之贤士何独不然?乐其道而忘人之势。故王公不致敬尽礼,则不得亟见之。见且由不得亟,而况得而臣之乎?"

此为孟子言士之礼,王公权贵待之不敬则不得亟见。这与后世所言尊君之礼志趣大不相同,从中尚可体现先秦时期士人所具有的独立之精神人格。

22.《孟子·尽心上》第二十一章:孟子曰:"君子所性,仁义礼智根于心。其生色也,睟然见于面,盎于背,施于四体,四体不言而喻。"

孟子视礼生发于心,且将礼与仁、义、智并列,为重礼义的表现。由此可见,孟子所认为的"礼"更多侧重于思想概念意义上的"礼",与仁、义、智、圣并列,而非泛泛地指现实中的礼仪范式。

孟子所论之"礼",不但涉及具体礼仪,也多有对思想概念意义上之"礼"的论述,可以看出孟子更为重于礼之义。上述诸章,有几条其中所论"礼"并不是指《礼》经,除此之外也有几处虽不言"礼"字,但却是涉及孟子论礼制的范畴。

第二节　孟子所论"礼"制

礼有泛称有专称,正如有论者曾将礼划分为四类:礼经学、礼仪学、礼论、泛礼学。上述孟子与"礼",既有具体行为规范的礼,又有一般意义上的礼。而就孟子与《礼》还有涉及论礼制的内容,其中孟子所论井田制度便属于这一范畴,影响后世较为深远。孟子所论井田制度等相关问题极具复杂性,且自古及今聚讼不一。

尽管"井田"二字是由《穀梁传》首先提出,但一般认为孟子是最早讲论井田的人,《孟子》中所谓"井地"即是指"井田"。长期以来,井田制被当作中国古代经济史领域的一个大难题来研究。前人对这一问题做过各种探索,乾嘉学派有过考证,五四学人有过质疑,唯物史学也有分析,然而这些涉及经济史、古史分期、生产关系、社会阶级等问题从不同角度进行的研究探索,都各有其特色和指向。若综合各种情境、各种立场的人所持井田制的林林总总的观点,人们可能更加困扰于何为井田制这一问题。对其探本溯源,来看孟子究竟如何论井田,将有助于

第四章 孟子与"礼""乐"

从源头理清问题。笔者认为,在孟子与礼制这一部分就此问题进行探讨,关键并不在于井田制究竟是怎样,也不在于井田制是否为历史事实的土地制度等,更重要的还要看其思想史意义,在于需认识到孟子言井田其实是一礼制问题,其中体现了孟子思想在礼制层面的架构。

孟子论田制、学校等制度,皆可归入"礼",然而,"礼"在早期儒家时期尚有两个层面,如荀子之言礼、礼义,更多在于规范人之行为,属在伦理纲常的范畴。然孟子言田制、学校等礼制,则在社会治理范畴,是思想学说应对社会现实在实施途径等层面的问题。

孟子并非只是论说心、性,人性的善恶有时并不是道德形而上学所能规范的。孟子同样也很重视符合早期儒家道德指向的政治制度与社会经济生活的规范作用,来辅助并引导其心性论的实用性。孟子清楚地意识到,人性问题并不是仅从静态的形而上的层面所能界定的,从而也关注到人性的动态辩证过程。如孟子所论"牛山之木"(《孟子·告子上》)、凶岁富岁子弟或赖或暴(《孟子·告子上》)、"求放心"等,皆关乎人性培育的问题。言性善、性恶是对性之本质的探索,这属于道德形而上学的范畴。然而现实社会中的人实际展现的人性面貌又是怎样,则是另一动态呈现的现实问题。孟子与滕文公谈如何治国时涉及井田、学校等方面的礼制创设问题,则属于孟子在现实层面规劝、引导社会民风以及涵养、培育人的善性等方面所作的努力。

孟子很重视社会、政治建设等方面,所论井田制就是关注社会、政治建设的一个体现,也是孟子思想中又一闪光之处,这在早期儒家中也是极为显著的,影响后世也较为深远。从对今文经学的影响上来看,一般认为《春秋》家和《公羊》都只是空言今文经学之义,并不多见具体制度。而今文经学的一套制度则多见于汉世礼家如两戴记之类的源于前代的著述中。孟子言井田,正是早期儒家中少见的一位言制度并试图努力施行于当世的思想家。在一定程度上说,故可将孟子目为直接影响到汉代今文经学多言制度的先驱人物。

论孟思想须要明了其深层之义。正如孔子所言,"吾欲载之空言,不若见诸行事之深切著明也",孟子亦然,所言之义又无不关涉于制度层面。可以说,不知其制,无以明其义,不知其义,亦无以知其制之所由创发。探讨孟子在礼制层面的论说,不可避开孟子所言之田制。

一、孟子对井田制的设想

"井田"之说较早见于《穀梁传》宣公十五年,"初税亩。初者,始也。古者什一,藉而不税。初税亩,非正也。古者三百步为里,名曰井田。井田者,九百亩,公田居一"①。然而一般认为是孟子最早较为详细地讲论井田之制。

虽然孟子没有明确提出"井田",在《孟子·滕文公上》中只是提到"井地"二字,其实是指井田。滕文公向孟子询问如何治国,孟子回答要重民事、使民有恒产、重视对民的教育。在孟子看来,所谓重民事、制恒产的措施之一就是要实行井地。孟子说:

> 夏后氏五十而贡,殷人七十而助,周人百亩而彻,其实皆什一也。彻者,彻也;助者,藉也。龙子曰:"治地莫善于助,莫不善于贡。"……夫世禄,滕固行之矣。《诗》云:"雨我公田,遂及我私。"惟助为有公田。由此观之,虽周亦助也。
>
> 夫仁政,必自经界始。经界不正,井地不钧,谷禄不平。是故暴君污吏必慢其经界。经界既正,分田制禄可坐而定也。夫滕壤地褊小,将为君子焉,将为野人焉。无君子莫治野人,无野人莫养君子。请野九一而助,国中什一使自赋。卿以下必有圭田,圭田五十亩。余夫二十五亩。死徙无出乡,乡田同井。出入相友,守望相助,疾病相扶持,则百姓亲睦。方里而井,井九百亩,其中为公田。八家皆私百亩,同养公田。公事毕,然后敢治私事,所以别野人也。(《滕文公上》)

孟子的这段话分成两部分,上半部分讲三代田制,下半部分针对滕国讲井田之法。文字中含有如下几层意思:第一,三代田制是不同的,夏是贡法,殷是助法,周是彻法。但是孟子已称"周人百亩而彻"的同时,又说"虽周亦助"。第二,在孟子看来,井田制度是实行仁政的一方面要求,是"致太平""王天下"的基础,而正经界又是实行井田制应首先注意的问题。第三,孟子向滕文公建议井田制时,讲到"请野九一而助,国中什一使自赋",可见有国、野之分,国中行彻法,即国中无

---

① 李学勤编:《春秋穀梁传注疏》,北京:北京大学出版社,1999年版,第204页。

公田、私田之分,一井九家各私百亩,各贡所收的十分之一。野行助法,有公田、私田之分,一井八家各私百亩,中为公田一百亩,八家共力耕作公田,公田所收归王室、诸侯。第四,孟子说"八家皆私百亩,同养公田,……所以别野人也",可知助法施行于野人所居,相应地可推知彻法施行于君子所居。而结合"野九一而助,国中什一使自赋"之言,知居于国者为君子,居于野者为野人。

　　就三代田制中所谓贡、助、彻而言,贡法、助法相对好理解,而彻法争议较多。孟子解释彻曰:"彻者,彻也。"彻法在孟子看来似乎是浅显易知的,但他的这一解释对后人来说已难以摸清头绪。后人对彻的注解大体有如下几种:彻解为取,以为彻取什一之产以为赋;彻解为通,以为周通用贡、助二法;将彻与贡、助之法视为一法等。① 此外,近人金景芳认为,"彻者彻也"前一彻字为贡、助、彻的彻,后一彻字为车辙的辙,意思是周人兼用贡、助二法,犹如车有两轮、辙有双轨。② 此又可备为一说,然而金景芳解彻为辙恐怕是不准确的,说周人兼用贡、助二法,那么孟子引龙子说"治地莫善于助,莫不善于贡"又如何解释呢?孟子的意思明显不是兼重贡、助二法的。笔者认为,彻有垦治的意思,彻田即治田,如《诗·大雅·公刘》"彻田为粮",毛传曰"彻,治也",郑笺云"度其隰与原田之多少,彻之使出税以为国用,十一而税谓之彻"③。周人于国中行彻法,于野行助法。彻只是相对于助而言的,彻田有自垦治田地之义,孟子言"周人百亩而彻",意思就是指各家分属田地,无分公田私田,一井九家各百亩田地,自耕自作,取所收的十分之一上交王室、诸侯。助为藉说,赵岐对此注为"藉者借也,犹人相借力助之也"④。可见,藉田有古代天子、诸侯征用民力耕种田地的意思,如《礼记·祭义》中"天子为藉千亩,……诸侯为藉百亩"。藉当是指农人定期或不定期要为公田赋劳役,此时应有公田、私田之说,亦如《诗》所言"雨我公田,遂及我私"。彻法无公田,国中之民自耕自作;助法有公田、私田之分,野中之氓共耕公田,公事毕而后治私田。这应是孟子言彻法之义。

---

①　参见齐思和:《孟子井田说辨》,载于《中国史探研》,石家庄:河北教育出版社,2003年版,第264页。

②　见金景芳:《论井田制度》,第33页。

③　《十三经注疏》,第542页。

④　李学勤编:《孟子注疏》,第134页。

在孟子看来井田制也是区别君子、野人的一种方法，如孟子说"将为君子焉，将为野人焉。无君子莫治野人，无野人莫养君子"，只是"无君子莫治野人，无野人莫养君子"之说不易理解。上述孟子所言中有国、野之别的说法，居于野的为野人，实行助法，野中井田制以八家为一井，共力耕作公田；居于国的为君子，实行彻法，国中井田制九家为一井，各贡奉所收的十分之一。国中亦行井田，那么为何说"无君子莫治野人，无野人莫养君子"呢？这涉及君子、野人之辨的问题，在一定程度上也相当于君子、小人之辨。如《论语·先进》孔子曰"先进于礼乐，野人也；后进于礼乐，君子也"，这里的君子就是与野人相对来说的。传统上讲君子、野人有两个维度的区分：一是从等级制度中的社会地位言，作为统治阶级的贵族称为君子，相对的作为劳动者的平民百姓则称为野人；另一维度是从道德上讲，具有好的品德则可称为君子，相对的则称为野人，或称小人。笔者认为，或许还有君子、野人之辨的第三个维度，方可理解孟子"无君子莫治野人，无野人莫养君子"之言。

所谓君子、野人之辨的第三个维度，是从《周礼》中所体现的军制而言的。孟子主张宗孔、从周，他向滕国建议的当是周制。我们通过看《周礼》中关于乡、遂、都、鄙田制的不同，可知彻、助并行，这也是孟子说"虽周亦助"的原因之一。周灭商之后，在殷人聚居地区仍然实行殷商旧制，周人聚居区则实行《诗·大雅·公刘》中所谓"彻田为粮"的彻法，故而孟子有"周人百亩而彻"，又有"虽周亦助"之说。于军制而言，《周礼》记小司徒之职："五人为伍，五伍为两，四两为卒，五卒为旅，五旅为师，五师为军。以起军旅，以作田役，以比追胥，以令贡赋。"①这样总计起来是一万二千五百人，与六乡之制相合，"令五家为比，使之相保；五比为闾，使之相受；四闾为族，使之相葬；五族为党，使之相救；五党为州，使之相赒；五州为乡，使之相宾"②。每乡一万两千五百家，每家役一人则正好与一个"军"的人数相等。正如蒙文通所认为的，遂找不出军制的痕迹，居住六乡的人当兵，居住六遂和都鄙的不当兵。③ 此说法有一定道理。《周官·地官·旅师》记旅师之职"掌聚

---

① 李学勤编：《周礼正义》，第276页。
② 李学勤编：《周礼正义》，第264页。
③ 参见蒙文通：《经学抉原》，上海：上海人民出版社，2006年版，第233页。

野之锄粟、屋粟、间粟",锄粟即野施行井田中的助法所收之粟。国中之君子当兵,而野人于井田中相助耕作,由"旅师"敛六遂之税,以补给军队征伐之用。故而孟子称"无君子莫治野人,无野人莫养君子"。古人亦有称士兵为君子的习惯,《诗》中就有不少这样的例子,如《诗·小雅·采薇》"我戍未定,靡使归聘。……王事靡盬,不遑启处。……彼路斯何?君子之车。戎车既驾,四牡业业"①,表现的就是戍役的戎马场景,"君子"即为王事而征战四方的国人。《诗·王风·君子于役》"君子于役,不知其期。……君子于役,不日不月"②,亦以"君子"称之,表现的是国人出征在外而不知归期。另外,《国语·吴语》称越王"以其私卒君子六千人为中军"③,"君子"也是指士兵。从君子、野人之辨的这一维度来看,孟子言"无野人莫养君子"理解起来更贴切、顺畅。

二、孟子言井田属于礼制范畴

孟子所言井田制属于礼制的范畴,然而不同于《周礼》中所载,也不同于汉代今文经学家所言。

一般认为,孟子是最先讲论井田制度的人。孟子的井田说并非凭空思想出来的,但后人有所怀疑,尤其是近代。有人认为孟子的井田思想是他虚构出来的一个理想,在现实中是不存在的。持此说者判断的理由一般来说是苛刻的、凭自己臆想的一些因素,如认为"豆腐干块"式土地划分在现实中是不可能的。须明白孟子仅言其"大略",在与毕战的谈话最后孟子说"若夫润泽之,则在君与子矣",其意并不是让人机械地照所说的那样做。孟子引《诗》以证,说"由此观之,虽周亦助也",又说"诸侯恶其害己也,而皆去其籍"。此亦可说明孟子之时这一制度已经崩坏已久,孟子只不过闻知其大略而已。滕文公向孟子问为国、井田,孟子是在这种情况下说出井田之制的,同样可推知战国时已几乎没有这种制度的踪迹了,至少滕文公等人是不知道其具体情形的。但井田制并不是出于思想家的理想的产物,而是曾经有其施行的社会、自然环境,犹如西方以议会为中心

---

① 朱熹:《诗集传》,第 123 页。
② 朱熹:《诗集传》,第 50 页。
③ 徐元诰:《国语集解》,第 560 页。

的民主制度,是在几万人口的城邦国家自然形成的。孟子论井田,也不是凭空虚设出一个制度,而是就三代井田制的一种阐述。《孟子·万章下》北宫锜问:"周室班爵禄也,如之何?"孟子曰:"其详不可得闻也。诸侯恶其害己也,而皆去其籍。然而轲也,尝闻其略也。"从中也可看出先代礼制在战国时期的命运及孟子对井田制的认识。战国时诸侯混战,皆厌恶先代礼制的束缚,纷纷打破,致使当时像孟子这样的大儒都已不得其详,像井田、周王室班爵禄等礼制皆在不知其详之列。然而诸如井田制等礼制在战国时期社会中尚有其影子,不然滕文公以一国君主身份如何轻易相信孟子所言井田之法?笔者认为,孟子所言井田思想渊源自周代礼制,将其与《周礼》中相关记载相较,可知孟子是对周代礼制的一种损益继承。所不同的是,周代所实行的井田制是区别周民与殷商后裔的土地制度,而孟子所言井田制则发展成制民之产、养民教民的政治经济政策,是一种经济平等思想的反映。

笔者认为孟子所言井田属于礼制的范畴,不仅仅是出于泛礼学的认识。所谓泛礼学是指把礼视为无所不包的社会生活的总规范。皮锡瑞《经学通论·三礼》曾说"六经之文,皆有礼在其中,六经之义,亦以礼为重"。曹元弼《礼经学》卷四《会通》也曾说:"六经同归,其指在礼。《易》之象,《书》之政,皆礼也。"这都是将礼学泛化的一种表现,同时也指出儒家思想的核心宗旨问题——六经之义在于教化,儒学所言重于治道。无论孔、孟、荀,还是汉、宋儒学,抑或当代新儒家一系,其指归皆在于治道、教化。当代新儒家们所言"内圣",讲心体性体、"灵魂拯救"等,最终努力也无不是要致力于"外王"。回到孟子来说,孟子是极重视制度层面的努力的,对滕文公提出井田、学校的制度问题。尽管他说了许多关于"性善""养吾浩然之气""求放心"之类的心性层面的问题,但可以说孟子是早期儒家中极少见的切实将自己的理想化的礼制思想应用于实际社会的一位。也可以说,孟子的这种努力对汉儒的影响更大、更直接,单以井田制而言,后世皆没有跳出这一礼制设想的范畴,如王莽实行的王田制也是井田制的一种,只是表面上是仿效《周礼》而来。甚至到孙中山"平均地权"的思想也可说在孟子井田思想的影响之内。儒家是通过德治、仁政、王道等治国理念的推行,来实现天下为公的大同理想。而德治、仁政、王道的推行又是以"礼制""礼治"的具体模式来实施的。

第四章 孟子与"礼""乐"

儒家对礼的重视体现了对制度的重视,所追求的礼治社会就是一种制度化社会。

孟子的井田思想当来源于三代田制的一种历史影响。通过《周礼》中的相关记载,可以得知周代田制的一些面貌。《周礼·地官·小司徒》记载"乃经土地而井牧其田野",这里井牧田野就是指在平坦之地划分井田之意。《周礼·地官·遂人》记遂人之职说:"掌邦之野。……凡治野,以下剂致甿,以田里安甿,以乐昏扰甿,以土宜教甿稼穑,以兴锄利甿,以时器劝甿,以强予任甿,以土均平政。"①对于"甿"字,郑玄注为"变民为甿,异外内也",意为国中之民称民,野之民称甿。"锄"即助,指周制野中井田之法实行助法。遂人之职即掌管野之甿的土地均平、稼穑耕作以及助法赋税等问题。孟子也曾提到"虽周亦助",即是针对野而言的。殷人的田制原是实行助法的,周人灭殷以后,在殷人的聚居地区仍然实行殷代的旧制,而在周人聚居地区则实行新的田制,即彻法。对此,蒙文通认为殷人聚居地区即六遂在洛阳,周人聚居地区即六乡在长安,乡遂异制的做法是周人处理被征服部族的办法。进而,蒙文通说:"《孟子》《周官》所说历史上的井田制度绝不是什么'王天下''致太平'的理想制度,而是征服者统治被征服部族的极不平等的种族歧视政策的反映而已。"②笔者认为,蒙文通视周代乡遂异制是周人处理被征服部族的办法可谓独到之见,然而此说在周代尚可,不可把《孟子》所说的井田制度也归入此类种族歧视之说。孟子向滕文公言井田制,定不是作为种族歧视的政策来说的,因为战国时期的社会情况已经完全不同于西周初期克殷后实行民族分制政策的社会形势。在孟子看来,井田制恰是"王天下""致太平"的理想制度,是涉及治民养民之法,体现孟子礼制思想在政治层面的构设与影响。

杨宽在20世纪五六十年代曾用民族史、人类学的研究方法与成果来探讨这一问题,认为井田制是一种村社制度,而不仅是社会劳力的工作单位和赏赐诸侯士大夫的报酬单位。③《国语·鲁语下》记述孔子论"先王制土"说:"籍田以力,而砥其远迩;赋里以入,而量其有无。……有军旅之出则征之,无则已。其岁收,田

---

① 李学勤编:《周礼注疏》,第390~391页。
② 参见蒙文通:《孔子与今文学》,收于其《经学抉原》,第234页。
③ 杨宽:《试论中国古代的井田制度和村社组织》,载于其《古史新探》,北京:中华书局,1965年版,第111~134页。

一井出稷禾、秉刍、缶米,不是过也。"①其中谈到征收军赋时,以"井"为单位来计算。

孟子以后的今文经学家所说的井田制度皆不同程度地受到孟子井田思想的影响,在文献中的表现有许多处,如:

《公羊传》宣公十五年解诂:"圣人制井田之法而口分之,一夫一妇受田百亩。"②

《春秋繁露·爵国篇》:"以井田准数之。方里而一井,一井而九百亩,……方里八家,一家百亩,……率百亩而三口,方里而二十四口。……方百里为方里者万,得二十四万口,法三分而除其一。"

《汉书·刑法志》:"殷、周以兵定天下矣。天下既定,戢臧干戈,教以文德,而犹立司马之官,设六军之众,因井田而制军赋。地方一里为井,井十为通,通十为成,成方十里;成十为终,终十为同,同方百里;同十为封,封十为畿,畿方千里。有税有赋,税以足食,赋以足兵。"③

《汉书·食货志》:"理民之道,地著为本。故必建步立亩,正其经界。六尺为步,步百为亩,亩百为夫,夫三为屋,屋三为井,井方一里,是为九夫。八家共之,各受私田百亩,公田十亩,是为八百八十亩,余二十亩以为庐舍。出入相友,守望相助,疾病相救,民是以和睦,而教化齐同,力役生产可得而平也。"④

孟子所言井田制,从对后世的影响上来看尚有许多体现。《礼记正义》引卢植云:"汉文皇帝令博士诸生,作此《王制》之书。"《王制》篇中,制禄爵关市等文,多取自《孟子》。

孟子言井田制度,对《韩诗外传》的影响也是很大的。韩婴根据孟子"出入相友,守望相助"(《滕文公上》)等言语,把井田制说成是"八家相保,出入更守,疾病相忧,患难相救,有无相贷,饮食相召,嫁娶相谋,渔猎分得。仁恩施行,是以其民和亲而相好"⑤。韩婴把井田制视为上古曾经实行过的美好的土地制度,并且十

---

① 徐元诰:《国语集解》,第206~207页。
② 李学勤编:《春秋公羊传注疏》,北京:北京大学出版社,1999年版,第360页。
③ 班固:《汉书》,第1081页。
④ 班固:《汉书》,第1119页。
⑤ 屈守元:《韩诗外传笺疏》,成都:巴蜀书社,1996年版,第386页。

分肯定了孟子井田制度的论述。虽然韩婴所肯定的孟子言井田之制还停留在对经典的解说层面,但也可以说是孟子井田思想的充分继承。

孟子所言井田制度对汉代的影响,通过检视《盐铁论》的记载,亦可见其对贤良文学之见的影响。《盐铁论》载贤良文学应对丞相御史,在一定程度上也可以说是多本于《孟子》所言。在汉昭帝时举行的盐铁会议,据《盐铁论》所载,这些贤良、文学在会上提出"理民之道,在于节用尚本,分土井田而已"①的说法,并认为依古制"制地足以养民,民足以承其上。千乘之国,百里之地,公侯伯子男,各充其求赡其欲"②,其主张是恢复古时"十一而藉"的"助"法,而反对当时御史所提出的三十税一,田虽三十税一"而以顷亩出税,乐岁粒米狼戾而寡取之,凶年饥馑而必求足"③的"贡"法。而贤良、文学的这些观点可以说是承继孟子的。

以上所展现的井田制度,已是通国皆井、通国皆兵。这样一来已经没有了乡、遂、都、鄙之别,也不是助、彻并行了。在笔者看来,《周礼》中所载井田制的情形对孟子产生一定影响,但孟子所言井田与周代不同,是孟子对其进行了理想化的改造。而今文经学家所谓的井田制度正是受了孟子井田思想的影响,使孟子赋予井田制以一种经济平等思想的特征反映更加明显。

孟子的井田制度,是经过他理想化之后才提出来的。单纯看孟子的井田思想,与上古历史是否有这一制度及这一制度究竟怎样并无必然关联。以上为孟子所论井田之制的具体情况,以及与《周礼》等典籍的异同之处。相对《公羊》《穀梁》《韩诗外传》《汉书·食货志》等,孟子所论当为其祖,深深影响并启发了这些典籍中相关的观点。

孟子曾提到"粟米之征、布缕之征、力役之征",孟子反对三征俱发的横征暴敛之行。因而可以说孟子言井田之制暗含着他的理想,即要去土地兼并、去横征暴敛、去贫富分化。孟子本着抑兼并、薄税敛、保民而王的思想以言井田。孟子提倡的井田制,有公田、行助法,人民自然可以有百亩恒产。上述是对民而言。对君子而言,则是与制禄和圭田相关的。君子食禄由公田供给,不制田。或分圭

---

① 王利器:《盐铁论校注》,北京:中华书局,1992年版,第29页。
② 王利器:《盐铁论校注》,第171页。
③ 王利器:《盐铁论校注》,第191页。

田,以供祭祀之用。对于税率问题,孟子认为当效尧舜之制,什一而赋。与什一相比,轻也不是,重也不是,且被孟子斥为貉道。

孟子所言田制,其实是属于礼制的范畴。孟子就田制的论述对后世礼制的影响是深远的。其中还涉及关于公田与庐舍面积的问题,亦成为后世议论焦点。《穀梁传》中记载:"古者公田为居,井灶葱韭尽取焉。"①其中首先提出公田之中居住人,有庐舍及其旁边的菜地。此后《韩诗外传》中也有记载,说:"家为公田十亩,余二十亩共为庐舍。各得二亩半,八家相保,出入更守,……《诗》曰:'中田有庐,疆场有瓜。'"②《韩诗》中所言则将庐舍集中于公田之中,每家二亩半,并且以《小雅·信南山》之诗为证。朱熹对"中田有庐,疆场有瓜"一句注云:"一井之田,其中百亩为公田。内以二十亩,分八家为庐舍,以便田事。于畔上种瓜以尽地利,瓜成,剥削淹渍以为菹而献皇祖。贵四时之异物,顺孝子之心也。"③朱熹解之为庐舍在公田之中,公田内二十亩分为八家庐舍,各得二亩半,以方便田事。朱熹此说亦是承袭了孟子之说,而与《韩诗》也是相一致的。而就孟子所言"五亩之宅"的说法,朱熹也有一种解法,同样是承继了孟子井田之制。就《诗·豳风·七月》言"我稼既同,上入执宫功"一句,朱熹注云:"同,聚也。宫,邑居之宅也。古者民受五亩之宅,二亩半为庐在田,春夏居之;二亩半为宅在邑,秋冬居之。"④朱熹言古者民受五亩之宅,此与《孟子》中所记是相一致的,只是朱熹进而解二亩半为庐舍在公田之中,另有二亩半之宅在邑。此亦可见孟子之论对后世礼制的影响,朱熹之注大体不出孟子之意。而在上引《汉书·食货志》中所述,亦可见班固沿袭了韩婴之说,云:"八家共之,各受私田百亩,公田十亩,是为八百八十亩,余二十亩以为庐舍。"其后,何休在他的《公羊解诂》中说道:"一夫一妇受田百亩,……公田十亩,……庐舍二亩半,凡为田一顷十二亩半,八家而九顷,共为一井,故曰井田。庐舍在内,贵人也;公田次之,重公也;私田在外,贱私也。"⑤何休为公羊学家,重于阐发经义,而上引何休所言则有明显的解经痕迹,以"贵人""重公"

---

① 李学勤编:《春秋穀梁传注疏》,第205页。
② 屈守元:《韩诗外传笺疏》,第386页。
③ 朱熹:《诗集传》,第181页。
④ 朱熹:《诗集传》,第107页。
⑤ 李学勤编:《春秋公羊传注疏》,第360页。

来解。

《国语·晋语》曰:"公食贡,大夫食邑,士食田,庶人食力。"韦昭注"士食田"为"受公田也"。可见,公食贡就是指的乡井田制,无公田之分,九家各自耕种,将收获的十分之一上交,即是公所食之贡的来源。大夫以上有采邑,而士只有靠公田所收又返发给士作为俸禄。而公田所收,指的是遂井田之制,一井九百亩,八家各分百亩私田,同耕百亩公田,而公田之所入悉数上交,是所谓士俸禄的来源。《孟子·万章下》"大夫倍上士,上士倍中士,中士倍下士,下士与庶人在官者同禄,禄足以代其耕也",可看作是士当时已无田可耕的体现,也是大夫及士各等级之间所领俸禄的差别。

因而,《周礼》中所载井田制的情形对孟子产生一定影响,但孟子所言井田又与周代不同,孟子对其进行了理想化的改造。而后世今文经学家所谓井田制度又是受到孟子井田思想的影响,使孟子所赋予井田制一种经济平等思想的特征反映更加明显。孟子言井田之制暗含着他的理想,即去土地兼并、去横征暴敛、去贫富分化。笔者认为,在一定程度上可以说孟子是本着抑兼并、薄税敛、保民而王的思想为出发点以言井田。井田虽非孟子所创,然而孟子对井田制却又有进一步创设性的论述,这对后世影响深远。而其本身及其影响又无不映射于礼制之中。因而又可以说孟子言井田实为其礼制创设的体现。

三、孟子言井田的原因

既已提出孟子言井田之制为其礼制创设的一点体现,则不可不探究孟子这一礼制创设背后的思想性及文化意义。既为礼制创设,那么礼制背后无疑蕴含有论述者的意愿指向。就孟子何以言说井田之制,传统讲法多为:主张薄税敛,使取民有制;抑兼并,使分地须均。除此之外,笔者以为尚有几点亦需指出,以期对孟子主张实行井田制再作进一步的思考。

孟子言井田之制,其原因之一在于讥当世无王政、乱治道。孟子将井田制度视为达致王道的途径。孟子说:"夫仁政,必自经界始。经界不正,井地不均,谷禄不平。是故暴君污吏,必慢其经界。经界既正,分田制禄,可坐而定也。"在孟子看来,井田制并非孤立的一套田制,而是与其致王道仁政的理想相合的,涉分田、治禄、除暴政去污吏等一系列制度内容。虽然后世也有论者将孟子的井田制作为一种理想设计，并与郑子产整治都鄙使庐井有伍、管仲五鄙之法使井田畴均视为同是一种济时的政策，但亦不可忽视井田制度背后孟子欲达致王道理想的思想意蕴。在孟子所言井田制的预设中，平谷禄与制民恒产是不可分离的，谷禄如何得以平？即在均井田，正经界，君子治理野人，世食禄于公田，此为适用于遂之制。野人耕作者，所耕以百亩为标准，除助耕公田以养君子之外，不再负担其他名目的苛税。经界既正，井地既均，分田、制禄既定，私人的争夺兼并则可不发生，从而民可以死徙无出乡，如此一来社会秩序清平，民不迁而农不移。

然而，称孟子所言井田制为一种理想设计亦不无道理。孟子说"暴君污吏必慢其经界"，经界不正、暴政横行已是孟子所处时期社会上多有发生的问题。这也是井田制在孟子时期之所以不行于世的原因之一。同时也是孟子言井田之深意所在，在于讥当世之无王政、乱治道。

孟子言井田之制，其原因之二在于当时尚还存在土地荒芜问题。后世皆以为井田制崩坏的原因之一是由于生民日众，而土地有限，有力者巧取豪夺土地，是谓孟子言"暴君污吏必慢其经界"，贫弱者无恒产可作。此说一直流行于后世，殊不知与此同时尚有另一问题存在着，即土地荒芜的问题。一说生民日众、土地有限、暴政巧夺，一说战争之乱、土地荒芜，二者看似冰炭不两立。然而孟子所处战国时期，战乱持续不断，土地荒废的现象却也是时有出现。如《管子·五辅》："不能为政者，田畴荒而国邑虚，朝廷凶而官府乱。"①鉴于《管子》一书成书问题的复杂性，且有人认为《五辅》篇作于战国时期，甚至将此篇确定为作于公元前318年至公元前283年之间。②虽然笔者未必认可这一确切年代的说法，但将《五辅》篇中所言视为对战国时期的记载，或并不为过。《荀子·富国》："故田野荒而仓廪实，百姓虚而府库满，夫是之谓国蹶。"③其中同样可以体现战国时期田地荒芜的问题。《商君书·农战》"夫民之不可用也，见言谈游士事君之可以尊身也，商

---

① 黎翔凤：《管子校注》，北京：中华书局，2004年版，第192页。
② 参见吴显庆：《论〈霸言〉〈五辅〉〈君臣上〉〈形势解〉篇的成书年代和学派倾向——与〈管子新探〉作者商榷》，《南京师大学报（社会科学版）》，2000年第2期，第31～36页。
③ 王先谦：《荀子集解》，第195页。

贾之可以富家也,技艺之足以糊口也。民见此三者之便且利也,则必避农。……故其民农者寡而游食者众,众则农者殆,农者殆则土地荒"①。以上所引文献皆论及土地荒芜问题,从中亦可见土地荒芜与垦治并非一治一乱呈规律出现的,而是关乎为政治理的问题并且是一直存在的社会现象。商鞅与孟子基本在同一时期,《商君书》中展现出土地荒芜的问题在他们所处时代应当说是存在的。事实上,孟子也曾论及这一问题,在《孟子·告子下》第七章中有言:"入其疆,土地荒芜,遗老失贤,掊克在位,则有让。"而土地荒芜的原因是多样的,上引资料也已涉及几点,如"不能为政"等人为因素造成的,即暴政横征产生的土地荒芜;也有"丧本逐末"造成的,所谓"本"指事农,"末"指尚清谈、崇商、尚技艺等。当然,除此之外还有频繁的战争,人民或战死或迁移不定,无力、无心为农,则也导致土地荒芜的问题出现。除人事、人祸之外,当然也会有天灾的因素在。在一定程度上可以说这些既是井田废弃的原因之一,同样也是孟子言井田的原因之一。孟子言井田,务于使民人安居辟土,进而施行王者之政,即行其仁政。

孟子言井田之制,其原因之三在于其中蕴含孟子关于救济贫民、孤弱的主张。孟子言"所谓西伯善养老者,制其田里,教之树畜,导其妻子,使养其老"。可见,孟子关于救济贫民、孤弱的主张也包含在所言井田制之中。

孟子说:"是故明君制民之产,必使仰足以事父母,俯足以畜妻子,乐岁终身饱,凶年免于死亡,然后驱而之善,故民之从之也轻。今也制民之产,仰不足以事父母,俯不足以畜妻子,乐岁终身苦,凶年不免于死亡,此惟救死而恐不赡,奚暇治礼义哉!"(《孟子·梁惠王上》)在孟子看来,政治上最重要的事就是给人民以足够的土地,使他除养活自己外,还可以养活父母、妻子,这样教化人民就很容易了,所谓"驱而之善,故民之从之也轻"。如果人民的土地不足,就不能生活下去,"救死而恐不赡",因此失去"恒心",就要"放辟邪侈",甚至"犯上作乱",天下就会大乱了。孟子的井田思想,目的也就是要"制民之产"。孟子主张"制民之产",即实行井田制。他说:"若民,则无恒产,因无恒心。苟无恒心,放辟邪侈,无不为已。……五亩之宅,树之以桑,五十者可以衣帛矣。"(《孟子·梁惠王上》)这同样是体现孟子关注生民养民之处。

---

① 蒋礼鸿:《商君书锥指》,北京:中华书局,1986年版,第25~26页。

井田制度是西周时代经济、政治制度的一个中心,因为井田制不仅关乎分田制禄、重土安民之用,而且还涉及世禄、军制等一系列其他周代礼制。孟子提倡井田制,或也有借鉴其他周制的要求,所以在《孟子》书中也常常谈到周代礼制。比如,《梁惠王下》中,孟子说:"昔者文王之治岐也,耕者九一,仕者世禄,关市讥而不征,泽梁无禁,罪人不孥。"孟子的眼光始终集中在人民的生活上,他认为只要解决了人民的经济问题,政治问题方面也相应地容易解决了。孟子思想中所涉及的周代礼制,也就是所谓"王道",主要是井田制度、什一而税和分土世禄等制度。孟子在向滕文公谈井田制时,试图将这一系列"王道"之制施行于滕国,而这些努力皆出于孟子济民救世的需求。

后世之人也多有重新论及井田等田制者,或多或少亦是出于关注民生、意欲富民的考虑。《颜元年谱》记颜习斋对张文升说:"如天不废予,将以七字富天下:垦荒,均田,兴水利;以六字强天下:人皆兵,官皆将;以九字安天下:举人才,正大经,兴礼乐。"①颜习斋以力行闻名,视读书为"吞砒(霜)"。他认为富天下在于农,强天下在于兵,所谓在农之事,则重在土地,垦荒、均田,皆可类比于孟子所言井田。他意在追求富民、强天下,也是关乎救民济世之愿。观前人思想,无论是两千多年前的孟子,还是后世某一时期之人,有志于富民者,多重视田制,故而井田也时常被提起。王莽、王安石、张居正、颜元,以及近世五四时期也有一些人重又论及井田,这些主张中从主观上讲多有类于孟子济民救世之愿者。

孟子言井田之制,其原因之四还在于欲以正君子、野人之别。孟子曾有言:"夫滕壤地褊小,将为君子焉,将为野人焉。无君子莫治野人,无野人莫养君子。请野九一而助,国中什一使自赋。卿以下必有圭田,圭田五十亩。余夫二十五亩。死徙无出乡,乡田同井。出入相友,守望相助,疾病相扶持,则百姓亲睦。方里而井,井九百亩,其中为公田。八家皆私百亩,同养公田。公事毕,然后敢治私事,所以别野人也。"(《孟子·滕文公上》)在孟子看来,君子、野人之别是关乎国富民强、社会清平的重要问题。孟子向滕文公建议实行井田制,并且明确说在于别君子、野人。民不迁而农不移,乡田同井,人民出入相友,守望相助,则可达到百姓亲睦,社会清平。孟子欲别君子、野人,在一定程度上也相当于君子、小人之

---

① 李塨:《颜元年谱》,北京:中华书局,1992年版,第67~68页。

辨。如《论语·先进》孔子曰"先进于礼乐,野人也;后进于礼乐,君子也",这里的君子就是与野人相对来说的。如上文已述,君子、野人有三个维度的区分,孟子言井田之制,其中含有正君子、野人之别的用意,关乎社会秩序的维持与运行。民不迁而农不移,是以乡田同井,人民出入相友,守望相助,从而可达到百姓亲睦、社会清平之境。

一般而言,后人多认为孟子是明确提出井田制的第一人。而就孟子言井田之制,在一定程度上可认为有对三代田制的理想创设部分,涉及一系列礼制内容。我们在探讨孟子论井田制的同时,其礼制背后所蕴含的思想史意义也更值得探求。孟子所言井田制,可以说其义关涉早期儒家对"礼"的认识,从礼义层面来探讨孟子与"礼"的关系问题,对于疏解孟子通经之义同样有所帮助。孟子通经问题,这里所谓的"经"当并非仅为后世所言文献学意义上的经,而且还在于作为大经大法、治道之载体的经。孟子言井田之制,明于王道、治道,故而孟子当是通于这一意义层面上之"经"。

孟子言井田之制,其义亦在于孟子欲在礼制中存养人的善性,为人的善性的生发创造好的环境。孟子并不仅仅只是论说心、性之善,同时他也早已意识到人性之善有时并不是道德形而上学所能规范的。他也很重视符合早期儒家道德指向的政治制度与社会经济生活的规范作用,来辅助并引导其心性之论。换言之,孟子清醒地意识到人性并不是仅靠静态的形而上学所能解决的问题,而且关注到人性的动态辩证过程。如在下面引述的孟子之言中,明显地体现出关乎人性培育的问题。《孟子·告子上》记载:

> 孟子曰:"牛山之木尝美矣,以其郊于大国也,斧斤伐之,可以为美乎? 是其日夜之所息,雨露之所润,非无萌蘖之生焉,牛羊又从而牧之,是以若彼濯濯也。人见其濯濯也,以为未尝有材焉,此岂山之性也哉? 虽存乎人者,岂无仁义之心哉? 其所以放其良心者,亦犹斧斤之于木也,旦旦而伐之,可以为美乎? 其日夜之所息,平旦之气,其好恶与人相近也者几希,则其旦昼之所为,有梏亡之矣。梏之反覆,则其夜气不足以存;夜气不足以存,则其违禽兽不远矣。人见其禽兽也,而以为未尝有才焉者,是岂人之情也哉? 故苟得其养,无物不长;苟失其养,无物不

消。孔子曰：'操则存，舍则亡；出入无时，莫知其乡。'惟心之谓与？"

所言性善、性恶是对性之本质的探索，应当说这属于道德形而上学的范畴。然而现实社会中的个人实际展现的人性面貌是怎样的，这又是另一动态的现实问题。孟子对井田、学校等礼制论说与制度创设，则属于孟子在现实层面规劝、引导人性与民风等方面所做的努力。

孟子言井田之制，其义还在于他要在礼制的创设中引导社会、人生走向完善。

如《孟子·告子上》记载：

> 孟子曰："富岁，子弟多赖；凶岁，子弟多暴，非天之降才尔殊也，其所以陷溺其心者然也。今夫麰麦，播种而耰之，其地同，树之时又同，浡然而生，至于日至之时，皆熟矣。虽有不同，则地有肥硗，雨露之养，人事之不齐也。故凡同类者，举相似也，何独至于人而疑之？圣人与我同类者。"

依据赵岐的注解，孟子所言之意是说，在丰收的年岁里人民多能表现出善性来，而在发生饥荒的年岁里人民多是表现出强暴凶恶的一面来。这种善与恶的差异，并不是因为天生资质的不同，而是环境因素影响的，其中就涉及社会运行机制中的田制等因素的影响。孟子言井田，目的在于推行他分田制禄的仁政主张，要"正经界"，所以孟子说："夫仁政，必自经界始。经界不正，井地不钧，谷禄不平，是故暴君污吏必慢其经界。经界既正，分田制禄可坐而定也。"孟子所言井田制，正是针对社会礼制创设中的这一重要方面，其意义是要在礼制创设中引导社会、人生走向完善。

孟子言："君子所性，仁义礼智根于心。"在孟子看来，礼是人性的组成部分，是一种内在性的存在。在孟子思想中，礼在思想层面又是同仁、义、智三者一起根植于人的内心之中的。因而，孟子所言井田之制，向内来说合于人性之善，向外来说合于社会之制，此为孟子深通于"礼"之精义的体现之一。

第三节　孟子重于礼义

近人也有论及孟子之礼学者,多是在一般意义上宗法之礼而言之。① 其实孟子在具体的礼仪规范,以及更为重要的是在社会礼制层面也多有诉求。孟子所论之礼,不但涉及具体礼仪,同时也涉及社会礼制。通过上述两节的论述也皆可体现出孟子在礼仪、礼制不同层面的要求。

孟子所论之礼是与其尚贤主张相一致的。从一般意义上而言,礼属于宗法等级制度的大范畴,其宗法等级性是其主要的表现。孟子言礼之处,其中有部分是与他的尚贤主张相一致的。孟子曾提到"贵德而尊士,贤者在位,能者在职"(《孟子·公孙丑上》),亦曾期望能够达到"尊贤使能,俊杰在位"(《孟子·公孙丑上》)的境地。孟子的这些说法,推重贤能之士从而使俊杰在位,从表面上看似乎是对社会的宗法等级有一定的冲击性,其实则不然。因为,孟子也曾说道"国君进贤,如不得已,将使卑逾尊,疏逾戚,可不慎与"(《孟子·梁惠王下》)。由此可见,孟子在论及尚贤的问题时,亦无不顾及社会的尊卑等级,因而可以说孟子主张尚贤的同时,也对礼的宗法性、等级性有所申重。尤其是在进贤之时,孟子认为应当先在尊者、亲者的范围内进行,原则上是要维护尊卑、亲疏的界线的。他也曾言"用上敬下,谓之尊贤"(《孟子·万章下》),可体现孟子亦关注于上下等级之限定。在孟子思想中,尚贤亦符合礼的要求。此可见孟子所论之礼,与其尚贤主张是相一致的。

我们说孟子所论之礼,与孟子的尚贤主张是相一致的,还可从另一角度来看这一问题,即孟子批评杨朱"为我"、批评墨子"兼爱"。孟子曾言:"杨氏为我,是

---

① 近年来,有学者论及孟子之礼学,如夏当英、陆建华《孟子之礼学》一文(见于《社会科学战线》2006 年第 2 期)。夏、陆之文指出孟子强调礼的宗法等级性,肯定礼的政治价值和人生价值,用礼区别人与禽兽以及君子与小人;又从人性与心的角度论及礼的内在性。这些可以说都是在一般意义上来言孟子之礼的。此外,夏、陆之文亦曾涉及孟子所述之具体礼仪,如丧礼,即孟子所否厚葬、三年之丧的问题。除此还有梅珍生《论孟子的礼学思想》一文[见于《湖南大学学报(社会科学版)》2003 年第 2 期]。他在文章中认为孟子致力于礼义之辨,从"敬"的角度论说,认为孟子强调的是本质之礼,即注重于礼义,高扬人的道德自觉意识与生命意识。

无君也;墨氏兼爱,是无父也。无父无君,是禽兽也。"(《孟子·滕文公下》)孟子批评杨朱、墨子无父无君,就是站在礼的宗法等级性这一角度而言的。在孟子看来,杨朱宣扬"为我"是过于关注于自我利益,从而漠视自己在社会等级结构中的地位与责任,是对礼所规定的"尊尊"原则的破坏。而墨子所宣扬的"兼爱",视人之亲若己之亲,则是漠视社会宗法结构中的亲疏远近关系,是对礼所规定的"亲亲"原则的破坏。孟子对杨、墨的批评,是出于对"尊尊、亲亲"之礼的维护与推重来进行的。孟子认为,杨朱"为我"是无君,是乱了君臣之礼;墨子"兼爱"是无父,则是乱了亲疏远近。杨、墨之行,这些在孟子看来是"禽兽"之行,是违背于他所体认的礼的。因而也可以说,孟子所论之礼,也应从人与禽兽之别的维度来审视。孟子曾言"人之所以异于禽兽者几希"(《孟子·离娄下》),人与禽兽的差异就在于那么一点点。在孟子看来,这一点就在于人心之上。孟子认为"仁、义、礼、智根于心",及其所谓四心、四端之说,认为"礼"发端于辞让之心,从而弥合内、外差异。孟子是从深层来论礼之义,即关注于人心的一点上。礼既包括外在的威仪、礼仪,又包括内心的敬畏、诚敬,两者共同统一于礼之中。孟子把"礼"归于人的辞让之心,关注于人与禽兽的那一点差异之处,落实于人心之上,从而亦可以说礼在孟子那里就直接提升到道德主体的高度。因而,我们说孟子注重于礼之义。

此外,孟子也曾论及丧礼,而孟子对丧礼的谈论亦是从重视礼之义的角度而言的。孟子对丧礼的谈论见于《孟子·滕文公上》第二章孟子答然友之问,孟子说"诸侯之礼,吾未之学也;虽然,吾尝闻之矣。三年之丧,齐疏之服,飦粥之食,自天子达于庶人,三代共之"。孟子虽然说自己不曾学诸侯之礼,但不可就此认为自己不懂"礼"学。此可看作是孟子的谦辞,面对然友来询问滕定公的丧礼事宜,或是对具体的丧礼礼仪并不能说得清楚明了,故有此言。然而孟子就丧礼相关的问题亦曾闻之于师命或时人,在他看来三代以来皆实行"三年之丧"。孟子也曾说"不能三年之丧,而缌小功之察;放饭流歠,而问无齿决,是之谓不知务"(《孟子·尽心上》),由此亦可看出孟子对当时之人不能实行三年之丧的批评。三年之丧是丧礼中的高规格,而缌麻为三月,小功为五月,是丧礼中规格相对较低的。战国时人多有不行三年之丧者,而趋于缌、小功等服之轻者,是以孟子提出批评。孟子提倡三年之丧,可见他主张久丧。除此之外,孟子也曾主张厚葬。《孟子·公孙丑下》第七章记载孟子与弟子充虞的对话,孟子说:"古者棺椁无度,中古棺七寸,椁称之。自天子达于庶人。非直为观美也,然后尽于人心。不得,不可以为悦;无财,不可以为悦。得之为有财,古之人皆用之,吾何为独不然?且比化者,无使土亲肤,于人心独无恔乎?吾闻之君子:不以天下俭其亲。"孟子认为自古以来棺椁皆用之,并不是为了美观,而是追求坚实厚重以称于孝心,不使土近于逝者。自周公始制作丧礼的等级礼法区别,只要是合于礼之等级者,皆求厚葬,故而孟子说"不以天下俭其亲"。其实孟子主张厚葬,在一定程度上也可以说是针对墨家的薄葬而发。孟子曾言"墨之治丧也,以薄为其道也"(《孟子·滕文公上》),以此可见一斑。因为在早期儒家中,孔子并不是太注重于厚葬之说,孔子之子孔鲤去世时,也只是"有棺而无椁"(《论语·先进》)。而在颜渊去世时,"门人欲厚葬之"(《论语·先进》),孔子却说"不可"。因此,可以说孔子对厚葬之说并不是太注重。而在孟子那里却多有坚持久葬、厚葬的主张,笔者认为这也相关于孟子"距杨墨"的考虑。孟子视杨、墨为异端,时有"辟邪说"之志,故而也极力反对墨家薄葬的主张。再来结合孟子批评杨、墨无君无父是为禽兽之说,笔者认为孟子所持久葬、厚葬的主张,亦是申重礼之义,以明丧礼之中的孝、敬及其仁义之见,这也是孟子注重礼义的体现之一。

第四节　孟子与"乐"

六经之中,《乐》经自汉时亡佚,后世已无从详考,至于《律吕正义》《声律通考》等亦可归于后世考音乐之书的行列。一般来说"乐"有两层意思:一个是指音乐的乐,一个是指快乐的乐。在宗法社会里,礼、乐是密不可分的。鉴于此,故本章将礼、乐放在一起进行探讨。所言礼乐之"乐"是指音乐之"乐",乐的重要性,一向为儒家所重视。乐之义备于《礼记·乐记》《荀子·乐论》,甚至于《史记·乐书》,其中的思想在不同程度上皆可反映早期儒家对乐的认识,也为后世所重。然而,后人对孟子论"乐"之处并无过多关注。在此,笔者所要指出的是,在早期儒家中,孟子的"乐"教思想亦是不容忽视的。

儒家思想中作为快乐的"乐",在人生哲学的意味上来讲多被关联到真、善、美相统一的意境。杨泽波曾有《孟子之乐的层级性质及其意义》一文①,将孟子之乐分为食色之乐、事业之乐、道德之乐三个高低不同的层级,并认为这三个层级之间不是彼此对立的,而是一种逐级向上的价值选择关系。进而,杨泽波又以此论到儒家的幸福观,认为通过孟子之乐的层级关系,可以将儒家的幸福观与康德的圆善论区别开来。既有道德又有幸福的善,才可称为圆满、至上的善。这一探讨的方向是从快乐的乐这一层面而言的。在孟子思想中所涉及的"乐",既有音乐之乐又有快乐之乐,二者兼备。

一、孟子论"乐"

在《孟子》文本中,能够体现孟子有关"乐"的思想的章节并不太多,大体有如下篇章:

《孟子·梁惠王下》第一章:庄暴见孟子,曰:"暴见于王,王语暴以好乐,暴未有以对也。"曰:"好乐何如?"孟子曰:"王之好乐甚,则齐国其庶几乎!"他日见于王曰:"王尝语庄子以好乐,有诸?"王变乎色,曰:"寡人非能好先王之乐也,直好世俗之乐耳。"曰:"王之好乐甚,则齐其庶几乎!今之乐犹古之乐也。"曰:"可得闻与?"曰:"独乐乐,与人乐乐,孰乐?"曰:"不若与人。"曰:"与少乐乐,与众乐乐,孰乐?"曰:"不若与众。""臣请为王言乐:今王鼓乐于此,百姓闻王钟鼓之声,管籥之音,举疾首蹙頞而相告曰:'吾王之好鼓乐,夫何使我至于此极也?父子不相见,兄弟妻子离散。'今王田猎于此,百姓闻王车马之音,见羽旄之美,举疾首蹙頞而相告曰:'吾王之好田猎,夫何使我至于此极也?父子不相见,兄弟妻子离散。'此无他,不与民同乐也。今王鼓乐于此,百姓闻王钟鼓之声,管籥之音,举欣欣然有喜色而相告曰:'吾王庶几无疾病与?何以能鼓乐也?'今王田猎于此,百姓闻王车马之音,见羽旄之美,举欣欣然有喜色而相告曰'吾王庶几无疾病与?何以能田猎也?'此无他,与民同乐也。今王与百姓同乐,则王矣。"

这一章中孟子所言之乐,涉及音乐之乐与快乐之乐两个层面。齐宣王称自

---

① 杨泽波:《孟子之乐的层级性质及其意义》,《云南大学学报(社会科学版)》,2003年第1期,第38~42页。

己好乐,并且说是好世俗之乐,而非先王之乐,这里所说的"乐"无疑是音乐之乐。所谓先王之乐,当是指周乐等传统的古典音乐,这与周礼是相辅相成的。但齐宣王并不喜欢先王之乐,而只是喜欢世俗之乐。所谓世俗之乐,当是指时下流行的民间音乐,即所谓郑声、卫声。《礼记·乐记》有类似的记载,是魏文侯与子夏的对话,魏文侯问子夏说:"吾端冕而听古乐,则唯恐卧;听郑、卫之音,则不知倦。敢问古乐之如彼何也?新乐之如此何也?"子夏回答说:"今夫古乐,进旅退旅,和正以广,弦、匏、笙、簧,会守拊、鼓,始奏以文,复乱以武,治乱以相,讯疾以雅。君子于是语,于是道古,修身及家,平均天下,此古乐之发也。今夫新乐,进俯退俯,奸声以滥,溺而不止,及优、侏儒,獶杂子女,不知父子。乐终,不可以语,不可以道古。此新乐之发也。"①这一记载中魏文侯所言古乐、新乐,其实就类似于孟子与齐宣王对话中所说的先王之乐、世俗之乐。所谓古乐即先王之乐,所谓新乐即世俗之乐,郑卫之音是也。以此来看,战国时期诸侯国国君好郑卫之音等新乐而不好先王之乐的情况,已是并非仅齐宣王这一例了。也可以说,时人对古乐、新乐争论也绝非是一个特例,而是具有相对的普遍性的。春秋战国时期,周王室逐渐衰微而走向没落,与其相适应的礼乐制度也渐渐走向崩坏的边缘,因而古乐呈现出与当世不太相符的局面,是以如魏文侯、齐宣王等人产生出同样的困惑,也是可以理解的。孟子对齐宣王的回答更是抓住了问题的本质,单就古乐、新乐之差异及人们对它的好恶问题,当时谈话时并不适宜讲一番深远的大道理,因而孟子的回答直接抓住"与民同乐"这一点,因势利导,指出无论是先王之乐还是世俗之乐,只要国君能与百姓同乐,就可以实现国家治理、政治清平。"乐"主和,礼主分。孟子正是抓住了"乐"之精义,与众民同乐,上下谐和,方可实现王道。在孟子看来,"乐"之核心精神在于"和",所以无论国君喜欢先王之乐还是世俗之乐,只要能与众民同乐,达到举国谐和的局面,这就是仁政。由这一章孟子论乐之言,体现孟子精准地抓住了"乐"之精义在于"和"。此正如《礼记·乐记》所言:"是故乐在宗庙之中,君臣上下同听之则莫不和敬;在族长乡里之中,长幼同听之则莫不和顺;在闺门之内,父子兄弟同听之则莫不和亲。故乐者,审一以定和,比

---

① 孙希旦:《礼记集解》,第1013~1014页。

物以饰节,节奏合以成文,所以合和父子君臣,附亲万民也。是先王立乐之方也。"①亦可见其中所言"和敬""和顺""和亲"之"和"即为"乐"之精义。

《孟子·梁惠王下》第四章:齐宣王见孟子于雪宫。王曰:"贤者亦有此乐乎?"孟子对曰:"有。人不得,则非其上矣。不得而非其上者,非也;为民上而不与民同乐者,亦非也。乐民之乐者,民亦乐其乐;忧民之忧者,民亦忧其忧。乐以天下,忧以天下,然而不王者,未之有也。昔者齐景公问于晏子曰:'吾欲观于转附、朝舞,遵海而南,放于琅邪。吾何修而可以比于先王观也?'晏子对曰:'善哉问也!天子适诸侯曰巡狩,巡狩者巡所守也;诸侯朝于天子曰述职,述职者述所职也。无非事者。春省耕而补不足,秋省敛而助不给。夏谚曰:"吾王不游,吾何以休?吾王不豫,吾何以助?一游一豫,为诸侯度。"今也不然:师行而粮食,饥者弗食,劳者弗息。睊睊胥谗,民乃作慝。方命虐民,饮食若流。流连荒亡,为诸侯忧。从流下而忘反谓之流,从流上而忘反谓之连,从兽无厌谓之荒,乐酒无厌谓之亡。先王无流连之乐,荒亡之行。惟君所行也。'景公说,大戒于国,出舍于郊。于是始兴发补不足。召大师曰:'为我作君臣相说之乐!'盖《徵招》《角招》是也。其《诗》曰:'畜君何尤?'畜君者,好君也。"这一章中同样是孟子与齐宣王的对话,同样在谈"与民同乐"之理。然而,这里所言之"乐"主要在于快乐之乐,如齐宣王问孟子"贤者亦有此乐乎"、后面的"先王无流连之乐"皆是。此外也涉及音乐之乐,如"相说之乐"即《徵招》《角招》之诗与乐。《礼记·乐记》中多次言"乐者,乐也",乐之两个层面实则有相通之处。这一章其实是孟子在进一步论"与民同乐"之理。

《孟子·公孙丑上》第二章记载孟子引子贡之言,曰:"见其礼而知其政,闻其乐而知其德。由百世之后,等百世之王,莫之能违也。自生民以来,未有夫子也。"这一句虽为子贡之言,然在一定程度上亦可体现孟子之立场。所谓"见其礼而知其政,闻其乐而知其德",其意为大凡见世人之礼,则可以知其政,听闻世人之乐,则可以大体知其德行。《礼记·乐记》言:"是故君子反情以和其志,广乐以成其教。乐行而民乡方,可以观德矣。德者,性之端也。乐者,德之华也。金石

---

① 孙希旦:《礼记集解》,第1033页。

丝竹,乐之器也。诗,言其志也。歌,咏其声也。舞,动其容也。三者本于心,然后乐器从之。是故情深而文明,气盛而化神,和顺积中,而英华发外,唯乐不可以为伪。"①孟子言闻乐而知德,《乐记》亦言乐为德之华、乐行于民则可以观德,可见早期儒家对乐的认识在这一点上是基本一致的。此外,孟子也曾言"万物皆备于我矣。反身而诚,乐莫大焉。强恕而行,求仁莫近焉"(《孟子·尽心上》),其中的"反身而诚,乐莫大焉"与《乐记》"唯乐不可以为伪"正相契合,所谓诚即不伪,这正是在乐之生成状态的角度而言的,皆言乐之生发于心,心诚而不伪。

既然言及乐之生成,孟子思想中与此相关者还见于《孟子·离娄上》第二十七章:孟子曰:"仁之实,事亲是也;义之实,从兄是也。智之实,知斯二者弗去是也;礼之实,节文斯二者是也;乐之实,乐斯二者,乐则生矣;生则恶可已也,恶可已,则不知足之蹈之、手之舞之。"在这一章中,孟子论礼、乐与仁、义的关系,实亦涉及乐之生成的问题。孟子认为,乐之生在于乐仁、义二者。这里的乐当为快乐之乐,在孟子看来,真正的乐当是发自内心的,要追求仁、义。此外,这一章中所言"足之蹈之、手之舞之",与《礼记·乐记》"故歌之为言也,长言之也。说之故言之,言之不足,故长言之。长言之不足,故嗟叹之;嗟叹之不足,故不知手之舞之、足之蹈之也"相类,其实质皆是涉及乐歌之生成的问题,皆言乐歌是内发于心,情不自禁。

此外,孟子论及音乐之处还在如下几章中有所体现。《孟子·离娄上》第一章:孟子曰:"师旷之聪,不以六律,不能正五音。……既竭耳力焉,继之以六律,正五音,不可胜用也。"这一章中孟子的意思是说,以师旷这样敏锐的听觉,不用六律,亦不能校正五音。如果既竭尽发挥了听觉的能力,又能继之以六律,得以正五音,那么这方面的功用就不可限了。其中涉及六律、五音的问题。《孟子·万章下》第一章:孟子曰:"孔子之谓集大成。集大成也者,金声而玉振之也。金声也者,始条理也;玉振之也者,终条理也。"这一章本是赞颂孔子集大成,而所谓集大成,孟子却以古代奏乐的全过程来论述,金声而玉振实是指古人奏乐过程的首尾,以击钟始,以击磬终。朱熹亦认为:"金声玉振,始终条理,疑古《乐经》之

---

① 孙希旦:《礼记集解》,第1006页。

言。"①孟子此言,意在赞颂孔子为圣之大者,收众音而为一大成,以形容孔子知无不尽、德无不全。除此之外,还有涉及孟子论快乐之"乐"者,见于《孟子·尽心上》第二十章,孟子曰:"君子有三乐,而王天下不与存焉。父母俱存,兄弟无故,一乐也。仰不愧于天,俯不怍于人,二乐也。得天下英才而教育之,三乐也。君子有三乐,而王天下不与存焉。"这是孟子论快乐之"乐",而"乐"的两层意思又是相通的。《礼记·乐记》亦多次说"乐者,乐也",《荀子·乐论》言"夫乐者,乐也,人情之所必不免也",即《乐》、乐相通的体现之一。近人杨泽波曾著文,探讨孟子之乐时也涉及"君子有三乐"章的内容,以揭示儒家的幸福观的层级性。这一章中孟子言君子有三乐,此"三乐",一在于天,一在于人,只有"仰不愧于天,俯不怍于人"可以通过自我修身可以达到。因而孟子言三乐,或意在勉人安于天命、尽于人事,亦可得人生之乐。

二、孟子论"乐"与《乐记》成书问题

在孟子思想中,乐之生成当发自内心地、真诚地悦于仁与义,这在上述中已有论及。同样是在《礼记·乐记》中,还有这样一段论述,说:"天高地下,万物散殊,而礼制行矣。流而不息,合同而化,而乐兴焉。春作夏长,仁也。秋敛冬藏,义也。仁近于乐,义近于礼。乐者敦和,率神而从天;礼者别宜,居鬼而从地。故圣人作乐以应天,制礼以配地。礼乐明备,天地官矣。天尊地卑,君臣定矣。卑高已陈,贵贱位矣。动静有常,小大殊矣。方以类聚,物以群分,则性命不同矣。在天成象,在地成形,如此,则礼者,天地之别也。地气上齐,天气下降,阴阳相摩,天地相荡,鼓之以雷霆,奋之以风雨,动之以四时,暖之以日月,而百化兴焉。如此,则乐者,天地之和也。化不时则不生,男女无辨则乱升,天地之情也。及夫礼乐之极乎天而蟠乎地,行乎阴阳而通乎鬼神,穷高极远而测深厚。乐著大始,而礼居成物。著不息者天也,著不动者地也,一动一静者,天地之间也。故圣人曰'礼乐'云。"②《乐记》中所载,视天地定位、万物有序为天地自然之礼,视天地流而不息、合同生化万物为天地自然之乐,并且把春作夏长视为仁,仁近于乐,此已

---

① 朱熹:《四书章句集注》,第315页。
② 孙希旦:《礼记集解》,第992~994页。

将人之礼乐与仁义的关系上升到言说天地自然的高度。其所谓"化不时则不生，男女无辨则乱升，天地之情也"，实为从天地自然之礼乐又降落在人身上，其意谓人不可以没有礼、乐。天地虽然有其自然之乐，而在孟子看来乐当在乎人心之上，如此方可有《礼记·乐记》中所言"乐者，天地之和"，这样方才能使得人与天地相感通，人得以赞天地之化育。与上述孟子言乐之生成相较，两者所论虽都涉及礼乐与仁义的关系问题，但仅就这两段相关文字来看，在孟子思想中完全是在突显人之仁义德行与乐的关系，认为乐是生发于人的内心的一种诚而不伪的情感。而《礼记·乐记》则明显借鉴了《易·系辞》的文字意象，在论述方向上与孟子不同。孟子是向内，内聚在人心德性之善端；《乐记》则是向外，外发至天地自然万物。

就此还涉及一个问题，上引《礼记·乐记》中的文字与《易·系辞上》首章极其相似，然而其相似之处只是文字框架，在框架之内的思想内容方面却有很大差异。《易·系辞上》首章言："天尊地卑，乾坤定矣。卑高以陈，贵贱位矣。动静有常，刚柔断矣。方以类聚，物以群分，吉凶生矣。在天成象，在地成形，变化见矣。是故刚柔相摩，八卦相荡。鼓之以雷霆，润之以风雨。日月运行，一寒一暑。乾道成男，坤道成女。乾知大始，坤作成物。乾以易知，坤以简能。"①为鲜明地体现出二者之间的异同，笔者试作一表，如下：

《易·系辞上》	《礼记·乐记》
天尊地卑，乾坤定矣	天尊地卑，君臣定矣
动静有常，刚柔断矣	动静有常，小大殊矣
方以类聚，物以群分，吉凶生矣	方以类聚，物以群分，则性命不同矣
在天成象，在地成形，变化见矣	在天成象，在地成形，如此，则礼者，天地之别也
刚柔相摩，八卦相荡	阴阳相摩，天地相荡
乾知大始，坤作成物	乐著大始，而礼居成物

---

① 李学勤编：《周易正义》，北京：北京大学出版社，1999年版，第257～259页。

通过上面表格列出的《易·系辞》与《礼记·乐记》的异同,可以看出二者框架极其相似,主要是在具体的重要概念上有差异,比如《易·系辞》言"乾坤"而《乐记》言"君臣",分别又有"刚柔"与"小大""吉凶"与"性命""变化"与"礼者,天地之别"等不同。通读上面所引文辞,二者相较,《易·系辞》更为通顺畅达,四字一句,对仗公正,结构紧凑,逻辑性强,文意鲜明,围绕天地乾坤、动静变化、吉凶刚柔等重要概念而论,鲜明体现出《易》学之精义所在。而《乐记》则可以说是借鉴了《系辞》的文辞架构,填充入君臣、小大、性命、礼乐、仁义等概念,其中礼乐当是更为重要。尤其是《乐记》将"吉凶"置换为"性命",将"变化"置换为"礼者,天地之别",将"乾"置换为"乐","坤"置换为"礼",较为明显地显示出后期制作的痕迹。张岱年于20世纪八九十年代曾多次讨论《易传》的年代问题,其中就曾提到《礼记·乐记》与《易传》的关系,他曾著文认为:"《系辞》之文,通畅自然;《乐记》之文,则显得矫揉勉强。《乐记》袭用了《系辞》的文句,殊为显然。"①此外,李学勤也认为:"《系辞》的文字凝炼,一气呵成,《乐记》则显得分散而拖沓,因此两者同出一源是不大可能的,只能是《乐记》沿袭和包容了《系辞》的文句。"②可见两家的认识基本一致。李学勤亦曾说,《乐记》与《易传》的关系,比子思的《中庸》等篇与《易传》的关系要密切得多。《易传》特别是《系辞》的理论观点已为《乐记》的音乐学说所吸收应用。③笔者认为,仅就上述所引文字内容而言,《乐记》所论应当是同时借鉴了《易·系辞》与《孟子》二者来作成的,其中对《易·系辞》主要借鉴的是其首章的框架,从《孟子》那里主要借鉴的是论及的"礼乐""仁义""性命"等重要的思想概念,尤其是孟子的礼乐思想更是有力地促成《乐记》这一段文字的作成。

众所周知,在《汉书·艺文志》中《乐记》单独著录,记载有二十三篇。《汉志》所本即刘向、刘歆父子的《别录》《七略》。而在孔颖达《礼记正义》中仍保留着二十三篇的篇名,应当是根据刘氏父子《别录》而来。今本《礼记·乐记》也只是其中的十一篇来合成的,而上述所引可与《易·系辞》相比较研究的,正是十一篇之

---

① 张岱年:《〈周易〉经传的历史地位》,《人文杂志》,1990年第6期,第71~77页。
② 李学勤:《周易溯源》,成都:巴蜀书社,2006年版,第108页。
③ 李学勤:《周易溯源》,第109页。

第四章 孟子与"礼""乐"

中的《乐礼》一篇。而对于《礼记·乐记》中这一段文字的作者问题,朱熹这样认为:"'天高地下'一段,意思极好,非孟子以下所能作。其文似《中庸》,必子思之辞。"①可见朱熹认为《乐记》"天高地下"一段应当出自子思之手,但并未说明什么明确证据,只是说"文似《中庸》"而已。在《隋书·音乐志》中引沈约之言,说:"《乐记》取《公孙尼子》。"②而在《汉书·艺文志》的"诸子略"中记载《公孙尼子》二十八篇,注曰:"七十子之弟子。"③依照《汉志》的说法,《公孙尼子》有二十八篇,公孙尼子为孔子的再传弟子。而沈约则认为《乐记》是《公孙尼子》二十八篇中的一篇,推知当为公孙尼子所作。如此一来,《乐记》作者至少已有两种说法。此外,还有论者认为《乐记》出自子夏氏之儒等。就此种种说法,人们似乎更多地倾向于取公孙尼子作《乐记》一说。④

《乐记》对礼乐皆有所论述,其中论乐尤为重。所言礼乐作于情,音"由人心生也","乐者,音之所由生也,其本在人心之感于物也"等,皆类于孟子"乐于仁义"之言。孟子论"乐",与《乐记》所论有许多相契合之处。《乐记》亦论性善、心性等问题,这些都应当与孟子思想有相当的关联。《乐记》若为公孙尼子所作,公孙尼子与孟子之间亦当或多或少有思想上的关联。王充《论衡·本性》有言:"周人世硕以为'人性有善有恶,举人之善性,养而致之则善长;恶性,养而致之则恶长。'如此,则情性各有阴阳,善恶在所养焉。故世子作《养性书》一篇。密子贱、漆雕开、公孙尼子之徒,亦论情性,与世子相出入,皆言性有善有恶。"⑤其中,密子贱即宓子贱,与漆雕开皆为孔子弟子,而世子、公孙尼子为七十子弟子。在王充看来,公孙尼子在情性论的立场是认为性有善有恶。而孟子认为人性皆善,以此

---

① 转引自孙希旦:《礼记集解》,第 992~993 页。
② 魏徵等:《隋书》,第 288 页。
③ 班固:《汉书》,第 1725 页。
④ 参见李学勤:《周易溯源》,第 111 页。其中就此有细致分析,如引据王先谦《汉书补注》中所参照《初学记》《意林》等类书所引《公孙尼子》语见于《乐记》,以此证明《公孙尼子》于唐代尚存,而《乐记》实取自《公孙尼子》。此外,沈约之言及张守节《史记正义》言"其《乐记》也,公孙尼子次撰也"等说法或为有据可循,因为他们当时或能够见到《公孙尼子》之书,而与《礼记》相对勘。至于朱熹之说,似乎并未有确凿之依据。近人著文论《乐记》者,亦多言为公孙尼子之作。
⑤ 王充著,黄晖校释:《论衡校释》,北京:中华书局,1990 年版,第 132~133 页。

来看，二者之间似又有差异。

孟子论"乐"，类于《乐记》。《乐记》为公孙尼子作，也有论者称它属于思孟一派。《毛诗》序："诗者，志之所之也，在心为志，发言为诗。情动于中而形于言，言之不足，故嗟叹之，嗟叹之不足，故永歌之，永歌之不足，不知手之舞之、足之蹈之也。"①此言情、志发于内，咏歌之不足，不知手之舞之、足之蹈之，这与上述孟子论乐之生及《乐记》相关言说亦有关联，在文字与思想上多有相符。《诗序》之言，可证诗与乐之不可分。同时《孟子》论乐与《乐记》及《毛诗》序之间在论"乐"方面当有思想渊源关系，笔者推测孟子论乐对《乐记》及《诗序》论乐之言当是多有影响。

近年来，出土文献研究成为学界研究热点。其中有论者结合郭店简《性自命出》等言心、性、情之篇章，与传世文献相关内容关联起来研究，亦多有所得。众所周知，郭店简入土年代为战国中期，其时代与孟子基本相去不远。学者中有结合郭店简《性自命出》篇与《礼记·乐记》比较研究者，如丁四新认为："《礼记·乐记》的心性论内涵是颇为深刻、丰富的，与《性自命出》比较起来，似其制作时间在后。《性自命出》关于心取性情，及心、性、情之间的关系被强调、被论述得较多，而在《乐记》中有关三者间关系的论述则隐涵于其中了。即是说，《乐记》有关心性的论述似是在《性自命出》的基础上进一步的发展，其中尤其是有关道与欲、天理与人欲的理解，以及以'正义'论身心关系，都比《性自命出》篇更深入、更高阔。看来把《性自命出》断为比《礼记·乐记》产生得早一些是颇为可能的。"②丁四新的这一文章，原是要论《性自命出》篇的学派属性问题，以《礼记·乐记》作为公孙尼子的思想代表，来与《性自命出》中的心性论等思想相比较，从而认为《性自命出》似不为公孙尼子所作，进而又认为《乐记》的制作时间稍后于郭店简《性自命出》。就《乐记》中所论礼乐、心性等思想而言，笔者亦认为其成书当是一个长期的过程。《乐记》中如《乐礼》篇当是公孙尼子及其弟子后学所作，既稍晚于郭店简中某一篇，亦稍晚于孟子所处时期。虽然公孙尼子为"七十子之弟子"，与子思、世子等皆属于孔子再传弟子，而孟子却只是子思后学，公孙尼子本人当稍稍

---

① 李学勤编：《毛诗正义》，第 6 页。
② 丁四新：《论〈性自命出〉与公孙尼子的关系》，《武汉大学学报（哲学社会科学版）》，1999 年第 5 期，第 38～41 页。

早于孟子,但考虑到《乐记》或为公孙尼子弟子后学逐渐完善而作成,经历了长期的成书过程,因而笔者认为今本《乐记》当稍晚于《孟子》。《乐记》之中论"乐"及情、性相关的内容,当或多或少地受到孟子论"乐"及性善说的影响。

总之,就上述所引《乐记》之中的《乐礼》篇的一段文字而言,明显地显示出受到《系辞》的文字框架与《孟子》中礼乐思想的影响,因而《乐记》或为晚于孟子而成书,当为公孙尼子弟子陆续编修而成,不可一概而论地说《乐记》的作者就是公孙尼子,确切地说应当是公孙尼子及其弟子所作。今本《乐记》本身就是经过了漫长、复杂的变动过程的,其间多有亡佚,而在战国中期孟子之后,或亦有所增补编修。孟子论"乐"的思想,与其仁义、性善之论亦是密切联系在一起的。在一定程度上说,孟子论"乐"的思想影响了《乐记》中相关部分内容的成文。

第五章

孟子与《春秋》

　　孟子直接论及《春秋》的文字并不多,但在学术史上对孔子作《春秋》首次进行解读与阐释的当属孟子。《春秋》原本只是鲁国的史书,此正如孟子所言"晋之《乘》,楚之《梼杌》,鲁之《春秋》,一也"(《孟子·离娄下》),其意为各国史书之名虽有不同,然而就其论史之性质是一致的。墨子也曾说"吾见百国《春秋》",这是《春秋》曾作为各国史书之名的一点体现。在儒家看来,鲁史《春秋》经过了孔子的笔削编修,赋予大义微言,则成为寄托孔子理想、为万世立法的经典,从此《春秋》之名则逐渐成为专有。

　　司马迁于《十二诸侯年表序》中记载:"是以孔子明王道,干七十余君,莫能用,故西观周室,论史记旧闻,兴于鲁而次《春秋》",其后又言左丘明、铎椒、虞卿、吕不韦依据《春秋》以著书,"及如荀卿、孟子、公孙固、韩非之徒,各往往捃摭《春秋》之文以著书"。① 从中可知,孟子虽明确论及《春秋》之处并不多,但孟子之书却是多有借鉴《春秋》之文的地方。因而,我们通过对孟子称引《春秋》之处的论析,亦可探讨孟子思想与《春秋》经传之间的互发关系。

---

① 司马迁:《史记》,第509～510页。

第一节　孟子论《春秋》

《孟子》文本中,孟子所论与《春秋》相关之处大体有下列几章:《孟子·滕文公下》第九章记载孟子的话说:"世衰道微,邪说暴行有作,臣弑其君者有之,子弑其父者有之。孔子惧,作《春秋》。《春秋》,天子之事也,是故孔子曰:'知我者,其惟《春秋》乎;罪我者,其惟《春秋》乎。'……昔者禹抑洪水,而天下平;周公兼夷狄,驱猛兽,而百姓宁;孔子成《春秋》,而乱臣贼子惧。"在这一章中涉及孔子作《春秋》的原因。在孟子看来,孔子之时世衰道微,邪说暴行多有发生,臣弑君、子弑父等严重违反周代礼教的事件亦时有发生,孔子惧其为害天下,是以作《春秋》。其后孟子又提到大禹治水、周公安定百姓之功绩,将孔子作《春秋》的历史功绩与大禹、周公相提并论,实是对孔子作《春秋》的崇高评价。通过这一章中孟子的论述,不但显示出孟子对孔子作《春秋》的原因进行的阐释与解读,而且还体现出在孟子看来孔子作《春秋》的功效,即使得当时的乱臣贼子有所畏惧。通过孟子所引孔子之言,"知我者,其惟《春秋》乎;罪我者,其惟《春秋》乎",亦可看出孔子也确实对《春秋》寄托了厚望与深义。孔子认为后人或"知我",或"罪我",皆可取决于对《春秋》的理解,亦显示出《春秋》经的独特性。在孟子看来,孔子作《春秋》的目的正是想要通过整理、编修《春秋》,依托作为鲁史记载的时事来褒贬天子、诸侯,希望以此达致王道之境。

《孟子·离娄下》第二十一章:孟子曰:"王者之迹熄,而《诗》亡,《诗》亡然后《春秋》作。晋之《乘》,楚之《梼杌》,鲁之《春秋》,一也。其事则齐桓、晋文,其文则史。孔子曰:'其义则丘窃取之矣。'"在这一章中,孟子提出孔子作《春秋》的时代背景,即王者之迹熄而《诗》亡,并且提出《诗》亡与《春秋》作是前后相继的。孟子将《春秋》与晋之《乘》、楚之《梼杌》并列,是对《春秋》一书的性质作一界定,即鲁《春秋》与晋之《乘》、楚之《梼杌》类似,皆为各诸侯国之史书。在孟子看来,鲁《春秋》中所载也只是齐桓、晋文时代的史事,只是又引孔子的话"其义则丘窃取之",表明孔子掘发鲁《春秋》中之"义",以此使得作为鲁史的《春秋》得以转变为儒家崇尚之《春秋》经。《左传》昭公二年记载:"晋侯使韩宣子来聘,且告为政,而来见,礼也。观书于大史氏,见《易》《象》与《鲁春秋》。"①韩宣子来鲁国,看到太史掌管的文献档案策书,其中就有《鲁春秋》,即鲁之《春秋》。观后,韩宣子赞叹说:"周礼尽在鲁矣,吾乃今知周公之德与周之所以王也。"此可见,如《易》《象》《鲁春秋》等策书文献,由当时之太史掌管,并未流传于世间。孔子曾做过鲁司寇,周游列国后回到鲁国,有"国老"的美誉,当有机会看到鲁《春秋》之书。后经他改编或阐发,赋予大义微言,是以成为儒家之《春秋》经。有论者认为,既然孟子说"其事则齐桓、晋文",然而在今本《春秋》经中,对"晋文"的记载却极其有限,以此怀疑孔子作《春秋》的说法。今本《春秋》经中记载晋文公之处,仅于鲁僖公二十八年有"晋侯侵曹,晋侯伐卫","晋侯入曹,执曹伯。畀宋人","晋侯、齐师、宋师、秦师及楚人战于城濮。楚师败绩","五月癸丑,公会晋侯、齐侯、宋公、蔡侯、郑伯、卫子、莒子,盟于践土","冬,公会晋侯、齐侯、宋公、蔡侯、郑伯、陈子、莒子、邾子、秦人于温"②这五条记载。此外,还有一条记载见于《春秋》僖公三十二年,"冬十有二月己卯,晋侯重耳卒"③。有论者称,《春秋》经中对晋文公记载有限,与孟子言"其事则齐桓、晋文"之说相矛盾,进而又言及践土之盟时《春秋》经把鲁侯放在首位,实际是掩盖了晋文公的霸主地位,认为这尤其不符合"其事则齐桓晋文"的主旨。④ 笔者认为,从这一方向推敲,似乎可以说孟子所言孔子作《春秋》,与今本《春秋》经或并非一经。此亦如本田成之所言"或今所传的《春秋》是别一种的《春秋》也未可知"。⑤ 他这样说的理由是,孟子说"《春秋》无义战。彼善于此,则有之矣。征者上伐下也,敌国不相征也"(《孟子·尽心下》),其中所说的"征""伐",而在今本《春秋》经文中没有所谓的"征",只有所谓"侵"与"伐"。此或可以针对孟子所论《春秋》的情况与今本《春秋》经的差异问题上,再加上这一点不同。

孟子说"孔子作《春秋》",又称"其事则齐桓、晋文",上文已从《春秋》所载晋文之事的角度来推敲,下面还可从有关齐桓公的相关记载来看。《春秋》经对齐桓公的记载,虽然相关文字不少,但并未言及管仲。为人所熟知的是,孔子曾多

---

① 杨伯峻:《春秋左传注》,第1226页。
② 见杨伯峻:《春秋左传注》,第448~450页。
③ 见杨伯峻:《春秋左传注》,第488页。
④ 参见姚曼波:《〈春秋〉考论》,南京:江苏古籍出版社,2002年版,第44页。
⑤ 本田成之:《中国经学史》,上海:上海书店出版社,2001年版,第63~64页。

第五章　孟子与《春秋》

次夸赞管仲，称"管仲相桓公，霸诸侯，一匡天下，民到于今受其赐。微管仲，吾其被发左衽矣"（《论语·宪问》），"桓公九合诸侯，不以兵车，管仲之力也。如其仁！如其仁"（《论语·宪问》）。有论者以此认为《春秋》所载并无管仲的相关事迹，与孔子的相关历史评价不相符合，从而说孔子作《春秋》经并不可能。① 其实孟子在论及《春秋》的文字中，亦曾说明鲁《春秋》之性质，即鲁《春秋》是与晋之《乘》、楚之《梼杌》相类，是诸侯国之史书。并且注明孔子自言"其义则丘窃取之矣"，无非是说孔子自称只是借用鲁史书《春秋》的文字载体，然而《春秋》之义则是孔子所阐发，甚至是赋予以新"义"。如此说来，笔者认为可不必拘泥于孔子是否创作《春秋》经的文字的问题，观其义旨即可，孟子所言已很明显。

孟子说"孔子惧，作《春秋》"，后儒据此谓《春秋》为孔子所作，而近人又多有疑之者。② 其实孟子所说的孔子"作"《春秋》，亦可以从分析"作"字之义的角度来审视这一问题。正如刘师培在其《孔子作春秋说》一文中，分析"作"字有两种意思，一训为"始"，一训为"为"。训为"始"见《说文》，其义为"创作"之"作"，如同《乐记》中所说"作者之谓圣"。训为"为"见《尔雅》，这层意思与"创作"之"作"不同。如《尚书》言"汝作司徒"，意思是让契为司徒，而并不是司徒之官始于契。此外，刘师培还引用《论语》《左传》中的例子，如《论语》"始作翕如"，《左传》"金奏作于下"，则是指奏乐这一行为，而非创作之"作"。又引《左传》言召、穆纠合宗族于成周，而作《诗》曰："常棣之华，鄂不韡韡"，这里的歌诗也称为作诗，然而与《小雅·巷伯》言寺人孟子"作为此诗"之"作"意义不同。取为创作之义可称为"作"，因前人之意而继续有所作为也可称为"作"。③ 刘师培通过分析"作"有这两层意义，意在说明孟子说孔子"作《春秋》"之作，是说孔子只是因古史而为《春秋》。《史记·儒林列传》序曰："故因史记作《春秋》，以当王法，以辞微而指博。"司马迁

---

① 见姚曼波：《〈春秋〉考论》，第44页。
② 近代以来，尤其是古史辨兴起之后，对此表示怀疑者有许多。近年为纪念徐中舒110年诞辰时，后人发表的徐中舒《孔子与〈春秋〉》一文，《四川大学学报》2008年第6期，认为《春秋》非孔子家传，未经孔子笔削，不认同孔子作《春秋》，认为《春秋》是孔子没后孔门弟子得自鲁太史。
③ 参见刘师培著，邬国义、吴修艺编校：《刘师培史学论著选集》，上海：上海古籍出版社，2006年版，第522～524页。

认为孔子作《春秋》,所说的因史记而作,亦如刘师培释"作"为"为",即上文第二义的"作"。然而马迁还明言,孔子作《春秋》"以当王法"。汉儒更是认为,孔子作《春秋》是为汉世立法,而不论其事,只言其制、言其义。也就是说,可以忽略孔子作《春秋》之"作"到底是始作还是"为",都无碍于孔子赋予国之旧史——鲁《春秋》以新义,赋予新王之法。

《孟子·尽心下》第二章:孟子曰:"《春秋》无义战。彼善于此,则有之矣。征者上伐下也,敌国不相征也。"孟子所言之意为,《春秋》每书诸侯战伐之事,必加以讥贬,以显其擅自兴师之罪,在孟子看来《春秋》认为这些战伐之事皆不合于"义",亦无许之者。孟子认为,征伐之事当以天子兴师讨伐,诸侯之间不宜各自顾及私利擅自侵伐。上面也提到孟子言"王者之迹熄,而《诗》亡,《诗》亡然后《春秋》作",在孟子看来,春秋之世王道衰微,故而作为王道体现的《诗》也消亡了,继而《春秋》作,并指出孔子作《春秋》之义。孔子借鲁史《春秋》之事,以阐发其中王道之"义",寓褒贬于其事之中。孟子认为赋予王者之义的《春秋》作于世衰道微之时,意欲正人心、寓褒贬。此正如孟子言"世衰道微,邪说暴行有作,臣弑其君者有之,子弑其父者有之。孔子惧,作《春秋》"。面对王道衰微,侵伐无度的局面,因而孟子说《春秋》无义战,以讥刺诸侯无礼无义。

总之,孟子论《春秋》之处虽然并不太多,但已基本涉及孔子作《春秋》、如何作《春秋》、为何作《春秋》等大问题。孟子所论之中,可见他对《春秋》及"孔子作《春秋》"等问题把握到其中的精义。同时又可以说孟子所论《春秋》的意义,其中不仅体现孟子对《春秋》的理解,关键是它对后世所产生的极大影响。

第二节 孟子的《春秋》观对公羊学的影响

对于《春秋》三传的兴起情况,本田成之认为《春秋》是孔子的遗志,成书于孔子以后、孟子以前七十子中某人之手,因而《春秋》三传自然是以后发生的。他认为在孟子当时,《左氏》《公羊》《穀梁》三传都还未出现。本田成之如此说的理由是,孟子虽把《春秋》的价值特笔大书,然而关于今本《春秋》三传之说却什么也不曾见。① 因为孟子曾说:"《春秋》无义战。彼善于此,则有之矣。征者上伐下也,敌国不相征也。"(《孟子·尽心下》)据三传的解读,《春秋》中"义战"并不少见,尤其是发生在僖公二十年的泓之战,《公羊传》赞之曰:"君子大其不鼓不成列,临大事而不忘大礼,有君而无臣。以为虽文王之战,亦不过此也。"②即认为宋襄公所行帝王之兵也,即使是文王之师亦不过如此,故而言其类似于文王伐崇等。孟子说"彼善于此,则有之",可见孟子也意识到在他所谓无义战的评价中,亦或者有甚与更甚等程度上的差别。孟子所说"《春秋》无义战"这一评语,视春秋时期为乱世,其间所发生的战事无论怎样,从其性质上来说都是非正义、非正当的战争。也就是说孟子对于《春秋》中所载战事的定性,与《春秋》三传的解读立场,在性质上有一定的差异。若说《春秋》三传晚于孟子,在孟子之后才出现,亦不无道理。然而,若进一步论孟子思想及其《春秋》观与《春秋》三传之间有何关联则是一个复杂的问题。

我们可以说孟子论《春秋》之言并不多,但是已涉及"孔子作《春秋》"、为何作、如何作等春秋学的关键问题,对后世影响很大。在下文中,笔者仅从孟子思想及其《春秋》观与《公羊传》的关联这一问题来探讨③,以此来看孟子思想及其《春秋》观的影响。

一、复仇思想

首先从"复仇"这一观念来看。在《孟子·滕文公下》第五章中孟子说:"汤居亳,与葛为邻,葛伯放而不祀。汤使人问之曰:'何为不祀?'曰:'无以供牺牲也。'

---

① 参见本田成之:《中国经学史》,第63页。
② 李学勤编:《春秋公羊传注疏》,第246页。
③ 就孟子思想与公羊学的关联,蒋庆也曾探讨过这一问题,可作参考。见蒋庆:《公羊学引论》,沈阳:辽宁教育出版社,1995年版,第74～78页。他从孟子传公羊《春秋》当新王之微言、传公羊张三世之微言、传公羊托事明义之旨、传公羊尊王大义、传公羊民贵君轻大义、君臣大义、改制微言七个方面来论孟子与公羊学之关联,亦可参考。蒋庆认为公羊学为孔子所亲自创作,公羊口说为孔子亲说。从而,就孟子与公羊学之关联方面,他认为孟子思想是承自公羊学大义而来。笔者论孟子与公羊学之关联,试从新的角度来探讨。且笔者认为公羊学为七十子及其后学经过漫长时期集体创作逐渐形成的,公羊学当然上承自孔子作《春秋》之旨,与孔子有着紧密的联系,但孟子思想与公羊学孰先孰后尚待考论。

汤使遗之牛羊。葛伯食之,又不以祀。汤又使人问之曰:'何为不祀?'曰:'无以供粢盛也。'汤使亳众往为之耕,老弱馈食。葛伯率其民,要其有酒食黍稻者夺之,不授者杀之。有童子以黍肉饷,杀而夺之。《书》曰:'葛伯仇饷。'此之谓也。为其杀是童子而征之,四海之内皆曰:'非富天下也,为匹夫匹妇复仇也。'"上文已述,此为孟子以史论《书》的一个体现。其中有孟子引《书》的内容,说:"葛伯仇饷。"有关汤伐葛伯的相关内容见于《书·仲虺之诰》,说:"乃葛伯仇饷,初征自葛。东征西夷怨,南征北狄怨,曰:'奚独后予?'攸徂之民,室家相庆,曰:'徯予后,后来其苏。'"从中可见,就汤伐葛伯这一事件,孟子虽然是引自《书》经,但与今本《仲虺之诰》中所载相比,孟子实际上已经附述了《书》篇的历史背景甚至是作《书》的原由。此即笔者所说孟子以史论《书》的一个体现。所谓孟子附述了《书》篇的历史背景及作《书》原由,包括孟子所说:"为其杀是童子而征之,四海之内皆曰:'非富天下也,为匹夫匹妇复仇也。'"孟子以其顺畅的叙事,将《书》经所载的有限内容,叙述出此一事件的因果细节,于这一章中表现得十分明显。而孟子所说"为匹夫匹妇复仇"之言,看似引自《书》经的内容,其实则是孟子自己的解读,《书·仲虺之诰》中并无此内容。其中孟子所论"复仇"之说,笔者认为此可与《公羊传》所言"复仇"观念相比照。

《公羊传》中所言"复仇"观念,实为公羊学家反复提及的一个问题。

《春秋》隐公十一年:"冬十有一月壬辰,公薨。"《公羊传》曰:"何以不书葬?隐之也。何隐尔?弑也。弑则何以不书葬?《春秋》君弑贼不讨,不书葬,以为无臣子也。子沈子曰:'君弑,臣不讨贼,非臣也。子不复仇,非子也。葬,生者之事也。《春秋》君弑贼不讨,不书葬,以为不系乎臣子也。'"①《公羊传》中引子沈子的话,提出若君被弑,作为臣子的不为讨贼,则并未做到臣子之义。《公羊传》明言"复仇"观念之处,还见于庄公四年。《春秋》庄公四年:"纪侯大去其国。"《公羊传》解释说:"大去者何?灭也。孰灭之?齐灭之。曷为不言齐灭之?为襄公讳也。春秋为贤者讳。何贤襄公?复仇也。何仇尔?远祖也。哀公亨乎周,纪侯谮之,以襄公之为于此焉者,事祖祢之心尽矣。尽者何?襄公将复仇乎纪。……远祖者,几世乎?九世矣。九世犹可以复仇乎?虽百世可也。家亦可乎?曰:不

---

① 李学勤编:《春秋公羊传注疏》,第64～65页。

可。国何以可？国君一体也；先君之耻，犹今君之耻也；今君之耻，犹先君之耻也。国君何以为一体？国君以国为体，诸侯世，故国君为一体也。今纪无罪，此非怒与？曰：非也。古者有明天子，则纪侯必诛，必无纪者。纪侯之不诛，至今有纪者，犹无明天子也。古者诸侯必有会聚之事，相朝聘之道，号辞必称先君以相接。然则齐、纪无说焉，不可以并立乎天下。故将去纪侯者，不得不去纪也。有明天子，则襄公得为若行乎？曰：不得也。不得，则襄公曷为为之？上无天子，下无方伯，缘恩疾者可也。"①据《公羊传》记载，齐襄公的九世祖哀公被纪侯谮言于周，被周懿王烹杀。齐襄公对此怀恨在心，一直以为自己有责任为先祖复仇，是以杀了纪侯。不论齐襄公平生是否为贤君，然而《公羊传》却认为齐襄公能为先祖复仇，单就这件事就是值得称道的，所以《公羊传》中说"贤襄公"，并认为复仇这件事虽百世亦可为也。其中还说到"国君一体"，意即虽百世也还是齐侯，言百世亦可复仇。又说"纪无罪，此非怒与"，意即九世之后方复仇，而今之纪侯并无罪过，那么齐襄公杀今之纪侯来复仇，是不是迁怒于今之纪侯了呢？公羊家认为此说不对，若古有明天子，纪侯早就被杀了，那样的话又何来今之纪侯，是以今亦无明天子，所以齐襄公仍得以复仇。公羊家是认可这一类的复仇之事的。通过齐襄公复仇一事，可见《公羊传》将此复仇仍界定在诸侯国君的范畴内，大夫尚不可如此，即所谓"家亦可乎？曰：不可"是也；并且是在有血缘关系父子或后代方可为其父、祖来复仇，尚不及君臣、个人之间的复仇。

就齐哀公被烹杀、襄公复仇之事，后世亦有人认为《公羊传》所论略显牵强。因为哀公之时政治腐败，纪侯向周王举报哀公之恶行，是以哀公见杀。如在《诗·齐风·鸡鸣》中毛序云："《鸡鸣》，思贤妃也。哀公荒淫怠慢，故陈贤妃贞女夙夜警戒相成之道焉。"②亦如郑玄在其《齐诗谱》中记载："哀公政衰，荒淫怠慢，纪侯谮之于周懿王，使烹焉。齐人变风始作。"③以此来看，《公羊传》无视哀公之恶行，而只是重襄公复仇之义。

此外，《春秋》庄公九年："八月，庚申，及齐师战于乾时，我师败绩。"《公羊传》

---

① 李学勤编：《春秋公羊传注疏》，第122～123页。
② 李学勤编：《毛诗正义》，第328页。
③ 李学勤编：《毛诗正义》，第326页。

解为:"内不言败,此其言败何?伐败也。曷为伐败?复仇也。此复仇乎大国,曷为使微者?公也。公则曷为不言公?不与公复仇也。曷为不与公复仇?复仇者,在下也。"①这一处记载为鲁庄公与齐襄公战,败于齐。需明白一个问题,那就是《春秋》尊鲁,故而但凡鲁国与其他诸侯国发生战争而鲁国战败,一般是只书"战"而不书"败绩"的。因为在《公羊传》桓公十年载:"何以不言师败绩?内不言战,言战乃败矣。"②但是,这里为什么违背了《公羊传》所奉行的"内不言战"的惯例,而书"败绩"了呢?依《公羊传》之解,原因亦在于复仇。因为鲁庄公之父桓公被齐襄公杀害,鲁庄公为父复仇,在乾地与齐师对战,结果却大败于齐。此虽为复仇之战,但由于是复仇者"在下",在公羊家看来亦是"不与公复仇",并未得到认同,因而言"败绩"。而何休解诂云:"时实为不能纳子纠伐齐,诸大夫以为不如以复仇伐之,于是以复仇伐之,非诚心至意,故不与也。"③何休认为《公羊传》认同复仇,然而对鲁庄公与齐对战只是以复仇的名义而已,是以不与。

除国君之间的复仇被《公羊传》所认可之外,个人向国君复仇亦被肯定。如《春秋》定公四年载:"冬,十有一月,庚午,蔡侯以吴子及楚人战于伯莒,楚师败绩"。《公羊传》:"吴何以称子?夷狄也,而忧中国。其忧中国奈何?伍子胥父诛乎楚,挟弓而去楚,以干阖庐。……曰:事君犹事父也,此其为可以复仇奈何?曰:父不受诛,子复仇可也。父受诛,子复仇,推刃之道也。复仇不除害,朋友相卫,而不相迿,古之道也。"④此处言"父不受诛,子复仇可也",其意为父无罪而见杀,子即可复仇。

孟子曾言"为匹夫匹妇复仇",而《公羊传》则大谈血亲复仇,此所谓"复仇"观念当为古老的宗族意识与儒家的思想概念相互作用的结果,二者在某种程度上有一定的关联性。其实孔子也曾有类似的说法,只是不曾明确提出"复仇"之说。如孔子说"以直报怨,以德报德"(《论语·宪问》),以此来看,孔子当亦能认同以正当的方式复仇,此与孟子、《公羊传》的立场基本是一致的。孟子所言"复仇"观

---

① 李学勤编:《春秋公羊传注疏》,第139页。
② 李学勤编:《春秋公羊传注疏》,第96页。
③ 李学勤编:《春秋公羊传注疏》,第139页。
④ 李学勤编:《春秋公羊传注疏》,第560~563页。

念,当对《公羊传》大谈复仇、首肯复仇的思想立场有相当的影响作用。

二、素王思想

所谓素王,本指上古之帝王。如《史记·殷本纪》言:"伊尹处士,汤使人聘迎之,五反然后肯往从汤,言素王及九主之事。"司马贞索隐云:"素王者太素上皇,其道质素,故称素王。"①除此之外,素王还有一义,指有古圣帝王之德而未有其位之人。此义见于《庄子·天道》篇,云:"以此处上,帝王天子之德也;以此处下,玄圣素王之道也。"成玄英对此注云:"有其道而无其爵者,所谓玄圣素王。"②此可见所谓素王当是指有德而无位者。

笔者在此从比较孔子、孟子所论"圣人"异同的角度来展开探讨③,以观孟子思想中对"素王"观念的界定。

据《孔子家语·五仪解》记载,鲁哀公曾向孔子询问如何选取人才的问题,孔子的回答中提到:"人有五仪:有庸人,有士人,有君子,有贤人,有圣人。审此五者,则治道毕矣。"从中可推知,孔子心目中的人格有五等,即"庸人""士人""君子""贤人""圣人",其中的要求是递次升高的,至"圣人"达到最高。在谈到何谓圣人时,孔子这样说:"所谓圣者,德合于天地,变通无方,穷万事之终始,协庶品之自然,敷其大道而遂成情性。明并日月,化行若神。下民不知其德,睹者不识其邻。此谓圣人也。"④孔子认为"圣人"应达到与天地同德、与日月齐辉的境界,能够化行天下如同神明,而百姓又并非都能识得其德行。这境界自非常人所能及,可见孔子对"圣人"人格的预设可谓达到极高境地。因而孔子认为:"圣人,吾不得而见之矣;得见君子者,斯可矣。"(《论语·述而》)在孔子看来,当时的时代是没有圣人的了,能看到君子就已经知足了。正因为孔子心目中的"圣人"有如此高的标准,是他一生努力追求的境界,因而他不曾认为自己是"圣人"。尽管孔子以天命自任,曾称"天生德于予"(《论语·述而》),"文王既没,文不在兹乎"

---

① 司马迁:《史记》,第94页。
② 王先谦:《庄子集解》,第114页。
③ 参拙文:《孔、孟所论"圣人"异同考》,《管子学刊》,2010年第2期,第70~75页。
④ 杨朝明、宋立林编:《孔子家语通解》,济南:齐鲁书社,2009年版,第59页。

(《论语·子罕》),但终生没有以"圣"自许,甚至自谦到连"仁"也不敢当,他说:"若圣与仁,则吾岂敢?"(《论语·述而》)其后,孔子门人弟子出于对老师的无比崇敬,多尊之若"圣"。可以说,能达到孔子心目中的"圣人"标准者是古代圣王,即尧、舜、禹、汤、文、武、周公。

孟子一如孔子那样,仍将古代圣王作为符合"圣人"人格的道德楷模,然而孔子、孟子之间对"圣人"人格的界定亦有不同。其不同之处表现在,在孔子那里尚不及"圣人"标准的贤君子而在孟子那里则被尊为了"圣人"。例如,《论语·微子》记载:"逸民:伯夷、叔齐、虞仲、夷逸、朱张、柳下惠、少连。"在孔子看来,如伯夷、叔齐、柳下惠等人,尽管孔子曾对他们多次称颂,但是他们尚不及"圣人"之境,而被冠以"逸民",多称为贤君子。然而孟子则认为伯夷、柳下惠,包括孔子都可尊为"圣人",如孟子曾说:"伯夷,圣之清者也;伊尹,圣之任者也;柳下惠,圣之和者也;孔子,圣之时者也。"(《孟子·万章下》)在孟子那里,伯夷被尊为"圣之清者",柳下惠被尊"圣之和者",而孔子则被尊为"圣之时者"。孟子认为,现实社会中各种伦理道德的体现者同样可称为"圣人",或者说是得"圣人"之一体。在某种程度上讲,"圣人"是人们效法的榜样,社会各阶层的人皆可以从"圣人"身上看到指导现实生活的社会伦理道德准则,这也正如孟子所认为的"圣人,人伦之至也"(《孟子·离娄上》)。

孔子所言"圣人"是指古圣先王,如尧、舜、禹、汤、文、武、周公;而孟子所论"圣人"虽一仍如此,但也有更加侧重于德的一面,如孔子、伯夷、柳下惠等人有德而无位,在孟子那里却也被称为得"圣"之一体。孟子赞孔子为"圣之时"、伯夷为"圣之清"、伊尹为"圣之任",并且尤其推重孔子,认为孔子为"集大成"之圣,但孟子也清楚孔子亦是有德而无位的一个代表。孟子在赞颂孔子为"大成"之圣时,偏重于"圣"之德而轻忽现实层面帝王之位,笔者认为从中亦可体现出孟子所论的"素王"思想。孟子虽然并没有明确提出"素王"概念,但他高扬"圣"之德而轻忽现实层面帝王之位的主张,在一定程度上可以说实为后世论"素王"之先声。

公羊家尊崇孔子为"素王",可见于董仲舒《天人三策》中"孔子作《春秋》,先正王而系万事,见素王之文焉"①。其实,将孔子称为"素王",也不是董仲舒的发明,《淮南子·主术》篇就记载:"孔子之通,智过于长弘,勇服于孟贲,足蹑郊菟,力招城关,能亦多矣。然而勇力不闻,伎巧不知,专行教道,以成素王,事亦鲜矣。"②其中认为孔子虽有智有勇多能,却终不以智巧勇力闻于世,只是专行教道,以成素王。以孔子为素王之说,其实这也是受孟子之言的影响,孟子认为孔子为"圣之时者"(《孟子·万章下》),荀子认为"圣人,备道而全美者也,是悬天下之权称也"(《荀子·正论》)。

公羊家所谓"素王"不同于穀梁家所论。公羊家"素王"之说是指"王鲁",而穀梁家所谓"素王"是指继承殷王之政统。从而,公羊学派"素王"观念,认为孔子之《春秋》"王鲁",即认为鲁为三代之正统的继承者。按公羊学的理论,王朝的循环应遵循三统之说,即认为孔子为"素王",在三统中来说就是"王鲁"。《春秋繁露·三代改制质文》记载:"《春秋》应天作新王之事,时正黑统。王鲁,尚黑,绌夏,新周,故宋。"③其中商汤对应的是"时正白统"、周文王对应"时正赤统",以此知董仲舒以夏为正黑统。从而周亡之后,鲁取代之,又为正黑统,即所谓《春秋》应天作"新王""王鲁"。

公羊学尊孔子为素王,就公羊学派中"王"之意的解释,亦可见于董仲舒《春秋繁露·灭国》,说:"王者,民之所往。君者,不失其群者也。故能使万民往之,而得天下之群者,无敌于天下。"④又《春秋繁露·王道通三》记载:"古之造文者,三画而连其中,谓之王。三画者,天地与人也。而连其中者,通其道也。取天地与人之中以为贯而参通之,非王者孰能当是?是故王者唯天之施,施其时而成之。"⑤在董仲舒看来,王者受之于天,而得之万民。董仲舒的这种解释与当时其他今文经学家的认识是有相通之处的,比如在《韩诗外传》中同样有类似的说法,谓:"王者何也?曰:往也。天下往之谓之王。曰:善生养人者,故人尊之。善辩饰治人者,故人安之。善显设人者,故人亲之。善粉饰人者,故人乐之。四统者

---

① 班固:《汉书》,第 2509 页。
② 刘文典:《淮南鸿烈集解》,北京:中华书局,1989 年版,第 312~313 页。
③ 苏兴:《春秋繁露义证》,北京:中华书局,1992 年版,第 187~189 页。
④ 苏兴:《春秋繁露义证》,第 133 页。
⑤ 苏兴:《春秋繁露义证》,第 328~329 页。

具,而天下往之。四统无一,而天下去之。往之谓之王,去之谓之亡。故曰道存则国存,道亡则国亡。"①由此可见,董仲舒、韩婴等今文经学家对"王"之理解多是从得民的角度而论的。《韩诗外传》中所论"王者何也?曰:往也","道者何也?曰:君之所道也。君者何也?曰:群也,能群天下万物而除其害者,谓之君"②,这一谈说模式与《公羊传》《穀梁传》等典籍的文字论述也是极其相似,或可谓当时今文经学家所习用之模式,亦体现出早期经学口说的痕迹。

孟子论"圣"偏重于其中德义的方面,而轻忽对现实层面帝王之位的要求,可以说跳出了之前孔子对"圣"的论说兼顾德、位两方面的范式。而今文经学中的公羊学家,谓"素王"从得之于万民的角度而言,亦见其偏重德义的一面。笔者认为,是孟子为后世言"素王"之说开辟了思想路径,其间之关联不难看出。孟子高扬"圣"之德而轻忽现实层面帝王之位的主张,在一定程度上可以说实为后世论"素王"之先声。

三、通变思想

上文也曾论及,孟子思想中除了论"经、权"问题之外,还有许多可以展现孟子富于"通变""贯通"等思想色彩的地方。而公羊学在变通方面亦可谓是极为明显。

就孟子思想中呈现出的"通变""贯通"等思想色彩,于上文"孟子的通达精神"一节中已有所探讨。单就孟子论"经、权"之处来说,即《孟子·离娄上》中记载孟子的话说:"男女授受不亲,礼也;嫂溺援之以手,权也。"以此,孟子提出行权的问题。然而,孟子亦主张反经,言"君子反经而已矣"(《孟子·尽心下》)。这便是孟子所论"经权"问题。

公羊学论及"行权""变礼"之处,在精神气质上与孟子极为相近。如《春秋》桓公十一年,载:"九月,宋人执郑祭仲。"《公羊传》解为:"祭仲者何?郑相也。何以不名?贤也。何贤乎祭仲?以为知权也。其为知权奈何?古者郑国处于留,

---

① 韩婴撰,许维遹校释:《韩诗外传校释》卷五,北京:中华书局,1980年版,第197~198页。
② 韩婴撰,许维遹校释:《韩诗外传校释》卷五,第197页。

先郑伯有善于邻公者,通乎夫人,以取其国而迁郑焉,而野留。庄公死已葬,祭仲将往省于留,涂出于宋,宋人执之。谓之曰:'为我出忽而立突。'祭仲不从其言,则君必死,国必亡。从其言,则君可以生易死,国可以存易亡,少辽缓之。则突可故出,而忽可故反,是不可得则病,然后有郑国。古人之有权者,祭仲之权是也。权者何?权者反于经,然后有善者也。权之所设,舍死亡无所设。行权有道:自贬损以行权,不害人以行权。杀人以自生,亡人以自存,君子不为也。"①其中,公羊学家提出"行权"的问题,对祭仲知权以存郑是持赞许态度的。宋人执祭仲,令其出君而立突,如果祭仲不从,那么他和国君忽皆有杀身之患,并且郑国也将亡。祭仲从其言,则可保住国君不死、郑国不亡。此谓祭仲身蒙逐君之恶,以存郑国。《公羊传》称"权者反于经",这与孟子言"君子反经而已矣"(《孟子·尽心下》)的说法何其相似。并且《公羊传》发挥了孟子"反经行权"之说,进而提出"行权"的原则,即"自贬损以行权","不害人以行权"。这在一定程度上说,当是受到孟子"经、权"思想的影响,在孟子所言"其文则史"的《春秋》史事的基础上,更进一步发挥了这一通变思想。

此外,公羊家还明确提出"变礼"之说,其实也与孟子言礼之"经、权"有关。《春秋》昭公二十三年载:"天王居于狄泉。"因为昭公二十二年,周景王崩,经文记载"王室乱",而后继者于第二年就开始称"天王",这于礼不合,依礼当为天子三年后才可称"王"。因而,《公羊传》云:"此未三年,其称天王何?著有天子也。"②依何休解诂之意,"时庶孽并篡,天王失位徙居,微弱甚,故急著正其号,明天下当救其难而事之"。由此可见,礼为三年后天子方可称王,而当时作为后继者的敬王不到三年就称"天王",这于礼而言则可称为"权"。《春秋繁露·玉英》针对这类情况,明确提出"变礼"之说,云:"《春秋》有经礼,有变礼。为如安性平心者,经礼也。至有于性,虽不安,于心,虽不平,于道,无以易之,此变礼也。是故昏礼不称主人,经礼也。辞穷无称,称主人,变礼也。天子三年然后称王,经礼也;有故则未三年而称王,变礼也。妇人无出境之事,经礼也。母为子娶妇,奔丧父母,变

---

① 李学勤编:《春秋公羊传注疏》,第96~98页。
② 李学勤编:《春秋公羊传注疏》,第519页。

礼也。明乎经变之事,然后知轻重之分,可与适权矣。"① 所谓"经礼""变礼",当如孟子言"男女授受不亲,礼也;嫂溺援之以手,权也"中的"经、权"之论。孟子之"经、权"与公羊家所谓"经礼""变礼"之说,又是何其相似。《春秋》中所谓"经礼""变礼"之说,经过公羊家之总结,成为应对理想与现实之间矛盾的一种行事准则。其中所富涵的通变思想,也可以说是对孟子"通变""经权"思想的继承与发挥。

总之,虽然孟子论《春秋》的文字并不多,但却涉及孔子作《春秋》、为何作《春秋》、如何作《春秋》等关键问题。就孟子思想及其《春秋》观对后世的影响这一问题,从复仇思想、"素王"思想、"通变"思想等角度来看,可以说孟子思想与公羊学有着密切的关联。

---

① 苏舆:《春秋繁露义证》,第74~75页。

第六章

孟子与《易》

秦政焚书,六经之中唯有《易》以卜筮之书而幸免于难,较其他诸经最为完备。然而自西汉之后,《经》说最为复杂的也莫过于《易》。

《孟子》文本中并无引《易》论《易》之处,似乎表明孟子并不关注《易》。就孟子师承而言,孟子之学宗法孔子,称"乃所愿,则学于孔子也"(《孟子·公孙丑上》)。再者,考虑到孟子与子思的关系,尽管后世说法不一,有孟子"受业于子思之门人"①和"受业于子思之门"②两种不同的说法,但不会影响到孟子之学在渊源上承继子思或子思学派的认识。因而,可以说孟子之学在师承上渊源于孔子、子思一系。

孟子宗法孔子、学承子思,那么我们对孟子与《易》的关系进行探讨,亦终不可无视孔子、子思与《易》的关系问题。孔子与《易》的关系,在许多文献记载中都有所体现,如《论语·述而》记载孔子的话说:"加我数年,五十以学《易》,可以无

---

① 此见于司马迁《史记·孟子荀卿列传》之说。
② 见于如下几处记载:刘向《列女传》:"孟子旦夕勤学不息,师事子思,遂成天下之名儒。"班固《汉书·艺文志》自注:"名轲,邹人,子思弟子。"赵岐《孟子题辞》:"孟子,邹人也。……长师孔子之孙子思。"高诱《淮南子·泛论训注》:"孟子受业于子思之门。"应劭《风俗通·穷通篇》:"孟子受业于子思。"

大过矣",司马迁《史记·孔子世家》云"孔子晚而喜《易》"等。近年来,新的出土文献也可有所体现,其中多有与孔子《易》学相关者,如长沙马王堆帛书《易传》等。帛书《要》篇记载:"夫子老而好《易》,居则在席,行则在囊。"①这与司马迁的记载是相吻合的。此外,从古至今有众多学人对孔子与《易》的关系问题进行过探讨,尽管某些认识并不一定统一,但大体来说孔子与《易》有着紧密关系终不成问题。

子思作《中庸》,其中与《易》的关系问题,也曾为不少学人所关注。至于二者存在怎样的关联,则是需要探讨的问题。我们说孟子宗法孔子、学承子思,既然孔子、子思皆与《易》有着紧密的关联,然而孟子却并无引《易》论《易》之处,这一差异问题怎样理解?这是否说明孟子与《易》并无关系,亦或并不关注《易》?孟子不论《易》的原因是什么?焦循作《孟子正义》,以其易学体系诠释孟子思想,孟子思想深层是否与《易》理相契合,其中又说明了什么?笔者在本章中试图对以上相关问题进行探讨。

第一节 子思《中庸》与《易》的关系

子思作《中庸》,而《中庸》与《易》在义理上又存在许多关联。至于子思作《中庸》之说,可见于《史记·孔子世家》记载:"子思作《中庸》。"②近人金德建对子思作《中庸》之说论述尤为详尽。③依司马迁《史记》的说法,认为孟子应是子思的再传弟子。孟子、子思之间既然有这样一层师承关系,因此也无怪乎在《孟子》书中有一节引到《中庸》的文字,可作为是孟子师承子思的体现之一。即《孟子·离娄上》第十二章记载,孟子曰:"居下位而不获于上,民不可得而治也。获于上有道;不信于友,弗获于上矣;信于友有道,事亲弗悦,弗信于友矣;悦亲有道;反身不诚,不悦于亲矣;诚身有道,不明乎善,不诚其身矣。是故诚者,天之道也;思诚

---

① 廖名春:《马王堆帛书周易经传释文》,收于杨世文主编:《易学集成》,成都:四川大学出版社,1998年版,第3043页。
② 司马迁:《史记》,第1946页。
③ 参见金德建:《司马迁所见书考》,上海:上海人民出版社,1963年版,第153~161页。

第六章 孟子与《易》

者,人之道也。至诚而不动者,未之有也;不诚,未有能动者也。"《孟子》这一段文字与《中庸》的语句基本上相同。然而,孟子在最后加了"至诚而不动者,未之有也;不诚,未有能动者也"一句,这是《中庸》原文所没有的内容。金德建认为,这一句为孟子征引《中庸》之后所补充的新意。据此,金德建认为今本《中庸》应当成书在《孟子》以前,故能为《孟子》所征引并加以补充。金德建从另一方面论证子思作《中庸》,是结合《荀子·非十二子》篇逐句论述篇中关于思孟的议论,他认为"纯然是批评子思所作的《中庸》的"。因此,不论是师法子思的孟子,还是批评子思的荀子,都认为子思作《中庸》之说。

1973年,马王堆汉墓帛书《五行》出土。随之在1993年,又出现郭店楚简《五行》篇。① 学者多认为,这是一篇儒家著作,属于子思、孟子一系。② 而《荀子·非十二子》批评子思、孟子说"略法先王而不知其统,犹然而材剧志大,闻见杂博,案往旧造说,谓之五行",是针对思孟的"五行"学说而言的,在《中庸》《孟子》书中多少能找到这一学说的痕迹。在这一环环相扣的链条中,亦能从出土文献的角度说明子思作《中庸》之说。

于马王堆帛书中,《五行》篇附在《老子》甲本卷后,与此一同出土的还有《周易》经传,亦引起世人极大的关注。

就《中庸》与《易》的关系问题,金德建在其《〈中庸〉思想和〈易〉理的关系》一文中,认为《系辞传》《文言传》二篇大义契合于子思的《中庸》,二者相通的体现在于:《中庸》推重颜回、"言默"与《系辞传》相同;《中庸》"遁世而不悔""庸言庸行""建诸天地""质诸鬼神""问学"和《文言传》相同等十二个方面。③ 笔者认为,金德建所论析的十二条,皆可作为进一步探讨《中庸》与《易传》思想相通的方向。比如,《易·文言》云:"(《乾》)九二曰'见龙在田,利见大人',何谓也?子曰:'龙德而正中者也。庸言之信,庸行之谨,闲邪存其诚,善世而不伐,德博而化。《易》

---

① 马王堆汉墓帛书整理小组:《马王堆汉墓帛书》(一),北京:文物出版社,1980年版,第17~27页。荆门市博物馆:《郭店楚墓竹简》,北京:文物出版社,1998年版,第147~154页。
② 比如庞朴:《帛书五行篇研究》,济南:齐鲁书社,1980年。李学勤:《帛书五行与尚书洪范》,《学术月刊》,1986年第11期。
③ 参见金德建:《先秦诸子杂考》,郑州:中州书画出版社,1982年版,第170~175页。

167

曰:'见龙在田,利见大人',君德也。'"①这与《中庸》所言"庸德之行,庸言之谨,有所不足,不敢不勉"在大义和辞语方面皆是彼此相契合的。《中庸》中这一句上承孔子之言,孔子说"君子之道四,丘未能一焉:……所求乎朋友先施之,未能也",紧接着就是上引"庸德之行,庸言之谨"一句。就此而言,李学勤认为《中庸》这一段是取自孔子的话连缀而成,进而又猜测"庸德之行,庸言之谨"两句很可能引自《文言》,立论理由是认为两句在《文言》的文字中上下结合更紧密,而《中庸》则不然。②笔者认为,此皆可体现子思《中庸》在文辞与思想方面与《易》之渊源关系。

就《易传》的作者及成书问题,自古就有不少分歧,持说不一。笔者认同金景芳、李学勤等认为的孔子作《易传》之说。即使《易传》或非孔子亲自所作,亦是承续自孔子思想而来。金景芳在其《关于〈周易〉的作者问题》一文中,认为:"根据我多年学《易》所得,认为《易传》十篇基本上是孔子作。但里边有记述前人遗闻的部分,有弟子记录的部分,也有后人窜入的部分,脱文错简还不计算在内。"③从中也可看出,金景芳认为《易传》"十翼"基本为孔子所作,也有少部分内容为弟子或后人的记录或窜入。与此持说略有不同者,如金德建则通过《中庸》与《系辞》《文言》相比较研究之后,得出《系辞》《文言》的产生最迟亦不过于子思的时代,认为子思在作《中庸》时吸取了《系辞》《文言》的辞语与大义而融贯于其中。④金德建虽未明言孔子作《易传》,然说子思之前《易传》已成书,实亦基本表明为孔子或孔子弟子时所作。而李学勤又从另一个角度将此说更推进一步,即结合马王堆帛书《周易》的情况,提出《易传》的形成实为一个漫长而复杂的过程,认为不可否认《易传》的基本内容和结构在子思时代已经基本形成的事实。⑤

笔者认为,子思《中庸》与《易传》有着相当程度的关联应是不容否定的。甚至属于《子思子》的《表记》《坊记》《缁衣》等篇所言内容,也有记录孔子引《易》的相关文字,亦可说明子思与《易》学之关联。只是从目前文献来看,子思一系并未见有长于发挥《易》之义理方面的系统论述,因而可以说子思所学亦得闻孔门

---

① 李学勤编:《周易正义》,第15页。
② 参见李学勤:《周易溯源》,成都:巴蜀书社,2006年版,第104页。
③ 金景芳:《学易四种》,长春:吉林文史出版社,1987年版,第215页。
④ 参见金德建:《先秦诸子杂考》,第174页。
⑤ 李学勤:《周易溯源》,第105页。

《易》之义,然而终是无明显长于《易》学的表现。鉴于此,孟子虽然师承于子思,但是并无任何明确引《易》论《易》之处,或可从这一角度作一合理的解释。至于孟子何以不言《易》这一问题,笔者结合孟子所论的"五经"系统之说,略作论析如下。

第二节　孟子何以不言《易》

近来,不少学者从《论语》《庄子》《礼记》《史记》和郭店楚简、帛书易传的相关记载来入手分析,以证明六经的形成源于孔子。这一观点似乎也已被更多的人所接受,可以说《诗》《书》《礼》《乐》《易》《春秋》六经于孔子时已有并称的可能,早期儒家从孔子开始就已奉行这一六经系统。然而孔子之后的早期儒家中,即使是极力推崇孔子的孟子却也并未显示出奉行这一"六经"系统,相反却从不少方面显示出他所奉行的却是"五经"系统。笔者就孟子所持是"六经"还是"五经"系统的问题作一分析,并对孟子何以独不言《易》的原因试作分析。

一、早期儒家的六经系统

儒家自古就有重视"六经"教化的传统。这一传统可以上溯至先秦时期的早期儒家,甚至可以说是孔子删述六经,进行一系列整理与解释性的工作,才得以奠定六经的儒家系统化。

司马迁《孔子世家》就曾经专门讨论孔子与六经的关系。此外,《史记·太史公自序》云:"夫儒者以六艺为法。六艺经传以千万数,累世不能通其学,当年不能究其礼。"①又载:"周室既衰,诸侯恣行。仲尼悼礼废乐崩,追修经术,以达王道,匡乱世反之于正,见其文辞,为天下制仪法,垂六艺之统纪于后世。"②前者为司马谈之言,后者为其子司马迁之言,虽已出现论"六艺""六经"混同的现象,但皆可为汉人视儒家以六经为法、以达王道的一个例证。司马谈所说"以六艺为法","六艺经传",可见他所说的"六艺"实亦指《诗》《书》《礼》《乐》《易》《春秋》六

---

① 司马迁:《史记》,第3290页。
② 司马迁:《史记》,第3310页。

者,因为涉及所谓"六艺"经传,当指经籍之书而言。司马迁言"追修经术","见其文辞","垂六艺之统纪",亦可见这里所言"六艺"也是指经籍,因涉及经术、文辞问题。在《汉书·艺文志》中评说儒家"游文于六经之中,留意于仁义之际,祖述尧舜,宪章文武,宗师仲尼,以重其言,于道最为高"①,其中有"六经"之说,当也是指《诗》《书》《礼》《乐》《易》《春秋》六部经典,此明言其相对于"文"而言。《汉书·儒林传》说:"古之儒者,博学乎六艺之文。六艺者,王教之典籍,先圣所以明天道,正人伦,致至治之成法也。"②上述所论,皆是从汉人的视角来看儒家重视六经之教的社会功用,将六经视为王教典籍,是达王道、至治的成法。此外,在《礼记》等儒家典籍里也多有直接体现儒家重视六经之教的地方。

近年来,出土文献的大量面世,其中的相关论述也印证了传世文献中的说法,这无疑壮大了肯定的声音。如郭店楚简《六德》篇第23至25简记载:"故夫夫、妇妇、父父、子子、君君、臣臣,六者各行其职,而谗谄无由作也。观诸诗、书则亦在矣,观诸礼、乐则亦在矣,观诸易、春秋则亦在矣。"③这里不但《诗》《书》《礼》《乐》《易》《春秋》并称,而且说六者皆是表达"夫夫、妇妇、父父、子子、君君、臣臣"之理的。从中可看出,明显把六经视为一个整体。郭店楚简《语丛一》也有六经并列的内容,说:"礼,交之行述也。乐,或生或教者也。[书,□□□□]者也。诗,所以会古今之诗也者。易,所以会天道、人道也。春秋,所以会古今之事也。"④

据研究,郭店楚简下葬年代在战国中期偏晚,约公元前300年左右,而其中诸篇文献的成书时间肯定要早于公元前300年。单就此出土文献而言,学者们据此认为早期儒家的六经系统至迟在战国中期前后已经形成,这是正确的。

其实学界对孔子与六经关系问题提出质疑者,争论也主要在于孔子与《易》的关系问题。据长沙马王堆帛书中六篇易传的相关研究,似乎也可以确立孔子老而好《易》的事实。然而,需要指出的是在早期儒家内部,却也并非所有的人都

---

① 班固:《汉书》,第1728页。
② 班固:《汉书》,第3589页。
③ 李零:《郭店楚简校读记》,第171页。
④ 李零:《郭店楚简校读记》,第209页。

第六章 孟子与《易》

接受这一六经系统。比如孟子,虽然他十分推崇孔子,但只是奉行"五经"的经典系统。指出这一问题,却也并不否认孔子及早期儒家确立六经系统的事实。

二、孟子奉行"五经"系统

孟子虽然十分推崇孔子,但对孔子删订《诗》《书》《礼》《乐》,赞《易》作《春秋》而形成的六经系统并非完全接受,只是奉行"五经"的经典系统。孟子大量称引《诗》《书》,讨论"礼""乐",申明孔子作《春秋》之旨,然而却无任何明确言《易》之处。

笔者认为孟子奉行"五经"系统,于六经之中不言《易》。学界也曾有人指出这一问题,如王博说:"这种对《周易》的漠视或者怠慢显然是故意的,它让我们相信孟子并不接受'六经'的经典系统,而只是承认五经的地位。于是,我们也许可以提出在先秦儒家中至少存在着'五经'和'六经'两个经典系统的不同。它们之间应该不是历时的关系,而是同时存在着。"①如果单从《孟子》文本来看,笔者认同王博所说早期儒家中至少存在"五经"和"六经"两个经典系统的不同这一说法。但孟子所奉行的是六经还是五经,是否是不接受《易》在儒家的经典地位呢?即使孟子奉行"五经",亦需对这一"五经"说法进行分析。

从《孟子》文本来看,孟子大量称引《诗》《书》,并且赵岐在《孟子题辞》中赞孟子"通五经,尤长于《诗》《书》"。《诗》《书》作为儒家典籍得到最广泛、最大限度的认可,并且儒家之外亦多有称引。孟子对《诗》《书》作为儒家典籍的认可自然不用多说。在早期儒家甚至孔子之前更早的时期,礼、乐本是更多地属于实践层面的技能、制度而言,而并非仅如后世以《礼》经相尚。《礼记·王制》云:"春秋教以《礼》《乐》,冬夏教以《诗》《书》。"②《礼记·文王世子》云:"凡学世子及学士,必时:春夏学干戈,秋冬学羽籥,皆于东序。小乐正学干,大胥赞之;籥师学戈,籥师丞赞之。胥鼓《南》。春诵夏弦,大师诏之;瞽宗秋学《礼》,执《礼》者诏之;冬读《书》,典《书》者诏之。《礼》在瞽宗,《书》在上庠。"③从中皆可看出,在儒家理想中

---

① 王博:《荀子的经典之学》,收在赵敦华主编:《哲学门》(总第十八辑),第53页。
② 孙希旦:《礼记集解》,第364页。
③ 孙希旦:《礼记集解》,第555～557页。

孟子与早期经学研究

以礼、乐教化子弟亦重视其践履层面。先王之道,以《诗》、《书》、礼、乐教,分别以时授之。

孟子宗师孔子,言必称尧舜,秉承先王之道,故而他有大量讨论"礼""乐"的内容并不难看出。只是相较于对《诗》《书》的大量称引来说,孟子对"礼""乐"的涉及更多地是以讨论礼制及"乐"的方式出现的。可以说《孟子》中有极其丰富的礼乐制度资源,待人探寻阐发。孟子申明孔子作《春秋》亦可谓对后世影响深远。孟子说:"世衰道微,邪说暴行有作,臣弑其君者有之,子弑其父者有之。孔子惧,作《春秋》。《春秋》,天子之事也,是故孔子曰:'知我者,其惟《春秋》乎!罪我者,其惟《春秋》乎!'"(《孟子·滕文公下》)孟子是第一位明确指出《春秋》为孔子所作的人。然而通观《孟子》全书,并未见有任何明确论及《易》的地方。

但在后世,人们对孟子与《易》的关系问题却是多有涉及。如程颐曾说:"孟子曰:'可以仕则仕,可以止则止,可以久则久,可以速而速,孔子也。孔子,圣之时者也。'知《易》者莫如孟子矣。"①程子认为孟子精通于易学。王应麟也曾说:"孟子羽翼孔氏,七篇垂训,法严义精,知性知天,《易》之奥也。"以孟子知性知天,作为孟子精于《易》之奥义的体现。明儒郝敬云:"孟子言四端,即《易》之四德也;仁义,即《易》立人之道也;性善,即《易》继善成性也;知性、知天,即《易》穷理尽性至于命也。"②他们都认为孟子与《易》有着密切的关系。到了清代则有戴震、焦循,尤其焦循更是以其易学体系诠释孟子思想到了一个新的高度。然而,笔者以为此为后人所加。也正如伊藤仁斋对上述程子之见评论说:"程子因仕止久速之言,而曰知《易》者莫如孟子,亦不免乎牵强。"③伊藤仁斋认为程子此说未免牵强,笔者亦同意这一评语。其他几家之见与此相类,皆可以说这些认识同是后人对孟子思想的发挥,并不能完全作为孟子精通于《易》学的直接证明。

赵岐在《孟子题辞》中赞孟子"通五经,尤长于《诗》《书》"。笔者认为赵岐所说孟子"通五经",此处"五经"是汉儒所习惯性的称法,指不含"乐"的五经,而非

---

① 杨时辑:《二程粹言》"圣贤篇",王云五主编:《丛书集成初编》,第68页。
② 引自黄寿祺:《群经要略》,上海:华东师范大学出版社,2000年版,第198~199页。
③ 伊藤仁斋:《孟子古义》总论,第4~5页。引自黄俊杰:《东亚儒学史的新视野》,台北:台湾大学出版中心,2004年版,第130页。

不含《易》的五经。章太炎论"六经"之称的来历时说:"《诗》《书》《礼》《乐》,乃周代通行之课本。至于《春秋》,国史秘密,非可公布,《易》为卜筮之书,事异恒常,非当务之急,故均不以教人。自孔子赞《周易》、修《春秋》,然后《易》与《春秋》同列六经。"①他认为《诗》《书》《礼》《乐》是周代所通行的教育课本,自不必多说。只是在孔子之前,《春秋》属于国史秘密不可轻易公布,《周易》属于占卜吉凶之书不是当务所急用的,所以都没有用来教育子弟。到了孔子时,《易》《春秋》经过孔子的整理,才开始与《诗》《书》《礼》《乐》同列为"六经"。章太炎接着说:"六经今存五经,《乐经》汉时已亡。"②在章太炎看来,"五经"之说即是指《乐》经亡佚之后所存的五种经典,这也是汉儒所常言的"五经"所指。然而,须明白这只是后人认识"五经"过程中的一个说法而已。笔者认为,孟子所奉行的"五经"系统事实上是不含《易》的五经,而非不含《乐》的五经。

三、孟子不言《易》的原因

《孟子》文本中并无任何明确言《易》之处,可以认为孟子是奉行"五经"系统的,并不含有对《易》的称引与论述。至于后人以《易》诠释孟子,如程颐、戴震、焦循等人以易学体统来诠释孟子思想,则属于后人附加到孟子及其思想上的内容。那么孟子何以独不言《易》,其原因是什么?笔者试对此问题仅从以下有限的几个角度略作分析。

第一,早期儒家其实多不喜言《易》。提出这一说法,并不是要否认孔子老而好《易》的事实。正如韩非在其《显学》篇所批评的"儒分为八""墨离为三",所分各家"取舍相反不同"③的情况出现也是正常的。孔子晚而喜《易》,但并不意味着后学皆喜《易》。

湖南长沙马王堆三号汉墓出土的帛书中有六篇《易传》。有不少学者以此来证明孔子与《易》的关系问题。笔者也赞同这一观点。只是以马王堆帛书中的《易传》尚不足以证明孟子与《易》的关系,反而却可以说明孟子与《易》的隔阂。

---

① 章太炎:《国学讲演录》,1995年版,第47页。
② 章太炎:《国学讲演录》,第47页。
③ 王先慎:《韩非子集解》,北京:中华书局,1998年版,第457页。

帛书出现在楚地,这虽然与楚地气候有关,使得两千年之前的简、帛得以保存至今,但也从一定程度上表明了《易》在楚地的广泛流行。齐、楚之学,或重阴阳,或重道论。《易》在楚地的广泛流行,一定程度上显示了《易》与道家的密切关系,也可推知战国时期《易》在邹鲁等地的流行程度或许不及南方楚地。孟子不言《易》正是把《易》当作是卜筮之书来看待的,无形中把它排斥在儒家五部经典之外,并未与五经同列。

帛书《要》篇中有一段文字可以展示孔子早年对《易》的态度,说:

> 夫子老而好《易》,居则在席,行则在囊。子赣曰:"夫子它日教此弟子曰:'德行亡者,神灵之趋;知谋远者,卜筮之繁。'赐以为然矣。以此言取之,赐缗行之为也。夫子何以老而好之乎?"①

其中从弟子子贡的疑问这样一个侧面展示出孔子对《易》的态度,可见孔子早年对《易》是极轻视的,将《易》视为"神灵""卜筮"之书,认为好《易》就会"德行亡""知谋远"。可以说孔子早年对《易》的这一看法,定不是一个孤立的、仅代表个人喜好的立场问题,由此亦可以看出早期儒家中应当有相当程度的排斥《易》的思想倾向存在。池田知久认为《要》篇成书年代在汉初,并认为"创始于孔子的儒家学派,在其到汉初的整个历史中,大部分期间并不爱好《易》,只是到了汉初才变得喜欢起来"。② 这一说法并非一无道理,且不论他对《要》篇成书年代的判定问题,至少他对战国时期的孔子后学"并不爱好《易》"的说法是值得思考的。

孟子正是将《易》视为卜筮之书,这或为孟子并不言《易》的一个原因所在。先秦时期人们普遍将《易》视为占卜之书,直到秦初仍然如此。《易》之所以能逃过秦火一劫,也正在于它有卜筮之书的外在形式。在《汉书·儒林传》中有一言:"及秦禁学,《易》为筮卜之书,独不禁,故传受者不绝也。"③亦可以反观这一问题。

第二,后世所载《易》的授受体系亦不与孟子相近。

正如上面提到早期儒家多不喜言《易》,然而并不是说孔子及其后学就没有

---

① 廖名春:《马王堆帛书周易经传释文》,《续修四库全书》经部第一册第37页。又收于杨世文主编:《易学集成》第三册,第3043~3044页。
② 池田知久:《马王堆汉墓帛书周易要篇的思想》,东京大学《东洋文化研究所纪要》第126册,第36页。
③ 班固:《汉书》,第3597页。

研《易》传《易》者。正史记载中关于《易》的授受体系,如《史记·仲尼弟子列传》载:"孔子传《易》于瞿,瞿传楚人馯臂子弘,弘传江东人矫子庸疵,疵传燕人周子家竖,竖传淳于人光子乘羽,羽传齐人田子庄何,何传东武人王子中同,同传淄川人杨何。"① 即传《易》的系统是:孔子——商瞿——馯臂——矫疵——周竖——光羽——田何。而《汉书·儒林传》中所载《易》的传授系统则略有不同,说:"自鲁商瞿子木受《易》孔子,以授鲁桥庇子庸。子庸授江东馯臂子弓。子弓授燕周醜子家。子家授东武孙虞子乘。子乘授田何子装。及秦禁学,《易》为筮卜之书,独不禁,故传受者不绝也。"② 所列授受系统为:孔子——商瞿——桥庇——馯臂——周醜——孙虞——田何。从中亦可见,先秦时期以来《易》一直是被作为筮卜之书来看待的。如果说荀子与《易》相关或是可以的,授受体系中的"子弓"即为荀子所推崇,荀子将之与孔子并列。然而,我们看这一易学的授受体系,并不与孟子有任何关联。这从一个侧面也可以说明孟子何以不言《易》的问题。这一条与其说是孟子不言《易》的原因,倒不如说是反思这一问题的一个角度。

第三,孟子并非稷下先生,亦不曾游学楚地。

上面提到荀子与《易》的关系,笔者认为在很大程度上是因为荀子曾长期居于稷下,亲历稷下活跃的学术氛围,浸染齐学等地学风,并且三为祭酒,晚年也曾游学并居于楚。而孟子虽然也曾两次游齐,但并非稷下先生,当然也并未有居于楚地的经历。

在西汉末年,刘向校定整理《荀子》一书时曾作《叙录》一篇,其中对荀子生平及学术作了如下概括说:"孙卿,赵人,名况。方齐宣王、威王之时,聚天下贤士于稷下,尊宠之。若邹衍、田骈、淳于髡之属甚众,号曰列大夫,皆世所称,咸作书刺世。是时孙卿有秀才,年五十,始来游学。诸子之事,皆以为非先王之法也。孙卿善为《诗》《礼》《易》《春秋》。至齐襄王时,孙卿最为老师,齐尚修列大夫之缺,而孙卿三为祭酒焉。齐人或逸孙卿,孙卿乃适楚,楚相春申君以为兰陵令。"③ 在笔者看来,荀子善为《易》,与他广泛交游于稷下有关,亦与他晚年居楚有关。而

---

① 司马迁:《史记》,第2211页。
② 班固:《汉书》,第3597页。
③ 王先谦:《荀子集解》,第557页。

孟子虽至齐但并未有游学稷下的经历,亦未曾到过楚地。钱穆先生于20世纪30年代有《孟子不列稷下考》一文。① 该文篇幅不长,但却坚实地提出孟子非稷下先生的三条证据。近年来,白奚也曾对孟子是否为稷下先生的问题进行过分析,亦持钱氏之见。② 笔者无意纠结于孟子是否为稷下先生的问题上,而在于以此显示孟子之学与稷下之学虽有关联,然而差异更大。这或为孟子不言《易》的又一原因,值得反思。

总之,笔者认为孟子所奉行的是一种"五经"的经典系统。众所周知,儒家推重六经之教,可以说早在孔子时就已奠定了儒家化的六经系统。然而,孔子所创儒学化的六经体系,在早期儒家内部却并未被完全接受。以孟子来说,孟子奉行的实际是一"五经"的经典系统。孟子有对《诗》《书》《礼》《乐》《春秋》的称引与论说,然而独不言《易》。笔者认为,孟子不言《易》的原因在于他将《易》尚视为筮卜之书,同时也与孟子并非稷下先生,且所持之学与齐、楚之学的风格差异较大有一定关系。

第三节　焦循《孟子正义》中的易学观平议

如上所述,孟子虽不言《易》,而后世多称孟子精于易学,孟子思想深层在多大程度上与《易》理相契合,这是很值得探讨与反思的问题。至清代,戴震、焦循等人更是关注于孟子与易学的关系,尤其是焦循以《易》解《孟》更为突出。焦循有"易学三书",一生多数时间研《易》,他晚年所著成的《孟子正义》即以其易学体系来解《孟子》,于以《易》解《孟》者当中尤为突出,也尤为系统。笔者以焦循为以《易》解《孟》的代表,亦以此为切入点,来反观后世论孟子精于《易》之诠释学意义,以及对焦循以《易》解《孟》的思想体系进行检讨。

焦循的《孟子正义》是他一生中最后的著作,嘉庆二十五年(1820)焦循病逝时此书已大体撰成。此书以汉人赵岐《孟子章句》为基础,加以疏解,并博采清人诸家之说达六七十家之多,可以说是总结了乾嘉汉学在孟学研究方面的成果。

---

① 钱穆:《先秦诸子系年》,第272~274页。
② 白奚:《稷下学研究》,北京:三联书店,1998年版,第154~161页。

第六章　孟子与《易》

焦循之子焦廷琥《先府君事略》中记载焦循自称："采择前人所已言,而以己意裁成损益于其间,余所撰《孟子正义》是也。"①

就焦循以《易》解《孟》的相关问题,前人对此也有过关注。如陈居渊《论焦循〈孟子正义〉的易学诠释》②一文,从焦循对孟子的"道""经权""性善"等思想问题的诠释来入手,对焦循的这一诠释过程进行探讨。此外,李明辉也曾对焦循释孟的问题撰文探讨,可见其《焦循对孟子心性论的诠释及其方法论问题》一文。③ 李明辉的探讨更侧重于从经典诠释的角度,而且对焦循《孟子正义》以易释孟这一问题只是作为探讨的一部分或者说是一个切入点,而并不是文章的最终归宿点。陈居渊所论,亦只是抓住了焦循释孟中的"性"与"道"两点。于今天来看,尚且需要更为全面地审视这一问题。

一、焦循之"贯通"精神

焦循一生致力于诸经,著作宏富,为清代乾嘉朴学中扬州一派的代表人物,时人誉之为"通儒"。他所著《易学三书》《孟子正义》以及关于《礼记》《左传》《尚书》《诗经》《论语》等儒家典籍的相关著述,为学界所重。通观焦循治学之风格,尤以其"贯通"精神最为显著。我们探讨焦循《孟子正义》之易学观,而他的"贯通"精神无形中为探讨这一问题起到思想铺垫的作用。

焦循曾在其《论语通释》自序中如是说:"读《论语》而未得其指,则孔子之道不著。孔子之道所以不著者,未尝以孔子之言参孔子之言也。余尝善东原戴氏作《孟子字义考证》④,于理、道、性情、天命之名,揭而明之若天日,而惜其于孔子一贯忠恕之说,未及阐发。数十年来,每以孔子之言参孔子之言,且私淑孔子而得其指者,莫如孟子。复以孟子之言参之,既佐以《易》《诗》《春秋》《礼记》之书,或旁及荀卿、董仲舒、扬雄、班固之说,而知圣人之道,惟在仁恕。"⑤此为焦循自叙

---

① 引自陈居渊:《焦循儒学思想与易学研究》,济南:齐鲁书社,2000年版,第430页。
② 陈居渊:《论焦循〈孟子正义〉的易学诠释》,《孔子研究》,2000年第1期。亦见于其《焦循儒学思想与易学研究》,第106～119页。
③ 见李明辉编:《中国经典诠释传统(二):儒学篇》,第147～175页。
④ 所引版本中为"孟子字义考证",实当为戴震《孟子字义疏证》。
⑤ 见焦循:《论语通释》,收于《清代学术丛书第一辑》,香山黄氏古愚室辑印。

其撰述《论语通释》一书缘起、方法与体例,其中说"以孔子之言参孔子之言",又以"孟子之言参之",再"佐以《易》《诗》《春秋》《礼记》",复又旁及"荀卿、董仲舒、扬雄、班固"之说,由此而得体悟圣人之道在于"仁恕"。焦循此言,足见其于诸经典之中得以贯通其精义,可谓触类旁通,言说得当。试想,焦循若无此贯通精神,如何有如此宏阔的思想气象。

而得以体现焦循之"贯通"精神之处,亦可见于焦循《论语补疏》序言中所言。焦循说:"以《孟子》释《论语》,无不了然明白。至《论语》一书之中,参伍错综,引申触类,其互相发明之处,亦与《易》同。"焦循在这里将《论语》《孟子》《易》三者相互发明,更可见其精神的"贯通"之处。焦循一生之中,于易学用力很多,此外还致力于《孟子》的系统整理与探讨。因而,焦循在其《孟子正义》一书中,无形中亦以其《易》学思想来贯通于其中的思想概念。

焦循致力于诸经典,呈现出极明显的"贯通"精神,应当说也是得益于他在易学方面的造诣。正如他于上述所言,展现其治经的风格尤其擅长于以经来证经,亦如他说"参伍错综""引申触类"之论,可见他时时沉潜于诸经义之中,反复探究引申,渐渐得以贯通于各经之义,以阐明、发扬圣人之道。

在焦循《孟子正义》中体现他以其易学精神诠释孟子思想之处,可以说在许多篇章中都有出现。比如在《孟子·离娄上》第十九章,这一章中孟子论"事亲为大"之义,而焦循对此章的释读为:"孟子深于《易》,悉于圣人通变神化之道,故此篇首言行先王之道,而要之以道揆,盖不独平天下宜如是也。人伦日用,均宜如是。既明援天下以道,道何在,通变神化也。如父之教子,宜以正矣;有时而'势不行',则宜变通,使'易子而教'。子之事亲,宜其养矣;有时而'问有余',则宜变通,使'必曰有'以'养志'。"①孟子似在不经意间谈"事亲"与"守身"的问题,赵岐的注也无非就事而论。然而焦循对此的解释中却以为孟子深得易学之理,体现了孟子对圣人之道在于通变神化的精深理解。孟子认为"尧舜之道,不以仁政,不能平治天下。今有仁心仁闻而民不被其泽,不可法于后世者,不行先王之道也"。(《孟子·离娄上》)孟子以先王遗法释为"道",同时又说"上无道揆也,下无法守也",赵岐注"言君无道术可以揆度天意,臣无法度可以守职奉命",意思是孟

---

① 焦循:《孟子正义》,第525页。

子认为在遵循先王遗法的同时也要体会运用道术来实行仁政,即在现实层面的施行,要使人民既得其利以体现天意。焦循则认为这是孟子是发明了《周易》通变神化之旨,以体现对道的表述。

焦循在释孟的过程中,尤其注重阐发其通变神化思想,而此亦是受其《易》学思想体系的影响。正如上所引,焦循抓住"宜变通"这一点,反复论其通变神化思想,言孟子深于《易》,实为焦循自己以《易》之变通思想贯通于其中。我们说焦循于诸经之整理与释读中,富于贯通精神,一方面得益于他终生多半治《易》之体验,另一方面也使他在整理与释读其他经典时得以其易学思想来应对、通贯。表现之一就在于焦循《孟子正义》中以《易》释孟的思想体系中。可以说,就其以《易》释孟而言,正是焦循以经证经、相互发明的治学风格使其呈现通贯精神,同时又以此促成了他《易》之孟学化、《孟》之易学化思想体系。因而,笔者以焦循之"通贯"精神来展开对焦循以《易》释孟体系的检讨。

二、焦循对孟子论"道"的理解

探讨焦循以《易》释《孟》,首先来看焦循对孟子所论思想概念的阐发与释读,从中展现焦循《孟子正义》中易学观的面貌。

孟子论及"道"之处,以《孟子·离娄下》第十四章中的记载来看,孟子曰:"君子深造之以道,欲其自得之也。"对于这一章,赵岐的注解是:"造,致也。言君子问学之法,欲深致极竟之以知道意,欲使己得其原本,如性自有之也。"①赵岐认为,孟子此言是讲君子问学之法,要落实在自身上,以深刻体会道之意。朱熹则认为:"言君子务于深造而必以其道者,欲其有所持循,以俟夫默识心通,自然而得之于己也。"②可见,朱熹的注解亦落脚于"自得"这一点上,而得之于己的方法是持续以其道来探索,以达到默识心通之境。

而焦循对这一章的疏解,与赵岐、朱熹等前代诸说皆不同,展现出一种全新的面貌。焦循是以易学"通变神化"之道来反观孟子"深造自得"之说。他将"通变神化"视为《易》所显示的"道"的真正内涵所在。焦循首先引戴震《孟子字义疏

---

① 焦循:《孟子正义》,第558~559页。
② 朱熹:《四书章句集注》,第292页。

证》之说,以《易》"精义入神,以致用也","智周乎万物,而道济天下,故不过"以及孟子此章之言"君子深造之以道,欲其自得之也",皆为精于道之谓也。随之,焦循作按语认为:

> 《易·系辞传》云:"夫《易》,所以极深而研几也。唯深也,故能通天下之志;唯几也,故能成天下之务。"深造即极深也。以道即研几也。自得,则通天下之志,成天下之务也。"一阴一阳之谓道",道者,反复变通者也。①

由此可见,焦循对于孟子"深造自得"之说,以《易·系辞》"极深研几"来诠解。这是焦循用其易学思想体系来贯通于孟子之说的一点体现。陈居渊认为,若更进一步讲,焦循的所谓"研几",其实是专指《周易》爻位相互置换的爻位运动规律。②因为焦循《易通释》中有言曰:"其知几也,乾二不之坤五,而四之坤初,成复,失道而不善矣。若不变通则不善,不能改,自知不善即知几。变而旁通于姤,是为反复其道。《传》即赞之云"天行也",天行即乾行。又于乾九三赞云:终日乾乾,反复道也。然则由当位而变通,为知几,为反复道。由失道而变通,亦为知几,为反复道。《传》又总赞之云:夫《易》圣人所以极深而研几也。唯深也,故能通天下之志;唯几也,故能成天下之务。研,摩也,知几因而摩之为研几;深,潜也,阳潜于二因而中之为极深。深而极则先二五,深而求则先初四,故浚恒为凶也。"③其中所言"当位""失道"本是指卦中六爻之象及其爻位来说的。一般来讲,初、三、五为阳爻之位,二、四、六为阴爻之位,阴爻、阳爻各当其位则称为当位,不当位则称为失道。孟子所言"深造""自得",单从文意来看,并无爻位、卦象之说。而焦循所理解的孟子之言,则将易学的爻位变换之说来重新诠释孟子思想,因而才有上述引《易传》"极深研几"所发的议论。这是焦循以《易》解《孟》的一个方面的体现。

焦循以《易·系辞》中一句与孟子所言对应起来进行注解,将孟子"深造之以道"分离成"深造""以道"两个词与《易·系辞》"极深""研几"两个概念进行比附,

---

① 焦循:《孟子正义》,第559页。
② 见陈居渊:《焦循儒学思想与易学研究》,第109页。
③ 焦循:《易通释》"几"条,《皇清经解》卷一千九十一。

直言"深造即极深""以道即研几",不得不说这样的牵连比附略显僵硬。如果说孟子此言与《易·系辞》一句有所关联的话,或可说由于"深造"方可致"极深",何以"研几","研几"何物或可说"以道""研几"或"研几"以"道",这样的关联更合理一些。尽管焦循在这一章中的比附显得有点牵强,但他所阐发的易理却可以说是大大拓宽并深化了孟子思想的视域,他将博学以深造、自得于变化之道、以权致用等内容充实了孟子思想,或者说阐明了孟子思想深层隐而不彰的那部分内容。所以说焦循在此章的注解,虽然有牵强比附之嫌,但大体可以说还是"两得"之见。

此外,在《孟子·告子上》第七章中记载,孟子说:"心之所同然者何也?谓理也义也。圣人先得我心之所同然耳。故理义之悦我心,犹刍豢之悦我口。"对此,赵岐注云:"心所同耆者,义理也。理者,得道之理,圣人先得理义之要耳。"①赵岐释"理"为"得道之理",已将理与"道"相关联起来理解孟子之意。对于孟子所言"理""义"这样的思想概念,历来为诠释者所关注,原因在于这类具有宏阔气象的思想概念最易构架起一个载体,使得后世思想者得以有宽广的诠释空间。就孟子此言进行疏解者,至宋时程颐说:"在物为理,处物为义,体用之谓也。"②可见,程子已将孟子言"理""义"上升至体用论的层面来说。程子之意,所谓"在物为理"指从物本身而言,皆有其理,此处之"理"则是实体性的概念,处于"体"的位置。所谓"处物为义"指从外界去对待物的角度而言,似以人之立场,来对待物,是以有"义"之说法,此处之"义"当表功能性的概念,所以程子有"用"之言。这一解读富有宋儒之理学色彩。而到了焦循对孟子这一句诠解之时,则又是一全新的面貌来展现的。如焦循对此章的注解中,引《易·说卦传》:"和顺于道德而理于义,穷理尽性,以至于命。"焦循说:"孔子言道德性命,指出理字,此孟子所本也。道者,行也。凡路之可通行者为道,则凡事之可通行者为道。得乎道为德,对失道而言也。道有理也,理有义也。理者,分也。义者,宜也。其不可通行者,非道矣。可行矣,乃道之达于四方者,各有分焉,即各有宜焉。"③焦循认为孟子言

---

① 焦循:《孟子正义》,第765页。
② 朱熹:《四书章句集注》,第330页。
③ 焦循:《孟子正义》,第773页。

"理"字本之于孔子言道德性命,并且从是否"可通行"这一点来论孟子之所谓"道"。在焦循看来,犹如路,凡可通行之路则可称为道;犹如事,凡可通行之事亦可称为道。如此一来,焦循是以万事万物运行的规律这一层面来论孟子所谓"道",这接近于其易学体系之所谓"道",是所谓"故能弥纶天地之道,仰以观于天文,俯以察于地理"①。即圣人通过仰观、俯察就可感知的万事万物的规律,这是一向外的维度。而孟子所言性命、天道,最终皆为内化于人之内心的德义,此为一向内的维度。因而,焦循以《易》学体系中所认知的"道",来诠释孟子在此所言"理""义",二者在思想的脉络上是否相契合,尚需要更为审慎地思考。笔者认为,焦循就孟子所论"道""理""义"皆以易学思想体系来诠解,或在思想理路上与孟子是有一定差异的。

三、焦循对孟子论"经、权"的理解

焦循多致力于易学,因而在其《孟子正义》之中,过多地呈现出他以其《易》学体系来诠释孟子思想的地方。其中,焦循议论最多的还在于用《易》之"通变神化"思想来审视孟子之意。

《孟子·梁惠王下》第十五章记载:

> 滕文公问曰:"滕,小国也。竭力以事大国,则不得免焉。如之何则可?"孟子对曰:"昔者大王居邠,狄人侵之。……邠人曰:'仁人也,不可失也。'从之者如归市。或曰:'世守也,非身之所能为也。效死勿去。'君请择于斯二者。"

赵岐就此章《章指》云:"太王去邠,权也。效死而守业,义也。义权不并,故曰择而处之也。"②对这一章而言,赵岐以"经权"之说来解,其中所谓"义"即属"经"之范畴。而焦循却就"经权"之见阐发开来,亦可体现他以《易》学体系诠释孟子思想的特点。焦循说:"《梁惠王》上下篇,至此二十二章,皆对时君之言,而结之以'君请择于斯二者',赵氏以'权'解之,是也。权之义,孟子自申明之。圣人通变神化之用,必要归于巽之行权。请择者,行权之要也。孟子深于《易》,七篇之作,

---

① 李学勤编:《周易正义》,第266页。
② 焦循:《孟子正义》,第167页。

第六章 孟子与《易》

所以发明伏羲、神农、黄帝、尧、舜之道,疏述文王、周公、孔子之言,端在于此。儒者未达其指,犹沾沾于井田封建,而不知变通,岂知孟子者哉!"①在焦循看来,孟子早已申明"经权"之义,而这一章里的"请择于斯二者"正体现孟子深明于行权之要,亦体现了圣人通变神化之用,更从一个方面说明孟子深于易学。然而,焦循为何如此关注于孟子"经权"之辨?笔者认为,这是与焦循精研于《易》紧密相关的。焦循形成一套以易学为基础的思想体系,所以他在论"经权"之说时,也多是以《易》理来诠解。如他在《说权》文中,说道:"法不能无弊,有权则法无弊。权也者,变而通之之谓也。法无良,当其时则良,当极寒而济之以春,当极暑则和之以秋,此天道之权也。故为政者,以宽济猛,以猛济宽。夏尚忠,殷尚质,周尚文,所损所益,合乎道之权。《易》之道,在于趋时,趋时则可与权矣。"②他将天道之权、为政之权等皆归之于《易》道趋时、变而随通之理。故而可以说,焦循不只对孟子思想而言是以《易》道变化之说来诠释,对于《论语》《公羊》《诗经》中的相关经权内容也是以《易》解之。同样见于焦循《说权》一文,分别就《论语》"先进于礼乐,野人也;后进于礼乐,君子也""可与立,未可与权",《公羊》"权者何?反于经然后有善者也",《诗经》"唐棣之华,偏其反而"等句,也是以《易》理解之。如他说:"夫经者法也。法久不变,则弊生,故反其法以通之。不变则不善,故反而后有善。不变则道不顺,故反而后至于大顺。……礼减而不进则消,乐盈而不反则放。礼有报而乐有反,此反经所以为权也。"③焦循此段议论正是上承《论语》《公羊》《诗经》中相关"经权"内容而发。焦循将"经"释为法,但他也十分清楚,六经虽为治世之大经大法,然而法无万世不变之常法,便将损益、趋时之道等等一并赋予在"权"上。

即使孟子所论与"经、权"并无直接关联,焦循的诠解仍可显示出以"通变神化"释之者。《孟子·离娄上》第一章记载孟子的话说:"故曰徒善不足以为政,徒法不能以自行。"焦循对此解释为:"行仁政必有法,徒有仁心而无法,不可用为政也。有法而不以仁心施之,仍与无法等。……《易·系辞传》云:'制而用之谓之

---

① 焦循:《孟子正义》,第167页。
② 焦循:《雕菰集》卷十,"说权",第143页。见王云五编:《丛书集成初编》。
③ 焦循:《雕菰集》卷十,"说权",第144页。

法,利用出入、民咸用之谓之神。'非法,无以为通变神化之用也。"①焦循引《易传》以释孟,认为徒有善心,没有法也不足以行仁政。有法,但没有善心来施行这一法,也不足以行仁政。焦循并且把法当作是圣人行仁政、达通变神化之境的必要的一个条件。孟子说:"圣人既竭目力焉,继之以规矩准绳,以为方员平直,不可胜用也。"(《孟子·离娄上》)焦循仍然以"通变神化"之说来解释孟子的话,他说:"圣人原非全恃规矩准绳而不竭目力,然其通变神化,在耳目心思,而必继述规矩准绳,而耳目心思所竭乃能通变神化,运用不穷也。"②焦循将孟子所言"规矩准绳"之用,也与"通变神化"关联起来,认为圣人在耳目心思所竭之时,再用之于"规矩准绳"之法,方可达到通变神化之境。孟子言:"上无道揆也,下无法守也,朝不信道,工不信度,君子犯义,小人犯刑,国之所存者,幸也。"焦循正义曰:"一阴一阳之谓道,元亨利贞,谓之四德。显道神德行,全在能揆度以合天德,此通变神化,所以垂衣裳而天下治也。若无道术,则不能揆度;不能揆度,则不能制而用之为法,臣下遂无以守职奉命矣。揆度天意,乾健之不已也。守职奉命,坤顺之承天也。"③焦循在这里明显以易学体系来诠释孟子。他将君上揆度天意,视为犹如乾卦"健"之德,将臣下守职奉命,视为犹如坤卦"顺"以承天。焦循视君王上以揆度天意,若合天德,则可达通变神化之境,所以也可达到垂衣裳而天下治的效果。

焦循不只是以"通变神化"来释孟,并且将孟子思想上推到伏羲、神农、文王这一脉络上。《孟子·公孙丑上》第二章是孟子与弟子公孙丑谈"不动心""养浩然之气"的内容。在此章内容之后,焦循诠释说:"《易》之道,大中而上下应之,此志帅气之学也。分阴分阳,迭用柔刚,通其变使民不倦,神而化之使民宜之,此'可仕可止,可久可速'之学也。至于通变神化,而集义之功,极于精义,求心之要,妙于先心,此伏羲、神农、尧、舜、文王、周公相传之教,孔子备之,而孟子传之。"④焦循在此以易学体系诠释孟子思想的特色更为明显,将孟子思想视为是继

---

① 焦循:《孟子正义》,第484页。
② 焦循:《孟子正义》,第485页。
③ 焦循:《孟子正义》,第487页。
④ 焦循:《孟子正义》,第219~220页。

伏羲、神农、尧、舜、文王、周公、孔子之后的承接者。一般所说的孟子"言必称尧舜",而在焦循这里已经转变为孟子是直接承接到伏羲、神农、文王这一脉络上,可见焦循是以易学体系而言的。这是他体认孟子思想时一个自创自得之处,或并非孟子思想所本有。《孟子·滕文公上》第四章中,孟子依次谈到尧、舜、禹,而在尧之前并无伏羲、神农、黄帝等先圣的描述,知焦循以其易学体系释孟子,称孟子是继伏羲、神农、尧、舜、文王、周公、孔子之后的承接者,当为焦循所附加。

四、焦循对孟子"性善"论的理解

焦循对孟子论人之性的辨析,是体现焦循以《易》解《孟》比较突出的一点。总体来说,焦循同样是以《易》之"通变"思想来诠解孟子的"性善"论。

《孟子·告子上》第四章记载:

> 告子曰:"食色,性也。仁,内也,非外也。义,外也,非内也。"孟子曰:"何以谓仁内义外也?"……曰:"耆秦人之炙,无以异于耆吾炙。夫物则亦有然者也,然则耆炙亦有外与?"

对于告子所言,赵岐注曰:"人之甘食悦色者,人之性也。仁由内出,义在外也,不从己身出也。"告子的观点很明确,认为甘于美食、悦于美色即为人之性。另外,告子还有"生之谓性""性无善无不善"之说,皆见于《孟子·告子上》篇。对于此章孟子与告子的对话,焦循《孟子正义》疏解为:"饮食男女,人之大欲存焉。欲在是,性即在是。人之性如是,物之性亦如是。惟物但知饮食男女,而不能得其宜,此禽兽之性,所以不善也。人知饮食男女,圣人教之,则知有耕凿之宜,嫁娶之宜,此人之性所以无不善也。人性之善,所以异于禽兽者,全在于义。义外非内,是人性中本无义矣。性本无义,将人物之性同。告子始以仁义同比桮棬,则仁亦在性外,此分仁义言之。《管子·戒篇》云:'仁从中出,义从外作。'朱长春云:'仁内义外昉于此。'告子亦有本之言。《易·文言传》云:'义以方外。'告子所云义外,或同此意,故诘之。"①焦循所发的这一段议论,主要是针对告子言"食色,性也"及"仁内义外"而言的。在这几章中,孟子是反对告子的人性论观点的。孟子明确反对告子"生之谓性""仁内义外"说,并且还进一步提出"仁、义、礼、智"皆为

---

① 焦循:《孟子正义》,第743页。

人性所固有,"非由外铄我也"。孟子以"四心""四端"说来解仁、义、礼、智,认为恻隐之心为仁之端、羞恶之心为义之端,足以证孟子反对告子的"仁内义外"之说,而持"仁义内在"的观点。然而焦循却指出饮食男女为人之大欲,是源于性并且与人性是一致的,并在这一段中陈述告子"义外"之说,称"义外非内,是人性中本无义"。这样来看,焦循对人性的阐释与告子相近,而与孟子的"性善"、"仁义内在"说并不相一致。对此也许有人会质疑,认为这一段是焦循在对告子之说所作的疏解,因而难免在观点上与告子相近。如果单从这一段并不能完全说明焦循赞同告子而与孟子相违的话,我们还可以再参以焦循在其他处的说法。

在《孟子正义》中,焦循对于孟子性善说的诠解分散在各章注文中,然而他也撰有《性善解》五篇短文,对以孟子为代表的性善说做了较为系统的阐释。如在其《性善解》(一)中有这样的记载:"性善之说,儒者第以精深言之,非也。性无他,食色而已。饮食男女,人与物同之。当其先民,知有母不知有父,则男女无别也。茹毛饮血,不知火化,则饮食无节也。有圣人出,示之以嫁娶之礼,而民知有人伦矣;示之以耕耨之法,而民知自食其力矣。以此示禽兽,禽兽不知也。禽兽不知,则禽兽之性不能善。人知之,则人之性善矣。以饮食男女言性,而人性善,不待烦言自解也。禽兽之性不能善,亦不能恶。人之性可引而善,亦可引而恶。惟其可引,故性善也。牛之性可以敌虎,而不可使之咥人。所知所能,不可移也。惟人能移,则可以为善矣。是故惟习相远,乃知其性相近。若禽兽则习不能相远也。"①以此来看,亦可表明焦循更赞同告子所说的"食色,性也"的观点。焦循明确说"性无他,食色而已",并且试图从这一层面来诠解"性善"。如何达到性善呢?在焦循看来,需要有一个条件,即"圣人",以圣人来开化人民,教化人民懂得婚嫁、人伦等各种礼义,从而得以实现人之性善。人与禽兽不同之处也正在于此,人可以知礼,而禽兽不能。然而焦循与孟子性善论最大的不同在于,焦循站在告子的立场上,重申了人与物相同的一面,即以食色言性。同时,他又试图从"食色性也"的层面来诠释"性善",承认在圣人出现的环境中、在圣人施以教化的前提下,人又是可以知礼义廉耻的,以此来保证"性善"得以实现。焦循称"人之性可引为善,亦可引为恶",这是本质上不同于孟子"性善"论的地方。

---

① 焦循:《雕菰集》卷九,第127页。王云五主编:《丛书集成初编》。

第六章 孟子与《易》

焦循对于孟子的"性善"论,除试图在告子"食色性也"这一层面努力向"性善"方向进行诠解之外,还以易学"感通"之说来阐释。《孟子·告子上》第一章记载:

> 告子曰:"性,犹杞柳也;义,犹桮棬也。以人性为仁义,犹以杞柳为桮棬。"孟子曰:"子能顺杞柳之性而以为桮棬乎?将戕贼杞柳而后以为桮棬也?如将戕贼杞柳而以为桮棬,则亦将戕贼人以为仁义与?率天下之人而祸仁义者,必子之言夫!"

对此,焦循正义如是说:"盖人性所以有仁义者,正以其能变通,异乎物之性也。以己之心,通乎人之心,则仁也。知其不宜,变而之乎宜,则义也。仁义由于能变通,人能变通,故性善;物不能变通,故性不善,岂可以草木之性比人之性? ……人有所知,异于草木,且人有所知而能变通,异乎禽兽,故顺其能变者而变通之,即能仁义也。杞柳为桮棬,在形体不在性,性不可变也。人为仁义,在性不在形体,性能变也。"①以此可见,焦循正是以《易》之"通变"思想来诠释孟子之"性善"论及"仁义"说。焦循以"通"来解"仁",以"变"来解"义"。在他看来,人之性善又是通过人能变通来实现的,也正因为人能变通才得以有仁义。至此,可以说焦循视"性善"说得以实现的条件至少有两个,一个是需要圣人来开化,另一个是人能变通。"人能变通"的说法,即是借用《易》"通变"思想来解孟子"性善""仁义"。只是焦循强行用"圣人出""通变"两个因素来将告子"食色性也"的立场扭转为孟子"性善"论的观点,而无视他所立论的基础及思想内部与孟子"性善"论的抵牾之处。焦循言"性善"有待于"圣人出""通变"两个外在的因素,而孟子之"性善"论是在无待的层面从人之内心来说的。

此外,在焦循《性善解》(四)中,也有体现以《易》解孟子"性善"论的地方,说:"性善之可验者有三:乍见孺子入井,必有怵惕恻隐之心者,一也;临之以鬼神,振之以雷霆,未有不悔而祷者,二也;利害之际,争讼喧嚣,无不自引于礼义,无不自饰以忠孝友悌,三也。善之言灵也,性善犹言性灵。惟灵则能通,通则变。能变,故习相远。"②他列出三条能够证明人性之善的例子,且再次提出"通变"思想以诠

---

① 焦循:《孟子正义》,第734~735页。
② 焦循:《雕菰集》卷九,第128页。

释"性善"。

笔者于前文指出,焦循对孟子"性善"的诠释路径与孟子所言有很大差异。就这一问题而言,前人也曾有过相关论述。如唐君毅说:"焦循于此人性之善,既唯自人之情之能旁通处说;而由此情之不断旁通所成之德,即为原于后天之学者。故由此而致之善,亦皆由于学。"①唐君毅称焦循自人情能旁通这一角度来论的"性善",并由此旁通之情而形成的德,皆为后天之学。此所谓焦循论"性善"源自"后天之学",与孟子所论"性善"源于人之内心、人生来便具有,二者相较,应当说有着本质的不同。唐君毅接着又说:"昔荀子以人之善待于学,故言性恶,董子以人待教而善,故言性非善。而戴东原、焦循,则由人之能学以言性善。同重此一学,而有此三型人性论之异者,亦唯是观点之异耳。"②唐君毅又将荀子、董仲舒、戴震、焦循所论之"性",归结为三种类型。荀子、董子各一类,戴震、焦循同一类,其论"性"有共通之处,即注重于后天之"学"。笔者认为,且不论唐君毅所分三类人性论之间差异性有多少,有一点可以说,三者与孟子所论"性善"应是存在本质的区别的。孟子所言性善,是不待后天之学的,是人人所先天具有的。

五、对焦循以《易》释孟体系的检讨

焦循以其易学体系来诠释孟子思想,一再重申"通变神化"之境,使孟子心性、仁义之论得以有易学化的色彩,也使得焦循所体认的易学的天道观得以心性化。可以说《孟子》与《易》在焦循那里实现了合则两得、离则两失的较为完美的结合,焦循《孟子正义》一书中有许多所谓"两得"之见,这是值得肯定的一面。然而,焦循以其易学体系诠解《孟子》的这一做法,也使得某些注解难免有牵强附会之处,或非孟子思想之本旨,又是研究者所应当注意的地方。

比如,上述焦循论孟子所言"性善"之处,他以《易》之"感通"来释孟子之性善,二者在思维理路上并不相符,一个是待后天所学才可达至性善,一则为本之于心的先天禀赋即为性善。这很明显是焦循以其易学体系来重新释读孟子思想。此外,《孟子·离娄下》第十二章记载,孟子曰:"大人者,不失其赤子之心者

---

① 唐君毅:《中国哲学原论·原性篇》,北京:中国社会科学出版社,2005年版,第328页。
② 唐君毅:《中国哲学原论·原性篇》,第328页。

第六章　孟子与《易》

也。"焦循正义曰:"婴儿无知,大人通变,其相异远矣","孟子方言'不为已甚','为义所在',所以发明圣人通变之旨"。又言:"孟子所谓'大人',即《易》之'利见大人'也。前云'惟大人为能格君心之非',故申言其所以为大人者如是。一则云'非礼之礼,非义之义,大人弗为',再则云'大人者,言不必信,行不必果,惟义所在',此又云'不失其赤子之心',后又云'正己而物正',高出乎事君人、安社稷,达可行于天下之人之上,而岂拟以无知之赤子哉!大人以先觉觉后觉,以先知觉后知,不以己之圣而忘人之愚,不以己之明而忘人之暗,如羲、农、黄帝、尧、舜、文王、周公、孔子是也。惟不失其赤子之心,所以正己而物正。孟子盖深于《易》,而此其发明之者。"①焦循多次说孟子"深于《易》",实则是焦循以其易学诠释孟子的一种体现。此章孟子所言"大人",焦循以《易》"利见大人"之"大人"解之,并将该篇中言及"大人"的数章连贯起来分析,大人者以先觉觉后觉,以先知觉后知,犹如伏羲、神农、黄帝、尧、舜、文王、周公、孔子。在焦循看来,孟子正是发明上述先圣的思想,谙熟于《易》理。所以对于此章的分析,焦循只见孟子言"大人"与《易》"利见大人"相关联之处,以易学体系来认识,不惜否认孟子所说"不失赤子之心"的意义,认为"大人"之行高于天下人之上,怎么可以拿无知的婴儿来比拟呢?此处焦循所释同样略显牵强。体孟子本意所说,大人即国君,当如关爱、保护婴儿一般来保民爱民,此谓"不失其赤子之心"的意思。而焦循并非不解,只是要符合于他以《易》释孟的大体。

那么,焦循以《易》释孟,背后有什么学理的依据与用意呢?笔者认为,这与他受戴震的影响有关,他和戴震同处于乾嘉时期反对宋儒理学的潮流中。当时清代学术已基本完成由"宋学"向"汉学"的转变。就焦循以易学之"通变"思想来诠释孟子的"性善"论这一问题来说,正体现了他试图寻找一条新途径来探究孟子之心性学说的努力。此亦正如李明辉所认为的,他说:"焦循同戴震一样,也赞同孟子的性善说。但他们都反对像宋儒那样,从超越的层面来理解性善之义。"②

焦循说:"自理道之说起,人各挟其是非,逞其血气。激浊扬清,本非谬戾,而

---

① 焦循:《孟子正义》,第556~558页。
② 李明辉:《焦循对孟子心性论的诠释及其方法论问题》,见李明辉编:《中国经典诠释传统(二):儒学篇》,第153页。

言不本于性情,则听者厌倦。"①这里可体现出焦循对宋明理学持质疑、反对的态度,指出理学的不足,认为自宋以来"理道"之说盛行,人们各以自己的是非标准来衡量对错,多有以意气相逞的情况出现。而所言不以"性情"为说,那么就会受到厌弃甚至排斥。焦循通过考察明末历史,甚至认为理学是引起社会不安定的主要因素。焦循试图寻求一条新的路径来诠释《孟子》,这与他对"权"的注释也是相统一的。

笔者所谓焦循抵触宋儒理学,试图寻求一条新路径以诠解《孟子》,还有另一个方面的体现,即焦循主张重训诂、重读书,而忌"空谈心性"。就这一方面而言,我们可以在焦循《孟子正义》中发现他不厌其烦地多次强调要熟习六经、"重读书"而反对那些"空谈心性"的做法。

《孟子正义》中多处可见焦循批评"高谈心性",批评不习六经、不宗先圣之道,而妄自"自觉自悟"之人与行为。如《孟子·离娄上》第十一章,焦循对孟子言"道在迩而求诸远,事在易而求诸难"一句的注解说:"指之以在迩在易,要之以其亲其长。亲其亲,则不致于无父;长其长,则不致于无君。尧舜之道,孝弟而已。……舍此而高谈心性,辨别理欲,所谓求诸远,求诸难也。"②从中可见焦循对"高谈心性,辨别理欲"的批评之意。其原因或与焦循所处的清代时期汉宋之争有关系。然而《孟子》多言心性是众所周知的,既然焦循不喜"高谈心性"之言,又何以倾力注解孟子呢?原因之一似可从焦循与戴震之间的关系来考虑,焦循《孟子正义》受戴震《孟子字义疏证》一书的影响甚大。戴震以考据见长,然而他一生又以临终时所著《孟子字义疏证》一书最为得意,因为此书长于义理发挥。焦循注《孟子》亦是受此启发与影响。另外,焦循批评"不习六经"之处还有如下几章。焦循对孟子所言"事君无义,进退无礼,言则非先王之道者,犹沓沓也"一句注解说:"言则非先王之道即生于其心,而为诐为淫为邪为遁之言。言不本诸《诗》《书》,道不揆诸先圣,徒以心觉心悟,自以为是,一倡百和,真沓沓矣。"③焦循对不本《诗》《书》、不法先圣之言行的批评之意很明显就能看出来。可见,焦循并不喜

---

① 焦循:《雕菰集》,卷十六,《群经补疏序》。
② 焦循:《孟子正义》,第508页。
③ 焦循:《孟子正义》,第489页。

那些不熟习六经之文、但以心觉心悟为言者。此外,焦循对孟子言"吾为此惧,闲先王之道,距杨墨,放淫辞,邪说者不得作"一句的注解中,也多次说到类似的话。如焦循说:"非讲习六经,无以知其道","未习六经,空凭心臆,而依附以为先圣,此曰吾防卫乎道也,彼曰吾守法乎圣也,因而门户各立,倾轧相加,不自知其身为杨墨,而此杨墨者又互相杨墨焉","杨墨不习六经,违悖先圣之道,作为为我、兼爱之言","孟子习六经先圣之道,知此无父无君之淫辞起于杨墨,故先距之","彼谓诐淫邪遁之辞皆生于心之蔽陷离穷,而心之蔽陷离穷则由于不习六经,不知先圣之道,凭己心之空悟而无所凭依,遂自以为是,造作语言","皆未尝习六经,知先圣之道,其邪说由心而生,即由心而作"等等。① 从中可以看出焦循对习六经、知圣道的重视,而十分反对那些不习六经、空凭心悟为言的人,并认为那是诐淫邪遁之辞所由生的原因所在。

除此之外,焦循也尤其申明要重读书、重博学,而轻忽臆想。如焦循说:"虽生知之圣,必读书好古,既由博学而深造之以道,则能通古圣之道,而洞达其本原。"②"不博学而徒凭空悟者,非圣贤之学,无论也。……孔孟所以重博学者,即尧舜变通神化之本也。"③焦循重"博学"、重"读书",不喜空悟心性的风气,并且始终重申"通变"之学。焦循多次申明"通变神化"之境,他说:"'其有不合,仰而思之',则所以通变神化可知也","禹……恶旨酒,好善言,以通其变","汤执中,立贤无方,以通其变","尧舜以通变神化治天下,为万世法。孟子历述禹汤文王周公以明之,皆法尧舜之变通神化者也。"④笔者认为,焦循对"通变神化"之境的重视,不仅仅是他诠释孟子思想时始终秉持的一个理路,而且还正体现他反对空疏及其试图探索在现实操作层面的新路向的努力。

正是由于焦循反对空疏,重视训诂,试图从不同于宋明儒以超越层面解孟的理路来把握孟子的"性善"说,所以他整个以易学的体系来贯通于诠释《孟子》的探索过程中,才呈现出上述特征。然而,焦循试图以训诂学的方法,用易学体系

---

① 见于焦循:《孟子正义》,第458页。
② 焦循:《孟子正义》,第560页。
③ 焦循:《孟子正义》,第561页。
④ 焦循:《孟子正义》,第571~572页。

来把握孟子的性善论,真正探寻到孟子思想的要义了吗?

笔者认为,在一定程度上可以这样概括:焦循使得其易学得以孟学化,亦使得其《孟》学得以易学化。焦循在对孟子"性善"问题的诠释上,即体现出这一点。虽然前文有一小节论焦循对孟子言"性善"的理解,其中也涉及这一问题,但在这里还需从另一面来比照焦循之意。《孟子·告子上》第六章中,孟子说:"乃若其情,则可以为善矣,乃所谓善也。若夫为不善,非才之罪也。"就孟子这一句话来说,赵岐注:"若,顺也。性与情,相为表里,性善胜情,情则从之。"①赵岐释"若"为"顺",解孟子之意为顺人之情则可以为善,世间不善乃由后天环境所致,而非人性材质不善。焦循对此所作疏解则有所不同,他说:"孟子'性善'之说,全本于孔子之赞《易》。伏羲画卦,观象以通神明之德,以类万物之情,俾天下万世无论上智下愚,人人知有君臣父子夫妇,此'性善'之指也。……禽兽之情,不能旁通,即不能利贞,故不可以为善。情不可以为善,此性所以不善。人之情则能旁通,即能利贞,故可以为善;情可以为善,此性所以善。禽兽之情何以不可为善,以其无神明之德也。人之情何以可以为善,以其有神明之德也。神明之德在性,则情可旁通;情可旁通,则情可以为善。于情之可以为善,知其性之神明。性之神明,性之善也。孟子于此,明揭'性善'之恉在其情,则可以为善,此融会乎伏羲、神农、黄帝、尧、舜、文王、周公、孔子之言,而得其要者也。"②其中可看出,焦循用《乾·文言》中所谓"'利贞'者,性情也。乾始,能以美利利天下,不言所利,大矣哉。大哉乾乎,刚健中正,纯粹精也。六爻发挥,旁通情也"一句来解孟子之言"乃若其情"。并且,他将"情"与"性"的关系,比附于《乾·文言》中以性情言"利贞"之性情。他同时又以情是否旁通来诠释性之善否,将人与禽兽之区别,归结到情是否能够旁通,认为人之情能旁通,能旁通则能利贞,再推出情可以为善,最终推出性之善。通过上面所引述的焦循的话,还可注意到他认为孟子"性善"说是阐发了伏羲、文王、孔子的易学思想,直接将"性善"说的渊源上推到伏羲等先圣身上,认为先圣使天下之民皆知君臣父子夫妇之别,就是性善之源。焦循所认为的"禽兽之情,不能旁通,即不能利贞,故不可以为善",是指即使在伏羲之世,人与禽兽所

---

① 焦循:《孟子正义》,第 752 页。
② 焦循:《孟子正义》,第 755 页。

异的那一点点就已被圣人指明并施用于世,使得人人知有父子夫妇之礼,而禽兽之情不能旁通,所以不能为善。

焦循所说的这一段内容,同样隐含着肯定圣人教化的意思。人之情能旁通,到利贞、到情善、到性善这一推衍过程,他又提出还在于人有神明之德,其实也是肯定圣人教化功用的立场,人的情、性有可以为善的趋势,然需要神明之德、圣人开化,才得以促成性情之善。在他看来,禽兽的性情并无神明之德,也无法承受来自圣德的开化,即情、性不可旁通,不可为善,这也是人与禽兽的区别所在。如此说来,这又回复到上文论焦循对孟子"性善"的理解这一小节中所言,焦循这一推衍过程,与孟子的"性善""仁义内在"之说有本质的不同,一个是外化的,一个是内化的。此亦正如李明辉之言,"焦循接受董仲舒'性待教而为善'之说,因为他们都继承了'气性'传统"①。在一定程度上或可以说,焦循释孟子"性善"之论,与孟子在思想深层上的差异,最终也是《易》与《孟子》在人性问题上的根本差异所在。

---

① 李明辉:《焦循对孟子心性论的诠释及其方法论问题》,见李明辉编:《中国经典诠释传统二:儒学篇》,第169页。

余论:以经、史、子之辩为视角

　　关于孟子通经问题研究,笔者于上文中已经从孟子与"六经"分别作了探讨。单就这一题目本身而言,其中无疑牵涉众多的问题。而在短短的论文篇幅中,笔者所能探讨的问题是有限的,而且限于学力,探讨的深度相对也是有限的。但笔者所期望的还在于通过对孟子通经相关问题的探讨,能够从这一角度反观早期儒学的发展面貌,展现前经学时期儒家与六经之间的关系。本着这一宗旨,尽管笔者所探讨的问题是有限的,但也愿在这有限的问题内,多少能够窥得这一主题的内在精神,正所谓殊途同归、万川映月之境,虽或不至,亦为笔者努力的方向。

　　通过上文孟子与"六经"分别所作的探讨,其中所涉及的问题,可以说皆密切相关于经、史、子之间关系的范畴内。因而,围绕本论文的主题,笔者试以对经、史、子之辩略作探讨,以作为本论文的结尾部分。据《史记·孟子荀卿列传》中记载,孟子"退而与万章之徒序《诗》《书》,述仲尼之意,作《孟子》七篇"[1]。孟子与弟子所作《孟子》之书,其先列为子书,而后在唐宋时期随着孟子的升格运动,逐渐

---

[1] 司马迁:《史记》,第2343页。

余论:以经、史、子之辨为视角

取得经书的地位。① 这体现出《孟子》一书经历了由子书升格为经书的过程,孟子其人也经历一个升格的过程。通过审视孟子其人其书在历史中的境遇,在一定程度上亦可以反观经、子之辨的问题。笔者于上文论孟子与《诗》《书》等问题时,也多次提及孟子以史论之的风格,亦曾在其中论及经、史关系问题,此皆可反观经、史之辨的问题。

就孟子通经问题这一视角来看经与子的关系,其中孟子属于子的范畴,孟子所称引之《诗》《书》《礼》《乐》《春秋》则属于经的范畴。孔子之前有六艺,六艺即所谓《诗》《书》《礼》《乐》《易》《春秋》,亦有一说为礼、乐、射、御、书、数。此六艺为孔子编写六经之前的旧典,是与周代之礼乐文明相关联的。章学诚言六经皆史,认为"六经皆先王之政典"②。尽管在百年前,疑古之风盛行时,有人曾对六经与孔子的关系持怀疑态度,否定在孔子之时有所谓"六经"之说,甚至认为六经或有后人"伪"作,但此疑古过勇之见,终是使人难以信据。六经早在孔子之前就已存在,孔子编修六经并以之作为教授弟子的教材,已基本成为共识。

孟子所称引之典籍即基本为"经"之范畴。而于前文之中,笔者也多次言及孟子以史论《诗》、《书》,因而,若由孟子通经问题这一视角来看,"以史论之"的立场则属于"史"的探讨范围。这里所论之"史"并非全如现代意义的历史学之"史",而是更贴近于上古时期"史官"、巫史之"史"。章学诚《文史通义·易教上》言:"六经皆史也。古人不著书,古人未尝离事而言理。六经皆先王之政典也。"③刘师培《古学出于史官论》将六艺溯源于史、九流渊源于史、术数方技之学也溯源

---

① 赵岐《孟子题辞》记载:"孟子既没之后,大道遂绌,逮至亡秦,焚灭经术,坑戮儒生,孟子徒党尽矣! 其书号为诸子,故篇籍得不泯绝。"此可见,《孟子》因为列入子书而没有遭秦火所灭。其后,于汉孝文帝时,欲广游学之路,将《论语》《孝经》《孟子》《尔雅》置为博士。然而,时间终不长久,汉罢除传记博士,仅立"五经"而已。所谓孟子的"升格运动"之说,周予同早在1933年所著《群经概论》中就已提出。可参见周予同:《群经概论》,上海:商务印书馆,1933年版,第105~106页。其中简略梳理《孟子》一书由子逐渐升为经的过程。近人徐洪生、杨泽波皆采纳这一说法,进而又做详细论述,可参见杨泽波:《孟子评传》,第460~472页。
② 章学诚:《文史通义》卷一,上海:上海书店,1988年版,第1页。
③ 章学诚:《文史通义》卷一,第1页。

于史。①

《史记·太史公自序》云:"夫儒者以六艺为法。"②《汉书·艺文志》中评说儒家"游文于六经之中,留意于仁义之际,祖述尧舜,宪章文武"③。《汉书·儒林传》记载:"古之儒者,博学乎六艺之文。六艺者,王教之典籍,先圣所以明天道,正人伦,致至治之成法也。"④以此皆可体现早期儒家与六经之关系。此外,六经并称的情况亦可见于以下文献记载,《庄子·天下》篇:"《诗》以道志,《书》以道事,《礼》以道行,《乐》以道和,《易》以道阴阳,《春秋》以道名分。"⑤不仅六经并称,而且分别言明各自的特点。《庄子·天运》篇:"孔子谓老聃曰:'丘治《诗》《书》《礼》《乐》《易》《春秋》六经,自以为久矣,孰知其故矣。'"⑥其中更是记载孔子修习《六经》,可见之间的密切关联。《礼记·经解》中也有记载孔子论说六经之教化功用的文字,说:"孔子曰:'入其国,其教可知也。其为人也,温柔敦厚,《诗》教也;疏通知远,《书》教也;广博易良,《乐》教也;洁静精微,《易》教也;恭俭庄敬,《礼》教也;属辞比事,《春秋》教也。"⑦这是传世文献中记载孔子与六经关系的地方。

此外,在近年来出土的文献资料中也有相关的记载,可见于郭店简《性自命出》《六德》《语丛一》等处。如《性自命出》第十五、十六简:"时、箸、豊、乐,其司出皆生于人。时,又为为之也。箸,又为言之也。豊、乐,又为举之也。"⑧其中是将《诗》《书》《礼》《乐》四者并列。如《六德》篇第二十三至二十五简:"故夫夫,妇妇,父父,子子,君君,臣臣,六者各行其职而谗谄无由作也。观诸诗、书则亦在矣,观诸礼、乐则亦在矣,观诸易、春秋则亦在矣。"⑨这里则将《诗》《书》《礼》《乐》《易》《春秋》六者并称。笔者于上文对"五经、六经与六艺"辩说部分也已论及相关内

---

① 刘师培:《左盦外集》卷八,《刘申叔遗书》,南京:江苏古籍出版社,1997年版,第1477~1479页。影印民国廿三年宁武南氏校印本。
② 司马迁:《史记》,第3290页。
③ 班固:《汉书》,第1728页。
④ 班固:《汉书》,第3589页。
⑤ 王先谦:《庄子集解》,第288页。
⑥ 王先谦:《庄子集解》,第130页。
⑦ 杨天宇:《礼记译注》,第650页。
⑧ 荆门市博物馆:《郭店楚墓竹简》,第179页。
⑨ 荆门市博物馆:《郭店楚墓竹简》,第188页。

余论:以经、史、子之辩为视角

容,在此重新论及这一问题,意在从一个角度来表明早在战国时期甚至更早的时候,六经作为先王之政典,其影响早已深入到社会意识中的方方面面。六经既为先王之政典,于孔子之前早已存在。孔子之后诸子并起之时,六经多为诸子所重,尤其为儒家所推崇,经孔子编修之后世为儒家修习之根本。

有此六经,是以孟子得以称引古经典之文,始可展现孟子思想与"经"之关联。可以说,孟子思想在很大程度上是源于六经的,或者说是因于六经而起、依于六经而发。此正如章学诚《文史通义·诗教》言:"战国之文,其源皆出于六艺。何谓也?道体无所不该。六艺足以尽之。诸子之为书,其持之有故,而言之成理者,必有得于道体之一端,而后乃能恣肆其说。"[①]言六艺为道体之所承载,无所不该。而诸子之学,皆有所相关于六艺之处,以承道体之一端。

据《汉志》所载,《诸子略》言诸子皆出于王官,而《六艺略》将六艺的起源溯源到古圣先贤。如将《易》之作归于伏羲、文王、孔子;言《书》之所起远矣,"河出图,洛出书,圣人则之";《诗》源于古之采诗之官,后经孔子编取。由此可知,刘向、歆及班固所认为六艺、诸子各自有其源头,其间是有差异的。而章学诚,则认为诸子源于六艺,将二者合为一个源头,如上所引章氏之论。

一般来说,子学形成于先秦时期,对此并无多少争议。但因为近百年来人们对经学的理解有不同,从而影响到对"经"与"子"的关系问题的认识。冯友兰认为子学早于经学,他曾说:"董仲舒之主张行,而子学时代终;董仲舒之学说立,而经学时代始。"[②]冯友兰把子学时代界定为孔子所生活的春秋末年到淮南王所生活的汉代初年这段时间之内,而把经学时代界定为董仲舒所在的汉代中叶到康有为所在的清朝末年这一时期。换言之,冯友兰认为子学形成于上古,而经学形成于中古,子学先于经学而形成。当然,这里的"经学"是指自汉武始立五经博士于学官、儒学取得独尊地位之后而言的。与此相对,传统的说法亦认为经当早于子。无论是古文经学家还是今文经学家,一般来说皆认为经学早于子学,且重于子学。今文经学家认为经学乃孔子所开创,六经经典虽早已有之,然而是孔子赋予其义乃成其为经学。古文经学家则认为经学形成更早,六经经典乃是先王之

---

① 章学诚:《文史通义》,卷一,第18页。
② 见冯友兰:《中国哲学史》,北京:中华书局,1947年版,第40页。

政典，推尊周公为制礼作乐之圣王。上述两种认识之所以有这一差异，关键在于对经学的界定问题。

笔者认为，通过对孟子通经问题的探讨，从一个方面显示出经学早于子学，子学源出于对经学的阐发与回应这一经与子的关系。在一定程度上说，冯友兰之见受制于他所处的时代环境和学术背景。冯友兰所处时期，传统学术受到西学的冲击，也经历五四新文化的洗礼，当时之学人多追求自由精神、创新意识，从而把传统经学当作是阻碍新思想的绊脚石，无形中有贬斥经学之意。此外，冯友兰之见，亦在于表明子学的几个特点，近人亦有从如下几个方面进行归结者：思想和言论的自由、思想独创性、思想的实用性等①。可以认为，冯友兰等人之所以有此认识，意在突出"子学"的独立精神与思想的自由独创性这一特点，亦或可以认为是以二元对立的观点将经学视为落后的、僵化的、封闭的学说体系，将子学视为开放的、自由的、独立的、鲜活的思想体系。近代这一学术变迁的大问题，当然并非寥寥数笔就可以窥得其面貌的。经学在近代趋于衰微，其实又是伴随着中国传统文化由经学到史学的一个转型过程的，可以认为经学的某些功用、职能、精义于有形无形之中或多或少地"移魂"②至史学的身上，而并非仅仅是表现出来的经学已"死"的那个表象。③

春秋战国时期，同样是一个大变革时代。随着周王室逐渐衰微，与之相适应的周代礼乐文明也面临着时代的冲击与考验，作为王官之学的六艺亦在其中。笔者认为，在诸子之学蜂起之时，中国传统学术同时也在经历着一个由六艺之学向诸子之学转换的过程，六艺之学的精神、理念也在有形无形之中或多或少地"移魂"至子学身上。

此处所言诸子，是指能自成一家之言者皆可当之。而笔者所谓六艺之学移

---

① 陈战国：《"子学"的特征与命运》，收在《哲学门》总第十八辑，第 89~98 页。
② 余英时在其《现代儒学的困境》一文提出儒学为"游魂"之说，并多次使用这个词。见余英时：《现代儒学论》，上海：上海人民出版社，1998 年版，第 233 页等。他认为儒学在中国古代社会上经历了三次困境，但都摆脱出来，并恢复活力。然而，现代儒学则是在西方势力的冲击下面临空前的困境，摧毁了制度化的基础，因而余英时称之为"游魂"儒学。
③ 就相关问题，亦可参见相关论文及著述。如罗志田：《通史致用：简析近代史学地位的一度上升》，《社会科学战线》，2010 年第 2 期。王汎森：《从经学向史学的过渡——廖平与蒙文通的例子》，《历史研究》，2005 年第 2 期，等。

余论：以经、史、子之辨为视角

魂至子学，并不是说所有诸子皆能完全承继六艺之教，而是指诸子之精神、气象或多或少必不违于六艺之教的旨趣，是所谓"天下一致而百虑，同归而殊途，夫阴阳、儒、墨、名、法、道德，此务为治者也"①。诸子宗于六艺之教，是以百家皆务为治也。也如章学诚所言："老子说本阴阳，庄、列寓言假象，《易》教也。邹衍侈言天地，关尹推衍五行，《书》教也。管、商法制，义存政典，《礼》教也。申、韩刑名，旨归赏罚，《春秋》教也。其他杨、墨、尹文之言，苏、张、孙、吴之术，辨其源委，挹其旨趣，九流之所分部，七录之所叙论，皆于物曲人官，得其一致，而不自知为六典之遗也。"②从中也可体现这一问题。

观《庄子·天下篇》云："天下之治方术者多矣，皆以其有为不可加矣。古之所谓道术者，果恶乎在？……《诗》以道志，《书》以道事，《礼》以道行，《乐》以道和，《易》以道阴阳，《春秋》以道名分。其数散于天下而设于中国者，百家之学时或称而道之。天下大乱，贤圣不明，道德不一，天下多得一察焉以自好。譬如耳目鼻口，皆有所明，不能相通。犹百家众技也，皆有所长，时有所用。虽然，不该不徧，一曲之士也。判天地之美，析万物之理，察古人之全，寡能备于天地之美，称神明之容。是故内圣外王之道，暗而不明，郁而不发，天下之人各为其所欲焉以自为方。悲夫！百家往而不反，必不合矣。后世之学者，不幸不见天地之纯，古人之大体，道术将为天下裂。"③《天下》篇作者提出治方术与治道术之别，认为春秋战国时期诸子之学皆为治方术之列，而所谓道术当是指六艺之学。在笔者看来，《庄子·天下》篇作者认为六艺之学是先代王政的体现，是先代政治典章的直接或间接的遗存。《庄子·天下》篇作者说"《诗》以道志，《书》以道事，《礼》以道行，《乐》以道和，《易》以道阴阳，《春秋》以道名分"，之后又说"百家之学时或称而道之"，意思即是说诸子之学的思想源泉在于六艺之学。就孟子通经问题而言，亦可以说孟子思想的源泉也在于古之六艺之学，孟子贯通于经义，从而又将六艺之学的精神融汇于己身，发展出具有特色之子学思想。

至宋时，程颐说："学者当以《论语》《孟子》为本。《论语》《孟子》既治，则'六

---

① 司马迁：《史记》，第3288～3289页。
② 章学诚：《文史通义》卷一《诗教上》，第18页。
③ 王先谦：《庄子集解》，第287～288页。

199

经'可不治而明矣。"①程颐明确指出《论语》《孟子》的重要性,当时之《孟子》已由子升格为经,亦可见曾作为子学的代表的《论语》《孟子》与经的关系。程颐认为学者需先修习《论语》《孟子》,既治此学从而"六经"可自明。或可以说直到这时,六艺之学向以《孟子》为代表的儒家之子学"移魂"的过程方才宣告完成,从而在《孟子》那里始呈现出经、子合一的面貌。

---

① 朱熹:《四书章句集注》,第 44 页。

附录：孔、孟所论"圣人"异同考

儒学作为"修己安人"之学，注重个人道德修养、追求人格之提升的传统从未中断过。早在孔子那里，就已提出"立人"与"立己"的关系问题，至《中庸》又明确提出"成己"与"成物"的思想关联，所谓"立己""成己"之说，即要成就理想人格。然而在儒家思想中，不同时期抑或不同的人对理想人格的阐释又会各有侧重，对理想人格内涵的界定亦会有所差别。"圣人"可谓是儒家理想人格中的最高层次，在孔子、孟子那里，它的内涵界定就有明显不同。孔子心目中的"圣人"要求德位兼而有之，而在孟子那里则更加侧重于对德的要求。虽然这一问题并非新发现，但是其探讨价值并不因此而减小。"圣人"人格内涵界定不同一直影响着后世，涉及其他一系列的问题，如后儒尊孔子为"素王"以及对于周公是否称王的争论等，甚至对后世的正统观及夷夏观也都有影响。笔者仅就孔子、孟子所论"圣人"异同的问题谈几点认识，敬请方家指正。

一、孔、孟所论"圣人"之异同

据《孔子家语·五仪解》记载，鲁哀公曾向孔子询问如何选取人才的问题，孔子的回答中提到："人有五仪：有庸人，有士人，有君子，有贤人，有圣人。审此五者，则治道毕矣。"从这一材料可推知，孔子心目中的人格有五等，即"庸人""士人""君子""贤人""圣人",其中的要求是递次升高的,至"圣人"达到最高。在谈到何谓圣人时,孔子这样说:"所谓圣者,德合于天地,变通无方,穷万事之终始,协庶品之自然,敷其大道而遂成情性。明并日月,化行若神。下民不知其德,睹者不识其邻。此谓圣人也。"(《孔子家语·五仪解》)孔子认为"圣人"应达到与天地同德、与日月齐辉的境界,能够化行天下如同神明,而百姓又并非都能识得其德行。这境界自非常人所能及,可见孔子对"圣人"人格的预设可谓达到极高境地。因而孔子认为:"圣人,吾不得而见之矣;得见君子者,斯可矣。"(《论语·述而》)在孔子看来,当时的时代是没有圣人的了,能看到君子就已经知足了。

正因为孔子心目中的"圣人"有如此高的标准,是他一生努力追求的境界,因而他不曾认为自己是"圣人"。尽管孔子以天命自任,曾称"天生德于予"(《论语·述而》),"文王既没,文不在兹乎"(《论语·子罕》),但终生没有以"圣"自许,甚至自谦到连"仁"也不敢当,他曾说:"若圣与仁,则吾岂敢?"(《论语·述而》)其后,孔子门人弟子出于对老师的无比崇敬,多尊之若"圣"。

能达到孔子心目中的"圣人"标准者可以说是古代圣王,即尧、舜、禹、汤、文、武、周公。尽管从《论语》中的相关记载来看,孔子对"圣"的界定并非十分明确,但是我们还是有理由相信孔子心目中的"圣人"即以古代圣王为模范的。《论语·雍也》记载,子贡问孔子:"如有博施于民而能济众,何如?可谓仁乎?"孔子回答说:"何事于仁,必也圣乎!尧舜其犹病诸!"孔子鲜明地立起一个极高的道德楷范、理想人格,即谓之"圣",甚至称尧、舜在某些方面也还没有尽善尽美地达到"圣"这一境界。但这不足以否认尧、舜是孔子心目中所尊崇的"圣人",他们仍是孔子一生向往的道德模范。

孟子一如孔子那样,仍将古代圣王作为符合"圣人"人格的道德楷模,然而孔子、孟子之间对"圣人"人格的界定亦有不同。其不同之处表现在,在孔子那里尚不及"圣人"标准的贤君子,而在孟子那里则被尊为了"圣人"。例如,《论语·微子》记载:"逸民:伯夷、叔齐、虞仲、夷逸、朱张、柳下惠、少连。"在孔子看来,如伯夷、叔齐、柳下惠等人,尽管孔子曾对他们多次称颂,但是他们尚不及"圣人"之境,而被冠以"逸民",多称为贤君子。其他材料亦极少见有孔子称许之为圣人者。然而孟子则认为伯夷、柳下惠,包括孔子都可尊为"圣人",如孟子曾说:"伯夷,圣之清者也;伊尹,圣之任者也;柳下惠,圣之和者也;孔子,圣之时者也。"(《孟子·万章下》)在孟子那里,伯夷被尊为"圣之清者",柳下惠被尊为"圣之和者",而孔子则被尊为"圣之时者"。孟子认为,现实社会中各种伦理道德的体现者同样可称为"圣人",或者说是得"圣人"之一体。在某种程度上讲,"圣人"是人们效法的榜样,社会各阶层的人皆可以从"圣人"身上看到指导现实生活的社会伦理道德准则,这也正如孟子所认为的"圣人,人伦之至也"(《孟子·离娄上》)。

在孟子所论中,"圣"之上还有"神",然而孟子是否在"圣"的境界之上,又另设一"神人"呢?是不是"神"使得孟子心目中的"圣"相对于孔子降了标准呢?《孟子·尽心下》记载孟子的一句话说:"可欲之谓善,有诸己之谓信,充实之谓美,充实而有光辉之谓大,大而化之之谓圣,圣而不可知之之谓神。"朱熹《孟子集注》中引程子对"圣而不可知之之谓神"注云:"圣不可知,谓圣之至妙,人所不能测。非圣人之上,又有一等神人也。"[1]370 此外,对于孟子所论之"圣""神",赵岐注云:"大行其道,使天下化之,是为圣人。有圣知之明,其道不可得知,是为神人。"对于"大而化之之谓圣",焦循的《孟子正义》认为:"此谓德业照于四方而能变通之也。"对于"圣而不可知之之谓神",焦循则认为:"通其变,使民不倦,大而化之也。神而化之,使民宜之,圣而不可知之也。"[2]994-995 各家之注解稍有不同,我们仅就此尚不能弄清孟子所论的"神"是不是指"圣"之上另有一"神人"境界。

我们遍观《孟子》,其中少有论述"神"之境者,除去论祭祀"鬼神"意义上的"神"之外,在《孟子·尽心上》有一处记载,孟子说:"夫君子所过者化,所存者神,上下与天地同流,岂曰小补之哉?"朱熹《孟子集注》对此注曰:"君子,圣人之通称也。……所存者神,心所存主处便神妙不测,如孔子之立斯立、道斯行、绥斯来、动斯和,莫知其所以然而然也。"[1]352 "神"是作为神妙而言。赵岐注之为"其化如神"也应是指神妙而不测之意。因而,"神"是"圣"达到一定程度之后,一种能够根据时势而调整行为的神妙莫测的境界,仍未跳出"圣"的范畴。犹如孔子所说"明并日月,化行若神。下民不知其德,睹者不识其邻"(《孔子家语·五仪解》),圣人德行教化之功神妙莫测,处在民众之中,而民众未必能识其德,此所谓"神"与其意旨相类。因此,儒家始终把"圣人"人格作为理想人格的极致,而并非另有一个"神人"境界独立出来。孟子所论的"神"并不能在根本上动摇孟子心目中的

"圣人"人格的标准。

在孟子那里,"圣人""君子"多有混称情况,如孟子尊崇孔子为"圣之时者",亦在多处称孔子为"君子"。许多注家进而也认为在《孟子》中君子通于圣人,朱熹甚至明注君子即"圣人之通称"[1]352。孟子或许有并未严格区分"圣人""君子"这一情况的存在,多少显示出孟子心目中理想人格的含混,然而这也并不否认孟子确有对"圣人"人格的界定,仍然不能合理解释孔、孟所论"圣人"出现异同的问题。

既然孔子、孟子心目中的"圣人"人格确有明显不同,在孔子那里不及"圣人"标准者而在孟子那里已被推尊为"圣人",那么我们不禁要问何以孔子、孟子心目中的"圣人"标准会有不同?

二、孔、孟所论"圣人"异同之原因

在孔子那里不及"圣人"标准者而在孟子那里已被推尊为"圣人",这似乎说明孟子心目中的"圣人"标准相比孔子要低一些。然而,我们如果从另一角度看的话,事情或许并非如此。孔子不轻易许人以"圣",他心目中的圣人如尧、舜、禹、汤、文、武都是古代圣王,有德且有位是他们共同具有的特征。而到孟子那里,这几位古代圣王无疑仍然是圣人,而被孟子尊为圣人的其他几位,以伯夷、伊尹、柳下惠、孔子为例,有德而无位则是他们的共同特征。孟子对"圣人"的界定似乎轻忽了对"位"的要求,而更加注重"德"。因而,从这一角度来看,我们不能笼统地认为孟子心目中的"圣人"标准比孔子低一些,更妥当地说应该是孔子心目中的"圣人"要求有德有位,孟子心目中的"圣人"则更加注重德的要求,突出了德的重要性。

孔子、孟子分别代表了先秦儒家发展的两个不同阶段。从孔子至孟子,儒家思想中理想人格发生嬗变的原因本是一个复杂的问题。单就孔、孟所论"圣人"异同的原因,笔者试图仅在某些层面进行论述。

第一,因应现实的形势——从"犹秉周礼"至"杀人盈城"。

孔子之时,社会可以说"犹秉周礼"(《左传·闵公元年》)。尽管周王室已然式微,"礼乐征伐自天子出"(《论语·季氏》)的局面已是一去不复返,但是当时的

附录：孔、孟所论"圣人"异同考

大国霸主在争霸过程中，仍以"尊王攘夷"为口号，使征伐尚且蒙着一层温情面纱。周公所开创的礼乐制度虽然偏离了其本质，但表面上看，礼乐文明的形式还是保存着，周王室仍然拥有"天下共主"的名分。

孔子居鲁，而当时的鲁国尚有"周礼尽在鲁"（《左传·昭公二年》）的美誉。孔子广泛继承了三代文化，并对之进行了创造性改造，创立儒家学说。他在感伤于现实社会礼制的混乱之余，同时也愈加追念有至德的古之圣王的时代，在儒家看来那时宗法礼制有序、气象升平、天下一统。因而，在孔子心目中，圣人是儒家理想的道德人格尽善尽美、至善至美的最高典范，是人生所能达到的最高之境界，如尧、舜、禹、汤、文、武、周公这样的圣王有至德同时也有天下，才足以称得上。

孟子之时，社会更加动荡，诸侯混战愈加频繁。春秋时期"尊王攘夷"的温情面纱也早已揭下，各诸侯国之间进行着近乎赤裸裸的权谋与武力的较量，甚至出现"争地以战，杀人盈野；争城以战，杀人盈城"（《孟子·离娄上》）的局面。当时，儒学被某些人视为"迂远而阔于事情"[3]的学说，"王道"提不起国君们的兴趣，他们感兴趣的是强国之术，是霸道。孟子虽然从未放弃对"王道"的执着，不失时机地向各诸侯国国君阐述其先王之道，但面对残酷的现实，也不得不改进儒学的一些既有观念。在孟子看来，孔子所向往的德与位兼备的圣人在这样的社会重新出现的可能性已经很小了。孟子只能一面坚持先王之道，继续其在儒家中的圣人地位，另外又不得不将"圣人"的内涵稍做些调整，稍稍轻忽对"位"的要求，而更加侧重于"德"。这种变化的出现实际是时代所使然，孟子是明于天下之道义而行，因应了时代的变化而已。

孟子更侧重于"圣人"之德行，因而其心目中的"圣人"，除了古代有德有位的圣王之外，也有了伯夷之清、伊尹之任、柳下惠之和、孔子之时等。孟子尊之为圣，皆因其德，而并非必须有天下之尊位了。随着时代的变化，儒家思想中某些观念会有相应的发展，圣人观和理想人格论的嬗变就是其表现之一。孟子重"德行""心性"的思想倾向，也正与其"养吾浩然之气"（《孟子·公孙丑上》）的傲然之姿是相一致的。

第二，因应思想学说的形势——"距杨墨"。

孟子与早期经学研究

孟子所处的时代,与孔子时不同之处除征伐与诈谋更多之外,亦在于其思想学说层面的异常活跃。

《孟子·滕文公下》记载孟子的话说:

> 圣王不作,诸侯放恣,处士横议,杨朱墨翟之言盈天下,天下之言,不归杨则归墨。杨氏为我,是无君也。墨氏兼爱,是无父也。无父无君,是禽兽也。公明仪曰:"庖有肥肉,厩有肥马,民有饥色,野有饿莩,此率兽而食人也。"杨墨之道不息,孔子之道不著,是邪说诬民,充塞仁义也。仁义充塞,则率兽食人,人将相食。吾为此惧,闲先圣之道,距杨墨,放淫辞,邪说者不得作。作于其心,害于其事;作于其事,害于其政。圣人复起,不易吾言矣。昔者禹抑洪水而天下平,周公兼夷狄驱猛兽而百姓宁,孔子成春秋而乱臣贼子惧。诗云:"戎狄是膺,荆舒是惩,则莫我敢承。"无父无君,是周公所膺也。我亦欲正人心,息邪说,距诐行,放淫辞,以承三圣者;岂好辩哉?予不得已也。能言距杨墨者,圣人之徒也。

孟子宗法先王之道而又志在于愿学孔子,在面对"杨朱墨翟之言盈天下"的局面时,他深有危机之感。他认为杨氏、墨氏是"无父无君"之流,认为杨氏所论之"为我"与墨氏之"兼爱"皆是禽兽之行,可谓是异常尖锐的批评。孟子将杨、墨之学视为异端邪说,认为邪说如果不能止息则会"充塞仁义"。

杨朱、墨翟的学说能达到"天下之言,不归杨则归墨"的程度,亦可谓显学。至今,杨朱的学说早已不存,而墨子的学说还很容易看到,如同儒家,墨子同样推崇古代圣王。我们说,孔、孟抑或墨子推崇古代圣贤,实际上多多少少都是要将自己心目中的道德理想依附于古之圣贤身上,皆是要以古代圣王作为道德理想的载体,但这丝毫不是说古代圣王的德行全是后人附加上去的。中国古代社会始终有重德的传统,这是实实在在存在的。殷周之际重德之风已很盛,这一点无论在出土青铜器的铭文中,还是传世文献中都多有体现,在此不赘述。我们说墨子同样推崇古代圣王,例如《墨子·节用中》记载,墨子认为"古者圣王制为节用之法"[4],就可以认为是墨子欲借重于古圣王,而论其节用之法,如此论述者尚有许多。在某种程度上,儒、墨同是借重古代圣王,接续传统而又创新学说,自然就涉及孰是孰非的问题。

后儒对此多认为,杨墨堵塞仁义之路,孟子不得不辞而辟之,即不得不驳斥之。[2]461 从而,孟子认为,无父无君者正是周公所欲讨伐的,孟子想要正人心、距杨墨之邪说,这也正是承继禹、周公、孔子三圣而做的。而孟子对"圣人"人格的界定,则更加注重于"德"的要求,尤其是孟子极力维护并宣扬的"仁义"。

孟子时期,社会变革相对孔子时期更加轰轰烈烈,思想学术形成百家争鸣的局面。孟子以推行王道于天下为己任,面对咄咄逼人的杨、墨等各家思想学说,从而形成了不同于孔子的"圣人"人格,更加注重德的要求,尤其突出了仁义,这正是孟子因应了当时思想学说形势的结果。

第三,为更加便于教化。

儒家向来注重个人对圣贤君子人格的培育,并期望以此达到对整个社会的教化功用。

然而孔子之道至大,在孔子弟子中尚且多有不及,在民众层面更是不易见其精神。在《孔子家语·在厄》及《史记·孔子世家》中皆有记载,孔子于陈蔡绝粮,曾与弟子论道。子路、子贡皆不解,以至于子贡劝孔子降低"道"的标准,说:"夫子之道至大,故天下莫能容夫子,夫子盍少贬焉?"(《孔子家语·在厄》)孔子对这样的回答是不满意的,随后问弟子颜回,颜回回答说:"夫子之道至大,天下莫能容,虽然,夫子推而行之,世不我用,有国者之丑也。夫子何病焉?不容,然后见君子。"颜回的回答是令孔子满意的。

与此相似,孟子的弟子也曾对"道"的问题产生困惑。如《孟子·尽心上》记载,公孙丑说:"道则高矣美矣,宜若登天然,似不可及也。何不使彼为可几及而日孳孳也?"公孙丑认为圣人之道大而高远,好似登天一般,人不能及,为什么不稍降一降道的标准,使之更近人情一些,也让普通人都可以日日自勉呢?孟子回答说:"大匠不为拙工改废绳墨,羿不为拙射变其彀率。君子引而不发,跃如也。中道而立,能者从之。"其意与孔子相似,皆认为"道"不能因为不用于时而稍稍贬焉。

而实际上,在"道"之某些方面,孟子无形中已经与孔子稍有些微的不同了,"圣人"标准的变化即是其表现之一。

孔子心目中的"圣人"标准极高,能达到者是德位兼有之古代圣王。这样使得当世的社会中人无法企及孔子心目中的"圣人"之境,而只将之作为心中的神圣的偶像。孔子所关注的能具体指导现实社会伦理、更好地达到教化功用的价值标准,更多地落在了"贤君子"这一层面上。而到孟子那里,"圣人"的内涵有所改变,现实社会中各种伦理道德的体现者同样可称为"圣人"。在某种程度上讲,孟子认为"圣人"是人们效法的榜样,社会各阶层的人皆可以从"圣人"身上看到指导现实生活的社会伦理道德准则。这也正如孟子所认为的"圣人,人伦之至也"(《孟子·离娄上》)。

单就孟子心目中的"圣人"理想人格,出于更加便于社会教化的目的,已经稍稍不同于孔子了。孟子将伯夷、柳下惠、孔子等尊为圣人,也正因为此。例如《孟子·尽心下》中记载,孟子说:"圣人百世之师也,伯夷、柳下惠是也。故闻伯夷之风者,顽夫廉,懦夫有立志。闻柳下惠之风者,薄夫敦,鄙夫宽。奋乎百世之上,百世之下闻者莫不兴起也,非圣人而能若是乎,而况于亲炙之者乎?"孟子赞颂伯夷、柳下惠是圣人,可以为百世之师,同时孟子也是在强调了圣人敦化教民的社会功用。孟子认为,伯夷、柳下惠的德行能使民众摆脱顽、懦、薄、鄙之陋习而养成廉、志、敦、宽的德操,而能感化人到如此程度者唯圣人能做到,闻其风者尚且如此,何况亲炙其德者呢?在孟子心目中,或许也曾意识到尧、舜、禹、汤、文、武之圣距今已远,不若柳下惠、孔子之圣者距今为近,亲炙孔子之德者距孟子之世是近之又近了。

三、孔、孟所论"圣人"异同之再思考——由竹简《五行》而思

孔子、孟子分别代表了先秦儒家发展的两个不同阶段,然而我们又不应简单地只做两点式的分析,孔、孟之间百余年的历史与思想亦是十分丰富多彩的。更何况我们生在今世,大量战国时期古文献的面世,使我们有幸得以窥见这一时期思想之一斑。

众所周知,马王堆帛书与郭店楚简中同有《五行》篇,马王堆帛书《五行》篇有《经》有《说》,而郭店楚简《五行》篇有《经》而无《说》。近年,学者们对《五行》篇的研究也取得许多成绩。我们仅就郭店楚简《五行》篇,对孔子、孟子所论"圣人"人

格之异同问题谈一点浅薄的认识。

郭店楚简《五行》篇属子思一派的著作,从时间上看,其中反映的正是孔子至孟子之间的思想发展情况。此外关键还在于,子思、孟子在思想上有着承继关系,子思的思想正是孔子、孟子之间思想发展的桥梁。郭店楚简《五行》篇论述的又是"仁、义、礼、智、圣"五种德行,因而从这一篇入手论述,对于我们思考孔子、孟子所论"圣人"之异同问题应不无裨益。

郭店楚简《五行》篇第一章就提出了"德之行"和"行"的区分。如"五行:仁形于内谓之德之行,不形于内谓之行。义形于内谓之德之行,不形于内谓之行。礼形于内谓之德之行,不形于内谓之行。智形于内谓之德之行,不形于内谓之行。圣形于内谓之德之行,不形于内谓之德之行。"[5]所谓"德之行"当指内在的德性而言,是一种品德。所谓"行"当指外在的德行而言,即合乎德性的行为。

然而帛书《五行》与竹简《五行》于第一章就有不同,前者在论"圣"时这样说,"圣形于内谓之德之行,不形于内谓之行",与论其他四行相一致;后者是"圣形于内谓之德之行,不形于内谓之德之行",与论其他四行不一致。其中涉及许多问题,且学者观点也不一致。笔者认为,竹简《五行》中将"圣"与其他四行区别开来是有意如此的,并非衍"德之"二字,这样方能与第二章首句"德之行五和谓之德,四行和谓之善"相一致,"德之行五"即"仁、义、礼、智、圣"五种"德之行","四行"即"仁、义、礼、智"四种"行",而没有"圣"。这一认识也是多数学者所认同的。

其后第二章:"德之行五和谓之德,四行和谓之善。善,人道也;德,天道也。"[6]从内在的德性来说,"仁、义、礼、智、圣"五者相合,则成为"德"。从外在的德行而言,"仁、义、礼、智"四者相合,则成为"善"。完成了道德行为,则可以成为善,尚不能成德。四种善行只是外在的行为而已,达到的是善,只有五种内在的德性相合,才能成其德。

这样一来,竹简《五行》中"圣"的特殊性被突显出来,"圣"形于内与否都谓之"德之行"。"德之行"即是指内在的德性,不同于"行",其中就有了突出"圣"之德性的趋势,也可以说在"仁、义、礼、智、圣"五行之中,最核心的是"圣"。

《孟子·尽心下》记载孟子的话说:"口之于味也,目之于色也,耳之于声也,鼻之于臭也,四肢之于安佚也,性也,有命焉,君子不谓性也。仁之于父子也,义之于君臣也,礼之于宾主也,智之于贤者也,圣人之于天道也,命也,有性焉,君子不谓命也。"孟子认为,口、目、耳、鼻、四肢分别之于美味、美色、悦耳之音、宜人之气息、安逸来说,这是合于人之性的,然而人又有命,因此君子认为不能因它属于人之天性而必然要满足这些要求。仁、义、礼、智、圣分别之于父子、君臣、宾主、贤者、天道来说能否实现它,这是命,然而其中又合于人之性,因此君子要努力促成它,而不能仅受命之限制。其中思想可以说与竹简《五行》在某些方面是一致的,只是孟子用"性""命"来表达思想,又是对它的发展。竹简《五行》中多是从内在的德性,即从"心"的角度来论述,并不像孟子已从"人性""命"的层面论述,如竹简《五行》云"耳目鼻口手足六者,心之役也","闻君子道,聪也。闻而知之,圣也。圣人知天道也"等。陈来认为,虽然竹简《五行》作者还没有想到用人性的观念来表达德性内在的思想,但这可以说为孟子的性善说准备了基础。[7]孟子从人性的层面论述,将"圣人之于天道"纳入"性""命"的思想体系,同时将"圣"与天道更加直接地联系起来。从而,孟子在对"圣人"内涵界定时,也会更加注重于对德的要求。因此,可以说孟子心目中的"圣人"观既有对天道层面的要求,又有从"性""命"层面的要求,关注于人道。

竹简《五行》篇反映出的是子思(或子思门人)对"圣"的思想认识,其中已有了突出"圣"之德性的趋势。子思、孟子在思想上可以说是一脉相承的,对子思一系思想的探讨,有助于对孔子、孟子所论"圣人"如何产生及产生怎样的不同等问题的理解。

此外,尽管孟子所论"圣人"已不同于孔子,然而孔子心目中的德位兼而有之的"圣人"标准,以及孔、孟所论"圣人"异同问题一直影响着后世。例如后儒尊孔子为"素王"的问题,孔子一生有德而终无位,然而后世儒家将孔子尊为"素王",或是出于对德与位兼备的"圣人"理想的一种追求。若更进一步说,这一"圣人"观对周公是否称王的问题也产生很大影响,有学者认为周公摄政而没有称王,也有学者认为周公已称王,其问题显得错综复杂,莫衷一是。甚至,早期儒家这一"圣人"观对后世的正统观及夷夏观也多少都有影响,其他问题尚需要进一步探讨。

参考文献：

[1] 朱熹.四书章句集注[M].北京:中华书局,1983.

[2] 焦循.孟子正义[M].北京:中华书局,1987.

[3] 司马迁.史记[M].北京:中华书局,1959:2343.

[4] 孙诒让.墨子间诂[M].北京:中华书局,2001:163.

[5] 荆门市博物馆.郭店楚墓竹简[Z].北京:文物出版社,1998:147.

[6] 李零.郭店楚简校读记[M].北京:中国人民大学出版社,2007:100.

[7] 陈来.竹简《五行》篇与子思思想研究[C]//杜维明.思想·文献·历史——思孟学派新探.北京:北京大学出版社,2008:22.

（发表于《管子学刊》2010年第2期）

参考书目

一、经典及专著

1. 《十三经注疏》,上海:上海古籍出版社,1997年。
2. 《诸子集成》,北京:中华书局,2006年。
3. 司马迁:《史记》,北京:中华书局,1959年。
4. 班固:《汉书》,北京:中华书局,1962年。
5. 范晔:《后汉书》,北京:中华书局,1965年。
6. 魏徵等:《隋书》,北京:中华书局,1973年。
7. 朱熹:《四书章句集注》,北京:中华书局,1983年。
8. 朱熹:《诗集传》,南京:凤凰出版社,2007年。
9. 焦循:《孟子正义》,北京:中华书局,1987年。
10. 王先谦:《荀子集解》,北京:中华书局,1988年。
11. 程树德:《论语集释》,北京:中华书局,1990年。
12. 杨伯峻:《春秋左传注》,北京:中华书局,1990年。
13. 金景芳、吕绍纲:《周易全解》,长春:吉林大学出版社,1989年。
14. 杨筠如:《尚书核诂》,西安:陕西人民出版社,2005年。

15. 陈梦家:《尚书通论》,北京:中华书局,2005年。
16. 刘起釪:《尚书学史》,北京:中华书局,1989年。
17. 蒋善国:《尚书综述》,上海:上海古籍出版社,1988年。
18. 黄怀信:《尚书注训》,济南:齐鲁书社,2002年。
19. 黄怀信:《逸周书校补注译》,西安:三秦出版社,2006年。
20. 杨朝明:《孔子家语通解》,台北:万卷楼图书股份有限公司,2005年。
21. 徐元诰:《国语集解》,北京:中华书局,2002年。
22. 许维遹:《韩诗外传集释》,北京:中华书局,1980年。
23. 孙希旦:《礼记集解》,北京:中华书局,1989年。
24. 王聘珍:《大戴礼记解诂》,北京:中华书局,1983年。
25. 孙诒让:《周礼正义》,北京:中华书局,1987年。
26. 高亨:《周易大传今注》,济南:齐鲁书社,1983年。
27. 黎翔凤:《管子校注》,北京:中华书局,2004年。
28. 孙诒让:《墨子间诂》,北京:中华书局,2001年。
29. 王先慎:《韩非子集解》,北京:中华书局,1998年。
30. 朱谦之:《老子校释》,北京:中华书局,1984年。
31. 王先谦:《庄子集解》,北京:中华书局,1987年。
32. 郭庆藩:《庄子集释》,北京:中华书局,1961年。
33. 锺泰:《庄子发微》,上海:上海古籍出版社,1988年。
34. 蒋礼鸿:《商君书锥指》,北京:中华书局,1986年。
35. 何宁:《淮南子集释》,北京:中华书局,1998年。
36. 苏舆:《春秋繁露义证》,北京:中华书局,1992年。
37. 应劭撰,王利器校注:《风俗通义校注》,北京:中华书局,1981年。
38. 王利器:《盐铁论校注》,北京:中华书局,1992年。
39. 王利器:《颜氏家训集解》,北京:中华书局,1993年。
40. 王充著,黄晖校释:《论衡校释》,北京:中华书局,1990年。
41. 杨明照校注拾遗:《文心雕龙校注》,北京:中华书局,1959年。
42. 陆德明:《经典释文》,北京:中华书局,1983年。

43. 王应麟:《困学纪闻》,上海:上海古籍出版社,2008年。

44. 黎靖德编:《朱子语类》,北京:中华书局,1986年。

45. 杨时辑:《二程粹言》,王云五主编:《丛书集成初编》,上海:商务印书馆,1936年。

46. 晁公武:《郡斋读书志》,上海:上海古籍出版社,1990年。

47. 陈振孙:《直斋书录解题》,上海:上海古籍出版社,2005年。

48. 苏洵著,曾枣庄、金成礼笺注:《嘉祐集笺注》,上海:上海古籍出版社,1993年。

49. 王安石:《临川先生文集》,北京:中华书局,1959年。

50. 王安石著,邱汉生辑校:《诗义钩沉》,北京:中华书局,1982年。

51. 苏轼:《东坡应诏集》,清光绪间缪荃孙重刻明成化本。

52. 王守仁:《王阳明全集》,上海:上海古籍出版社,1992年。

53. 李塨:《颜元年谱》,北京:中华书局,1992年。

54. 陈澧:《东塾读书记》,香港:三联书店,1998年。

55. 崔述:《崔东壁遗书》,上海:上海古籍出版社,1988年。

56. 王先谦:《诗三家义集疏》,北京:中华书局,1987年。

57. 陈奂:《诗毛氏传疏》,北京:商务印书馆,1934年。

58. 戴震:《孟子字义疏证》,北京:中华书局,1982年。

59. 章学诚:《文史通义》,上海:上海书店,1988年。

60. 焦循:《雕菰集》,王云五编:《丛书集成初编》,上海:商务印书馆,1936年。

61. 俞樾:《春在堂全书》之《群经平议》三十五卷,光绪九年(1883)重订本。

62. 纳兰性德编:《通志堂经解》,扬州:广陵书社,2007年。

63. 赵翼著,王树民校证:《廿二史札记校证》,北京:中华书局,1984年。

64. 王国维:《王国维遗书》,上海:上海古籍书店,1983年(据商务印书馆1940年版影印)。

65. 皮锡瑞:《经学历史》,北京:中华书局,1959年。

66. 皮锡瑞:《经学通论》,北京:中华书局,1954年。

67. 冯登府撰,房瑞丽校注:《三家诗遗说》,上海:华东师范大学出版社,2010年。

68. 刘师培:《刘申叔遗书》,南京:江苏古籍出版社,1997年。

69. 刘师培著,邬国义、吴修艺编校:《刘师培史学论著选集》,上海:上海古籍出版社,2006年。

70. 刘师培:《经学教科书》,上海:上海古籍出版社,2006年。

71. 章太炎:《国学讲演录》,上海:华东师范大学出版社,1995年。

72. 马宗霍:《中国经学史》,上海:上海书店,1984年。

73. 本田成之:《中国经学史》,上海:上海书店出版社,2001年。

74. 蒋伯潜、蒋祖怡:《经与经学》,上海:世界书局,1941年。

75. 钱基博:《经学通志》,桂林:广西师范大学出版社,2009年。

76. 李源澄:《诸子概论》,上海:开明书店,1936年。

77. 陈柱:《诸子概论》,上海:商务印书馆,1932年。

78. 蒙文通:《儒学五论》,重庆:路明书店,1944年。

79. 蒙文通:《经学抉原》,上海:上海人民出版社,2006年。

80. 金德建:《先秦诸子杂考》,郑州:中州书画社,1982年。

81. 金德建:《司马迁所见书考》,上海:上海人民出版社,1963年。

82. 金景芳:《论井田制度》,济南:齐鲁书社,1982年。

83. 金景芳:《学易四种》,长春:吉林文史出版社,1987年。

84. 吴慧:《井田制考索》,北京:农业出版社,1985年。

85. 熊十力:《熊十力全集》之《读经示要》,武汉:湖北教育出版社,2001年。

86. 刘梦溪编:《中国现代学术经典·廖平、蒙文通卷》,石家庄:河北教育出版社,1996年。

87. 刘梦溪编:《中国现代学术经典·章太炎卷》,石家庄:河北教育出版社,1996年。

88. 周予同:《经今古文学》,北京:商务印书馆,1929年。

89. 周予同:《群经概论》,北京:商务印书馆,1933年。

90. 蒋伯潜:《诸子通考》,杭州:浙江古籍出版社,1985年。

91. 陈钟凡:《诸子通谊》,北京:商务印书馆,1925年。

92. 郭沫若:《十批判书》,北京:东方出版社,1996年。

93. 罗根泽:《诸子考索》,北京:人民出版社,1958年。

94. 钱穆:《先秦诸子系年》,北京:商务印书馆,2001年。

95. 钱穆:《两汉经学今古文平议》,北京:商务印书馆,2005年。

96. 冯友兰:《中国哲学史》,北京:中华书局,1961年。

97. 吕思勉:《先秦学术概论》,上海:上海书店,1992年。

98. 洪治纲编:《顾颉刚经典文存》,上海:上海大学出版社,2003年。

99. 柳诒徵:《中国文化史》,上海:上海古籍出版社,2001年。

100. 杨向奎:《宗周社会与礼乐文明》,北京:人民出版社,1992年。

101. 杨向奎:《绎史斋学术文集》,上海:上海人民出版社,1983年。

102. 李学勤:《简帛佚籍与学术史》,南昌:江西教育出版社,2001年。

103. 李学勤:《中国古代文明研究》,上海:华东师范大学出版社,2005年。

104. 李学勤:《周易溯源》,成都:巴蜀书社,2006年。

105. 李学勤编:《十三经注疏》,北京:北京大学出版社,1999年。

106. 徐复观:《中国人性论史(先秦篇)》,上海:上海三联书店,2001年。

107. 徐复观:《徐复观论经学史二种》,上海:上海书社出版社,2005年。

108. 徐复观:《中国艺术精神》,上海:华东师范大学出版社,2001年。

109. 唐君毅:《中国哲学原论·原性篇》,北京:中国社会科学出版社,2005年。

110. 牟宗三:《圆善论》,台北:台湾学生书局,1985年。

111. 余英时:《现代儒学论》,上海:上海人民出版社,1998年。

112. 刘家和:《史学、经学与思想》,北京:北京师范大学出版社,2005年。

113. 刘家和:《古代中国与世界——一个古史研究者的思考》,武汉:武汉出版社,1995年。

114. 马王堆汉墓帛书整理小组:《马王堆汉墓帛书》(一),北京:文物出版社,1980年。

115. 荆门市博物馆:《郭店楚墓竹简》,北京:文物出版社,1998年。

116. 马承源主编:《上海博物馆藏战国楚竹书》(一～七),上海:上海古籍出版社,2001～2008年。

117. 庞朴:《帛书五行篇研究》,济南:齐鲁书社,1980年。

118. 李零:《郭店楚简校读记》,北京:中国人民大学出版社,2007年。

119. 李零:《上博楚简三篇校读记》,北京:中国人民大学出版社,2007年。

120. 姜广辉主编:《中国经学思想史》(一、二卷),北京:中国社会科学出版社,2003年。

121. 姜广辉:《义理与考据——思想史研究中的价值关怀与实证方法》,北京:中华书局,2010年。

122. 吴龙辉:《原始儒家考述》,北京:中国社会科学出版社,1996年。

123. 向世陵:《理气性心之间——宋明理学的分系与四系》,长沙:湖南大学出版社,2006年。

124. 陈戍国:《诗经刍议》,长沙:岳麓书社,1997年。

125. 黄克剑:《由"命"而"道"——先秦诸子十讲》,北京:线装书局,2006年。

126. 杨朝明:《儒家文献与早期儒学研究》,济南:齐鲁书社,2002年。

127. 梁涛:《郭店竹简与思孟学派》,北京:中国人民大学出版社,2008年。

128. 杨泽波:《孟子评传》,南京:南京大学出版社,1998年。

129. 杨泽波:《孟子性善论研究》,北京:中国社会科学出版社,1995年。

130. 董洪利:《孟子研究》,南京:江苏古籍出版社,1997年。

131. 杨国荣:《孟子的哲学思想》,上海:华东师范大学出版社,2009年。

132. 黄俊杰、李明辉、杨儒宾编:《中国经典诠释传统》,上海:华东师范大学出版社,2008年。

133. 黄俊杰:《中国孟学诠释史论》,北京:社会科学文献出版社,2004年。

134. 黄俊杰:《孟学思想史论》卷一,台北:东大图书股份有限公司,1991年。

135. 黄俊杰:《孟学思想史论》卷二,台北:中央研究院中国文哲研究所,1997年。

136. 黄俊杰主编:《孟子思想的历史发展》,台北:中央研究院中国文哲研究所,1995年。

137. 黄俊杰：《东亚儒学史的新视野》，台北：台湾大学出版中心，2004年。

138. 李明辉编：《儒家经典诠释方法》，上海：华东师范大学出版社，2008年。

139. 李明辉编：《中国经典诠释传统（二）：儒学篇》，上海：华东师范大学出版社，2008年。

140. 李明辉：《孟子重探》，台北：联经出版事业公司，2001年。

141. 林汉仕：《孟子探微》，台北：文史哲出版社，1978年。

142. 白奚：《稷下学研究》，北京：三联书店，1998年。

143. 王葆玹：《今古文经学新论》，北京：中国社会科学出版社，1997年。

144. 蒋庆：《公羊学引论》，沈阳：辽宁教育出版社，1995年。

145. 刘耘华：《诠释学与先秦儒家之意义生成》，上海：译文出版社，2002年。

146. 刘信芳：《孔子诗论述学》，合肥：安徽大学出版社，2003年。

147. 黄怀信：《上海博物馆藏战国楚竹书〈诗论〉解义》，北京：社会科学文献出版社，2004年。

148. 陈桐生：《〈孔子诗论〉研究》，北京：中华书局，2004年。

149. 陈桐生：《诗化礼学——诗教理论的生成轨迹》，北京：学苑出版社，2009年。

150. 郑玉珊：《孔子诗论研究》，台湾师范大学硕士论文，2003年。

151. 郭伟川：《先秦六经与中国主体文化》，北京：北京图书馆出版社，2007年。

152. 段熙仲：《春秋公羊学讲疏》，南京：南京师范大学出版社，2002年。

153. 张以仁：《春秋史论集》，台北：联经出版事业公司，1990年。

154. 马勇编：《章太炎讲演集》，石家庄：河北人民出版社，2004年。

155. 马士远：《周秦〈尚书〉学研究》，北京：中华书局，2008年。

156. 姚曼波：《〈春秋〉考论》，南京：江苏古籍出版社，2002年。

157. 陈居渊：《焦循儒学思想与易学研究》，济南：齐鲁书社，2000年。

158. 杨庆中：《二十世纪中国易学史》，北京：人民出版社，2000年。

159. 廖名春：《〈周易〉经传与易学史新论》，济南：齐鲁书社，2001年。

160. 廖名春：《中国学术史新证》，成都：四川大学出版社，2005年。

161. 陈昭瑛:《儒家美学与经典诠释》,上海:华东师范大学出版社,2008年。

162. 狄百瑞著,黄水婴译:《儒家的困境》,北京:北京大学出版社,2009年。

163. 列文森著,郑大华、任菁译:《儒教中国及其现代命运》,桂林:广西师范大学出版社,2009年。

164. 史华兹著,程钢译:《古代中国的思想世界》,南京:江苏人民出版社,2004年。

二、论 文

1. 周予同:《"六经"与孔子的关系问题》,《复旦学报》,1979年第1期。

2. 金景芳:《孔子与六经》,《孔子研究》,1986年第1期。

3. 吕绍纲:《孟子论〈春秋〉》,《史学史研究》,1986年第1期。

4. 张岱年:《〈周易〉经传的历史地位》,《人文杂志》,1990年第6期。

5. 徐中舒:《孔子与〈春秋〉》,《四川大学学报》,2008年第6期。

6. 李学勤:《试论楚简中的〈说命〉佚文》,《烟台大学学报》,2008年第2期。

7. 李学勤:《帛书五行与尚书洪范》,《学术月刊》,1986年第11期。

8. 葛志毅:《荀子学辨》,《历史研究》,1996年第3期。

9. 杨泽波:《孟子弟子考辨》,《孔子研究》,1998年第1期。

10. 杨泽波:《孟子之乐的层级性质及其意义》,《云南大学学报(社会科学版)》,2003年第1期。

11. 黄克剑:《孟荀之辨》,《哲学研究》,2006年第10期。

12. 梁涛:《荀子与〈中庸〉》,《邯郸师专学报》,2002年第6期。

13. 梁涛:《荀子对思孟"五行"说的批判》,《中国文化研究》,2001年夏之卷。

14. 杨朝明:《六经之教和孔子遗说》,收于《周秦社会与文化研究——纪念中国先秦史学会成立20周年学术研讨会论文集》,西安:陕西师范大学出版社,2003年。

15. 杨朝明:《从孔子弟子到孟、荀异途——由上博竹书〈中弓〉思考孔门学术分别》,《齐鲁学刊》,2005年第3期。

16. 廖名春:《上博〈诗论〉简"以礼说〈诗〉"初探》,载《中国诗歌研究》第二辑,北京:中华书局,2003年。

17. 廖名春:《论六经并称的时代兼及疑古说的方法论问题》,《孔子研究》,2000年第1期。

18. 廖名春:《"六经"次序探源》,《历史研究》,2002年第2期。

19. 廖名春:《马王堆帛书周易经传释文》,载杨世文主编:《易学集成》,成都:四川大学出版社,1998年。

20. 梁涛:《孔子思想中的矛盾与孔门后学的分化》,《西北大学学报(哲学社会科学版)》,1999年第2期。

21. 梁涛:《早期儒学的"六艺之学"与"社会人生之学"》,《光明日报》,2003年8月5日。

22. 梁涛:《思孟学派考述》,《中国哲学史》,2002年第3期。

23. 钟肇鹏:《孟子与经学》,《齐鲁学刊》,1987年第2期。

24. 孙开泰:《孟子与五经》,《管子学刊》,1998年第4期。

25. 孙开泰:《孟子与五经》(续),《管子学刊》,1999年第1期。

26. 杨朝明:《上海博物馆竹书〈诗论〉与孔子删诗问题》,《孔子研究》,2001年第2期。

27. 陈戍国:《论以礼说〈诗〉与以诗说〈诗〉》,《湖南师范大学(社会科学学报)》,1997年第4期。

28. 刘立志:《孟子与两汉"诗"学》,《盐城工学院学报(社会科学版)》,2002年第1期。

29. 张丰乾:《论子思学派之"诗"学》,《中国哲学史》,2008第1期。

30. 陈居渊:《论焦循〈孟子正义〉的易学诠释》,《孔子研究》,2000年第1期。

31. 晁岳佩:《孟子〈春秋〉说分析》,《山东师大学报(社会科学版)》,1999年第4期。

32. 齐思和:《孟子井田说辨》,载齐思和《中国史探研》,石家庄:河北教育出版社,2003年。

33. 梅珍生:《论孟子的礼学思想》,《湖南大学学报(社会科学版)》,2003年第2期。

34. 夏当英、陆建华:《孟子之礼学》,《社会科学战线》,2006年第2期。

35. 刘耘华:《孔孟荀〈诗经〉诠释之研究》,载《中国诗歌研究》第一辑,北京:中华书局,2002年。

36. 黄朴民:《何休〈公羊〉"大一统"思想析论》,《孔子研究》,1999年第2期。

37. 黄克剑:《〈周易〉"经""传"与儒、道、阴阳家学缘探要》,《中国文化》,1995年第2期。

38. 梁涛:《走出"疑古"重建古史——读李学勤、郭志坤〈中国古史寻证〉》,《陕西师范大学学报(哲学社会科学版)》,2003年第3期。

39. 梁涛:《竹简〈性自命出〉与孟子"天下之言性"章》,《中国哲学史》,2004年第4期。

40. 梁涛:《竹简〈穷达以时〉与早期儒家天人观》,《哲学研究》,2003年第4期。

41. 梁涛:《孔子学〈易〉考》,《中华文化论坛》,2000年第4期。

42. 杨海文:《孟子与诗、书的相互权威性》,《甘肃社会科学》,1996年第6期。

43. 杨海文:《〈诗〉〈书〉传统与孟子民本思想的文化阐释》,《河北学刊》,1998年第6期。

44. 郝明朝:《论荀子与〈周易〉的关系兼及"六经并称"的时代问题》,《周易研究》,2009年第5期。

45. 颜炳罡、陈代波:《从颜氏之儒的思想特质看其与易学的关系》,《周易研究》,2004年第3期。

46. 郭沂:《帛书〈要〉篇考释》,《周易研究》,2004年第4期。

47. 王蒨:《论梅本古文〈尚书〉渊源》,《文献》,1997年第2期。

48. 吴通福:《论梅本〈古文尚书〉绝对不出于孟子之手》,《江西财经大学学报》,2005年第2期。

49. 吴显庆:《论〈霸言〉〈五辅〉〈君臣上〉〈形势解〉篇的成书年代和学派倾向——与〈管子新探〉作者商榷》,《南京师大学报(社会科学版)》,2000年第2期。

50. 丁四新:《论〈性自命出〉与公孙尼子的关系》,《武汉大学学报(哲学社会科学版)》,1999 年第 5 期。

51. 张觉:《"策""简"辨》,《学术研究》,1998 年第 4 期。

52. 蒋国保:《汉儒称"六经"为"六艺"考》,载刘大钧主编:《儒学释蕴》,上海:上海古籍出版社,2007 年。

53. 连劭名:《"六经"考》,载刘大钧主编:《儒学释蕴》,上海:上海古籍出版社,2007 年。

54. 王博:《荀子的经典之学》,载《哲学门》总第十八辑,北京:北京大学出版社,2009 年。

55. 马银琴:《周代礼乐制度下诗歌的传授系统》,载蒋寅、张伯伟主编:《中国诗学》第九辑,北京:人民文学出版社,2004 年。

56. 陈居渊:《论焦循〈孟子正义〉的易学诠释》,《孔子研究》,2000 年第 1 期。

57. 李明辉:《焦循对孟子心性论的诠释及其方法论问题》,载李明辉编:《中国经典诠释传统(二):儒学篇》,上海:华东师范大学出版社,2008 年。

58. 王汎森:《从经学向史学的过渡——廖平与蒙文通的例子》,《历史研究》,2005 年第 2 期。

59. 罗志田:《通史致用:简析近代史学地位的一度上升》,《社会科学战线》,2010 年第 2 期。

后　记

　　十年前,笔者在中国人民大学国学院获得历史学博士学位。本书的写作也是在十年前,基本是以笔者博士学位论文的原模样呈现在大家面前。时过境迁,匆匆已十年。十年之间,笔者也曾多次想要对原稿进行修改、增补,最终未做较大的修改。

　　近一二十年来,多所高校成立了国学院。国学院成立的初衷,其中一个方面应当说是想要摆脱近代以来所形成的文、史、哲学科划分的局限,以培养出具有整体性的传统人文精神、能够融会文史哲的人才为目标。经过学者们不懈努力,已经取得较大的成绩。

　　与此同时,各高校纷纷成立马克思主义学院。马克思主义学院的成立,其初衷与国学院有所不同,另有机缘,各负不同使命。有论者时常会强调马克思主义学院的"特殊"性,有时称思想政治理论课为"国课"。在笔者看来,马克思主义学院在承担"政治"使命之外,还应有或者说更应当有"文化"使命。各校马克思主义学院在新的时代呈现更大的气象,或以融会中、西、马作为目标,融会人文与社会科学为目标。实现这一目标,其过程无疑会十分漫长,也许需要积淀百年以上。海纳百川,有容乃大。各校马克思主义学院汇聚了哲学(马哲、中哲、西哲)、历史学(古代史、近现代史)、法学等多学科的人才。以此作为目标,孜孜以求之,到那时的马克思主义学院或可称得上是又一层意义上的"国"学院。虽不能至,心向往之。非曰能之,愿学焉。

本书写作是一个漫长而艰辛的过程,甘苦自知。回顾自己这十几年来的读书、学习经历,有太多帮助过我的老师、朋友需要在此深表感谢。

笔者的硕士生导师杨朝明教授,一向对学生要求严厉,时时督促,使得学生读书向学成为一生的追求。笔者的博士生导师梁涛教授,注重培养学生的自悟能力,给学生宽广的思考、学习空间,并时常以兼及"古""今""中""西"作为学术努力的方向来启发、教导学生。宽严相济,砥砺前行,一路走来,感怀师恩。

庞朴先生故去已经五年了。在这里提到庞公,并非借重。笔者刚到人大国学院读书时,与庞公多少有些渊源,最初一段时期暂在先生名下。2008年春天,笔者与庞公通过数次电话,多承教诲,嘱以"多在图书馆里,多多读书"。当时先生身体已经大不如前,长年在济南静养。在这期间,笔者曾得到山东大学法帅兄的帮助。当时法兄在山东大学攻读博士,在先生门下,使笔者有得先生教诲之便。后笔者与大舅苏家祐谈起先生时又得知,大舅于上世纪六十年代初在山东大学读书时,先生是其老师兼辅导员。在此谨表达对庞朴先生的敬意与缅怀之情。

此外,本书的写作还得益于多位老师的指导与帮助。对本书的结构及写作提出宝贵的意见,如中国人民大学黄克剑教授、黄朴民教授、陈壁生教授,清华大学廖名春教授,首都师范大学白奚教授,北京师范大学张奇伟教授,还有当时已从社科院调入湖南大学岳麓书院的姜广辉教授等。杨朝明教授、宋立林教授等也曾对本书写作多有启发,提出过宝贵的意见。在笔者来到国学院之后,参加了陈壁生教授组织的读经班,与刘伟、张向荣、董琳利、刘增光等师友讨论,受益良多。国学院诸位同窗好友,萧映朝、周兴禄、牛军、李俊、王猛、赵宠亮、杨勇、金大伟等相与问难,切磋琢磨,使笔者多有受益。

在本书写作最紧张的两年时间里,笔者的家人,尤其是笔者的妻子田春霞付出许多,在精神层面、物质层面都给予莫大的鼓励和支持。

2011年笔者入职燕山大学马克思主义学院。这几年来,虽有繁重的教学任务,然而笔者也深深得益于学校、学院为青年教师提供的各方面的条件保障,尤

后　记

其图书馆二楼教师阅览室的藏书及安静的读书环境,增进了笔者的幸福感。这一年来学校为百年校庆做准备,图书馆二楼征为他用,然而新图即将启用,大可期待。

在书稿的审校过程中,燕山大学出版社编辑柯亚莉博士曾与笔者沟通意见,建议之一是修改书中部分语句,以使文字更加通顺便于阅读。笔者考虑再三,认为变动太大,最终未接受这个建议,仍然保留了本书写作时的原有语言风格。在此,笔者向燕山大学出版社及柯亚莉博士表示感谢,感谢她为本书的出版、编校付出大量劳动,也感谢她提出的修改建议。

魏忠强

2020 年 5 月 18 日